ブッダ臨終の説法

完訳 大般涅槃経 3

Tagami Taishu
田上太秀

大法輪閣

まえがき

本書は『大般涅槃経』第二十一巻から第三十巻までの現代語訳で、品名では光明遍照高貴徳王菩薩品（以下、光明遍照菩薩と略称）と師子吼菩薩品との二つである。南本でも同名の品名に相当する。（既刊の第一冊の一八一―二〇項の対照表を参照されたい。）師子吼菩薩品の現代語訳は第十一の四までである。十巻の区切りで刊行しているために師子吼菩薩品は二品を切り離すことになった。

本書はこのように光明遍照菩薩と師子吼菩薩の二人が代表してブッダに質問する形式をとり、前者は妙寂の教えを受けて、それを実践してゆくことでどんな功徳が得られるかをブッダに訊ね、その解答を求めている。

ブッダは十種の功徳があることを述べ、その十種の功徳について詳細に説法している。第二十一巻から第二十六巻までの内容である。

第二十七巻から第三十巻までは、師子吼菩薩が『大般涅槃経』の主題であるブッダになる可能性（仏性）についての疑問をブッダを困らせるために浴びせているのではと思わせるところがおもしろい。高度な内容が多々出てくるが、種々な比喩をもって説かれているので解り易いのではないかと考える。

今回も本書が刊行されるまで桑室一之氏、ならびに井上敏光氏にたいそうお世話になった。両氏にお礼を申し上げたい。

平成九年二月三日

訳　者　誌す

お詫び　本文中に性差別や障害者差別など人権差別にかかわる表現がみられ、それらはもとより削除されるべきであるが、翻訳書の性質上、内容をありのままに伝える意味で、削除しないで刊行したことをお許し願いたい。

新装再版に際して

この翻訳書が刊行されてから二十年あまり経ちます。出版当時は大学の講義や研究などのほかの所用も多く、原稿の校正をひとりで行ったために目が届かないところが多々あった。それでも大蔵出版の編集部では大目に見て下さり、出版して下さった。

このたび大法輪閣編集部から新装再版したいとの申し出があり、改めて原本を読み直して翻訳文や語彙の表現に訂正する箇所がかなりあった。

新版時とおなじような作業となり、編集部の石原英明氏にはほんとうにご面倒を掛けてしまった。ここに心から感謝の意を表したい。

令和四年四月三日

田上太秀

ブッダ臨終の説法③

目次

装幀　山本太郎

凡例

1、現代語訳の本書の題名「ブッダ臨終の説法」は原典の題名「大般涅槃経」（大いなる完全な死についての経）とはかけ離れているが、経典の内容を汲んで臨場感を出すためにつけた。

2、涅槃の語には種々の訳語があるが、本書では「妙寂」と訳した。現代の国語辞典などでは、「妙」に不思議な、深奥な、言葉に尽くせないなどの意味があると説明し、また「寂」は相対の世界を超えた安らぎの境地とか、ひっそりした静けさの漂うさまとか、僧の死とかの意味を持つとある。現代語辞典で理解できる範囲の言葉を使うとすれば、「妙寂」が解りやすい。

3、会話文では、大括弧は「　」で、その中の会話文は『　』で区切りを付けるのが一般的であるが、本書ではこれを逆にした。ブッダの会話部分が長く、箇所によっては数ページにも亙ることがあるために、大括弧を『　』に統一した。また、（　）は訳語の原語・漢訳語を表わす。〈　〉は自分の思念している文や独り言の文を表わす。

4、人物名の訳はパーリ語・サンスクリット語・漢語などで表わされていて統一していない。有名な人物、たとえば舎利弗をパーリ語で表わすとサーリ・プッタであるが、この表現は我々にはなじみがなく、『般若心経』や他の有名な経典では「舎利子（しゃりし）」「舎利弗（しゃりほつ）」の呼称が知られている。本書では舎利子で表わした。目連の場合も原語の表示では舌をかみそうな名前で我々にはなじまない。彼の場合も目連と訳した。このように、わが国でいささかなりとも仏教の知識を持つ人たちに知られている人物に関しては原語の呼称はさけた。また、カタカナ表示の場合、パーリ語かサンスクリット語のいずれかに統一することが研究者の良識であるが、ここではそれをあえて避けた。たとえば「迦葉」をパーリ語ではカッサパ、サンスクリット語ではカーシャパと表示するが、我々の発音ではこの場合、パーリ語の「カッサパ」が受け入れやすい。したがって本書では「カッサパ菩薩」と表示した。このように我々が発音しやすい、そして抵抗なく読み進むことができるようなカタカナ名にした。

5、本文の上部にある、たとえば123a、123b、123c の表示は大正大蔵経第十二巻のそれぞれ「一二三ページの上段、一二三ページの中段、一二三ページの下段」という意味である。

6、本書は厳密にいうと四十巻本『涅槃経』の完訳ではない。文中、前後の文章のつながり、あるいは文体の流れなどの上から、どうしてもだれかが説明のために挿入したとしか考えられない部分、あるいは現代人が読んでもまったく意味がないと思われる部分、また、会話体でやりとりする部分で同人物が何度も繰り返される部分などは原文の数行を割愛したところがある。

解　説

各章のあらまし

既にまえがきで紹介したように本書は二人の菩薩を中心にして問答が行なわれて、その内容も大きくまとめられるようなものになっている。目次によって解るように章立て、あるいは小見出しは内容を詳細に表示してある。したがって本書が翻訳した範囲の個々の内容は一目瞭然であるが、ここでは原典の叙述の骨組みに沿って説明することにしたい。

光明遍照菩薩（こうみょうへんじょうぼさつ）がブッダに質問していろいろの教えを受けている部分はまえがきに述べたように漢訳の第二十一巻から第二十六巻までであるが、本書では第十九章から第三十四章までに相当する。ここでは妙寂の教えの実践と習得についてのブッダの説法を踏まえて、この菩薩がその実践と習得による功徳はなにかと質問する状況から記述がはじまる。

この質問に対してブッダは十種の功徳があると説く。これら各功徳の詳細な説明は光明遍照菩薩品の内容のすべてである。

まず第一の功徳として五事が挙げられている。（第十九章）

一、聞いていないものを聞くことができる。

二、聞いたおかげで利益を受ける。

三、聞いたおかげで疑惑が晴れる。

四、心がさとく、正直で曲がったことがなくなる。

五、ついにはブッダの秘密の宝庫を知る。

ここで強調しているのは生類にブッダになる可能性があり、仏法僧の三つの柱は無差別であり、世間には常住であり、安楽であり、実在であり、清浄であるものが実存することを聞くことによって、人々は真実を把握して様々な利益を得て、それまでの疑いを除き、ブッダの秘密の教えがなんであったかを知ることができると述べている。

第一功徳の説明が行なわれている最中に突然光明が差し、これが東方の仏国土から瑠璃光（るりこう）菩薩が多くの菩薩を引き連れてブッダの説法を聞きにやってきた印であるという説明がある。ここしばらくはこの菩薩とブッダの問答が行なわれる。その内容は高度であるので、その場に居合わせた未熟な衆生にはなかなか理解できなかったのではないだろうか。

次に第二の功徳として五事が挙げられている。（第二十四章）

一、昔習得しなかったことをいま習得する。

二、昔見なかったことをいま見る。

三、昔聞けなかったことをいま聞く。
四、昔達しなかったことをいま達する。
五、昔知らなかったことをいま知る。
次に第三の功徳として、世間の生業の中で起こす慈しみの心でなく、なんのためにという条件がない。そして求めない、自然に慈しみの心が起こるようになるという。（第二十四章）
次に第四の功徳として十事が完成する。（第二十五章）
一、深く抜き取ることができない根（怠け心がないこと）が得られる。
二、確信を持った心を持つようになる。
三、幸せを生じる田と生じない田との識別ができるようになる。
四、仏国土を清めることを学ぶ。
五、肉体から生じる煩悩を取り除く。
六、悪業の条件を断つ。
七、身体を清浄にする。
八、あらゆる事象を熟知する。
九、恨みや憎しみを持つ人から離れる。
十、極端な行動や考えを避ける。
次に第五の功徳として五事を得る。（第二十六章）

一、五体が健全である。
二、辺鄙な地域に生まれない。
三、神々に加護される。
四、鬼神や沙門やバラモンなどに尊敬される。
五、自分の過去世を知る神通力を得る。

次に第六の功徳として、金剛三昧（こんごうざんまい）を習得し、それに安住し、世間のあらゆる事象の特徴を見て、あらゆる悪を断絶できるという。この後金剛三昧の力を詳細に説明している。（第二十七章）

次に第七の功徳として、妙寂を得る近道としての四事が説かれる。（第二十八章）

一、善良な友人と親しくなること。
二、仏法を一心に聞くこと。
三、教えられたことを記憶し、よく思量すること。
四、教えのとおりに実行すること。

これについて興味ある比喩を数多く用いて説明し、さらに求める妙寂の特徴について十六種挙げている。有名な「煩悩を断ったことが解脱ではなく、煩悩が起こらないのが解脱である」という言葉が見られる。

この後、ブッダになる可能性の特徴について七点あげている。

一、常在であること。二、清浄であること。三、中身があること。四、善であること。五、必ず見られること。六、本物であること。七、証明できること。

次に第八の功徳として種々の功徳をあげている。（第三十章）

五事を断つ。五つとは五蘊（ごうん）のことで、五蘊は煩悩を起こす根であるから、妙寂の教えを実践し、習得すれば五蘊から起こる煩悩を断つことができるようになる。

五事を離れる。つまり五つの誤った見解を離れることができる。

一、身体に霊魂が存在し、ものはみな私のものだという考えを離れる。
二、極端な思想への執着を離れる。
三、因果を否定する考えを離れる。
四、自分の考えへの固執を離れる。
五、他宗教の教えへの信仰を離れる。

六事を成就する。

一、ブッダを忘れないこと。
二、ブッダの教えを忘れないこと。
三、修行者を忘れないこと。
四、天を忘れないこと。
五、施しを忘れないこと。
六、正しい習慣を忘れないこと。

五事を修める。

一、一切を知り尽くす瞑想。
二、煩悩を滅ぼす瞑想。
三、身心が快い安楽を感受する瞑想。
四、楽しむという感覚がなくなった瞑想。
五、一切の煩悩を破壊する力を持つ瞑想。
一事を守護する。つまり菩提心、ブッダの最高の悟りを求める殊勝な心を保ち続けるようになるという意味である。

次に第九の功徳として五事を成就する。（第三十二章）
一、信心
二、素直な心。
三、正しい習慣。
四、善知識と親しくなる。
五、多くの教えを聞く。
次に第十の功徳として、三十七種のさとりへの修行法を修め、常住・安楽・実在・清浄という妙寂の功徳を習得して、その上、妙寂の教えを人々に教え、さらにブッダになる可能性を示すことができるようになる。（第三十四章）

右に紹介したように光明遍照菩薩品では妙寂の教えの功徳についてブッダが説明した内容だけで埋め尽くされている。これに対して次の師子吼菩薩品は本書の第三十五章から第四十一章までに相当するが、ここではブッダになる可能性について種々の面から師子吼菩薩がブッダに質問してブッダの秘密の教えを開示してもらおうという設定になっている。

師子吼菩薩品は大衆の中に師子吼と呼ばれる菩薩がいて、彼が質問するためにブッダの前に進み出てくる状況から叙述がはじまる。ここで師子吼、つまりライオンがほえる意味を十一項目あげて説明し、このような意味を持つあだ名の菩薩であるから、彼に布施をし、彼を尊敬し称賛すべきだとブッダが大衆に語りかける。

次にブッダは遠慮なく質問するように菩薩に語りかけ、彼の質問が始まる。（第三十五章）

師子吼菩薩がブッダになる可能性とはなにか、その意味はなにかをまず訊ねると、ブッダはブッダになる可能性は中道の生き方や考え方を生む種子であると答える。この考えを中心に種々の比喩を用いて詳細な説明が続く。

師子吼菩薩がブッダとブッダになる可能性は本来同等であるとブッダが説いたことについて、完成されたブッダの境地と未熟なブッダになる可能性が同じであるとすれば、教えにしたがって修行する意味も必要もないのではないかと質問する。

この質問は『涅槃経』が抱える弱点というか問題というか、もっとも説明に苦慮するところを突いている。その意味ではここの説明は読者がもっとも熟読しなければならないところであるともいえる。

さらに人々に内在するブッダになる可能性を見るための十項目を親切にもブッダが説いている。それを紹介しよう。

一、少欲であること。二、足るを知ること。三、心の完全な静寂を得ること。四、努力すること。五、正しく記憶すること。六、正しく注意すること。七、正しく理解すること。八、迷いから解放されること。九、迷いからの解放を称えること。十、妙寂の教えを人々に教えること。

ここではブッダの可能性を見ることの意味について、聞いて見ると眼で見るとの違いをブッダが説く。ここではブッダと師子吼菩薩との問答がいま目の前で行なわれているような臨場感を醸し出している。注目すべき叙述（第三十七章）は、ブッダになる可能性の所在についての問答であるが、つまり俗人の身体に既に完成されたブッダになる可能性があるのかないのかという問題である。これについて師子吼菩薩は一、原因（身体）の中に結果（ブッダになる可能性＝ブッダ）が存在するのか、二、原因（身体）の中に結果（ブッダになる可能性＝ブッダ）が存在しないのか、という二つの観点から質問をしている。これについての解答は本書の中から読み取っていただきたい。

第三十八章では、束縛と解脱の関係についての問答が行なわれる。ものは刹那刹那（せつなせつな）に生滅（しょうめつ）していると ブッダは説いた。具体的に生類の身体を構成する五蘊のそれぞれは刹那刹那に生滅していると説いているが、その刹那に生じ、刹那に滅している五蘊で構成される身体をなにが束縛し、なにが解脱しているのだろうかと疑問を呈し、そこで束縛から解放されることがあるだろうかと菩薩は質問した。この質問を中心に二人の問答が展開するが、種々の比喩を使ったブッダの説明が大変に面白い。

第四十章では、六大都市を回り教化した過去の実績を説明する叙述が始まる。師子吼菩薩はインドに有名な六大都市があるのに最悪の、僻地の、小さなクシナーラの町の、しかもシャーラ樹林を死に場所に選んだ理由を訊ねる。

ブッダは六大都市での教化活動とその都市の人々の生活状況などを説明し、カッサパ三兄弟、そして外道の六師たちを教化した経緯を述べている。

最後の第四十一章で二月十五日に妙寂に入る理由を述べているところは興味深い。そしてもっとも注意すべき点は、ブッダ自身の言葉として「私は妙寂に入るのではなく、三昧の洞窟（禅定窟（ぜんじょうくつ））に入る」と述べていることである。この叙述をそのまま受け取るとブッダは量り知れない高い三昧の境地にあって、いわゆる生き続けているという意味と考えられる。

法数一覧

それぞれの法数については、本文を読むうえで予備知識程度の簡単な説明に止どめ、詳しいことについては仏教関係の辞書で調べられることを望む。

一乗（いちじょう）　原語では一つの乗物という意味であるが、一はすべてを統一した「全」という意味がある。そして乗は「教え」という意味である。したがってすべての教えを統一した、包含した、総合した、完全な教えという意味で、別にブッダの乗物、あるいはブッダの教えと理解されている。

一味（いちみ）　文字どおりひとつの味、それは塩味のことをいう。あらゆる河川の水は大海に流れ込み、みな塩味になってしまうところから、このようにすべての事象も真理も帰するところ無差別であり、平等であることを表わす言葉。

二根（にこん）　男性の生殖器と女性の生殖器の二つをいう。

二十五有（にじゅうごう）　三界、あるいは六趣を二十五種に分類したもので、生類が住み、輪廻する領域を細分化したにすぎない。神話のなかで作られた世界観であり、現実となんの関わりもないので、詳細は省く。

二乗（にじょう）　乗はもと乗り物という意味だが、仏教用語では人々を悟りに導くために用意された教えを喩えたもの。これに声聞乗・縁覚乗・菩薩乗の三乗があるが、このなかで前の二つを菩薩乗に劣る乗り物として二乗と蔑称する。

二辺（にへん）　対立する二つの極端な見解のこと。たとえば有と無、得と失などをいう。宗教的には苦行主義と快楽主義の対立、来世の存在を認めるか認めないかの対立など。

三有（さんう） 三界のそれぞれの生存領域のことで、有とは生存の意味。三界の生存の言い換え。

三界（さんがい） 生類が生死を繰り返し輪廻する迷いの世界を三つに分けてみた世界。さまざまな欲望が渦巻く領域とこれより少しましな、婬欲と貪欲を離れた生類が住む領域と、これよりましな、物質欲を離れ、高度な精神的境地に達した生類が住む領域の三つの世界をいう。

三帰（さんき） 三宝帰依の略。ブッダ（仏）・教え（法）・修行僧の集まり（僧）は仏教教団の柱にあたるもので、これを宝石に喩えて三宝という。これを頼りにし、心の支えにして信仰することを三帰、また三帰依という。

三垢（さんく） むさぼり・怒り・無知の三つをいう。これらは三毒ともいわれる。

三結（さんけつ） 聖者の流れにはいった人が断つ三つの煩悩のこと。結は煩悩をいう。我見と、誤った習慣を解脱のもとになると考えること、正しい道理を疑うことの三つをいう。

三業（さんごう） 身口意（しんくい）の三業といい、体で行なうこと、口に言うこと、心に思うことの三つのはたらきをいう。それぞれが善いことを行なえば三善業といい、悪いことを行なえば三悪業という。

三三昧（さんざんまい） すべてのものには私とか私のものはなく、空であると観察する三昧（空三昧）、空であるから、ものには差別する特徴はないと観察する三昧（無相三昧）、特徴がないから、願いも止めるべきものはなにもないと観察する三昧（無願三昧）の、三つの三昧。

三十二相八十種好相（さんじゅうにそうはちじゅっしゅごうそう） ブッダに備わる偉大な、すぐれた特徴を挙げたものである。三十二相は主となる瑞相で、八十種相は副となる瑞相。一般には三十二相で表わされ、三十二大丈夫相（だいじょうぶそう）、三十二大人相（だいにんそう）という表現もある。興味あるものを挙げよう。全身の毛が一つ一つ右巻きになっている。眉間に白い右巻きの毛がある。目が青い。歯が一般人より八本多い四十本もある。舌が広く、長く、顔を覆い、耳にまで届く。男性であるが、男根が馬のように隠れている。（童貞の意味か）

三請（さんしょう）　ブッダは相手が質問した時に、それにすぐに答えず、三度同じ質問をして願い（要請）出たところで、おもむろに答えたといわれる。これを三度の請いという。

三障（さんしょう）　煩悩の障りと悪業の障りと悪業の報いの障りの三つをいう。詳しくは原典四二八ｃに説明されている。

三乗（さんじょう）　三つの乗物、あるいは三つの教えという意味。三つとは声聞（しょうもん）（教えを聞くことをたのみにして修行している者）、縁覚（えんがく）（悟りを独り占めにして、味わっているブッダ）、菩薩（病める衆生の救済を生きがいとして、修行に明け暮れる者）の三様の修行者の教え、あるいは生き方。

三塗（さんず）　地獄・餓鬼・畜生の三悪道をいう。三悪趣（さんまくしゅ）ともいう。

三千大千世界（さんぜんだいせんせかい）　仏教神話にある世界観で、今の太陽系を一世界としてこれを千個集めたものを小千世界、小千世界を千個集めたものを中千世界、中千世界を千個集めたものを大千世界といい、この三つを総称して三千大千世界という。この三千大千世界が一ブッダの教化領域といわれる。

三尊（さんぞん）　一般にブッダと縁覚（孤独なブッダ）と阿羅漢（あらかん）（ブッダにつぐ聖者）の三人をさすが、涅槃経では三宝をさしている。

三点（さんてん）　ブッダの教えそのもの（法身）・知慧（般若）・解脱の三つが一如である意味をサンスクリット語∴の悉曇（しったん）文字形で表わしたもの。

三宝（さんぽう）　ブッダ（仏）・教え（法）・修行僧の集まり（僧）は仏教教団の柱にあたるもので、これを宝石に喩えて三宝という。

三法衣（さんぼうえ）　三衣（さんえ）ともいう。僧侶が個人で所有を許された三種の衣。大衣と七条衣・五条衣の三つ。大衣は正装の衣服で托鉢に出かける時や王宮に招待された時に着用する物。七条衣は礼拝や聴講や反省会などの時に着用する物。五条衣は日常の作業や就寝の時に着用する物。

三悪道（さんまくどう）　六趣（六道）のうち、地獄・餓鬼・畜生の生類の住む世界のこと。これら三つの世界は生類の世界でももっとも厳しい苦しみを受けるところであるが、それは極悪行を重ねた者だけが生まれ変わってくるところであるために、悪道と呼ばれている。

三漏（さんろ）　本能的欲望によって起こる煩悩と生存への執着によって起こる煩悩と道理への無知によって起こる煩悩の三つの煩悩をいう。漏は心の汚れというほどの意味。

四果（しか）　上座部仏教では修行の段階を四つに分けて考える。果はさとりのことをいい、聖者のさとりを段階的に四つに区別したものである。聖者の流れにはいった人のさとり、欲の世界に一度だけもどり、そこから再び修行生活に入り、さとりにはいった人、決して欲の世界にもどることなくひたすら最高のさとりを求めて修行する人のさとり、次にすべての煩悩を断ち切り、最高の聖者の位に達した人のさとりなど四つがある。最後の聖者を阿羅漢という。

四過（しか）　言葉の上で四つの過ちをいう。二枚舌・悪口・嘘・べんちゃらの四つで十悪のなかに数えられる。

四海（しかい）　古代インド人が考えた神話における世界の中心となるスメール山（須弥山（しゅみせん））を囲む四方の大海をいう。

四事（しじ）　本経典では飲食と衣服と寝具と医薬の四つのことで、これらは修行僧の必需品である。

四沙門果（ししゃもんか）　修行者が修行を積んで到達するさとりの境地の四段階をいう。沙門とは仏教の修行者のこと。果はさとりのこと。さとりとは修行の果報として得るもので、現代語訳すれば「理解」と訳すことができよう。

四趣（ししゅ） 三悪道にアスラ（阿修羅（あしゅら））の住む領域を加えたもの。

四衆（ししゅ） 四部衆ともいう。男の出家者（比丘（びく））、女の出家者（比丘尼（びくに））、男の在家信者（優婆塞（うばそく））、女の在家信者（優婆夷（うばい））をいう。仏教教団を構成するメンバーのこと。

四重禁（しじゅうきん） 四重罪・四波羅夷罪（はらいざい）ともいう。女性と通ずること、盗み、殺人、聖者であると偽ることの四つをいい、これを犯すと教団から修行者は追放される。

四種天（ししゅてん） 四種の天のことで、原典の四九四bを見よ。

四姓（ししょう） 一般には「しせい」と読まれる。インドの四つの階級をいい、一般には「四つのカースト」として知られる。

①バラモン（バラモン教の司祭者）のカースト
②クシャトリヤ（王族）のカースト
③ヴァイシャ（庶民）のカースト
④シュードラ（奴隷）のカースト

四生（ししょう） 生類の生まれ方に胎生・卵生・湿生・化生の四種類あるとする。胎生は哺乳動物のように子宮から生まれるもの、卵生は魚や鳥などのように卵殻から生まれるもの、湿生は湿気のある処から生まれる虫など、化生は突然になにもないところから生まれるものである。

四聖諦（ししょうたい） 四諦とも表わす。諦とは真理という意味。したがって四聖諦とは四つのすぐれた真理ということ。仏教の根本教説で、世間のあらゆる生存はみな苦であること（苦諦）、その苦なる生存を起こす原因は、のどの渇きに似た飽くなき欲望であることと因果道理について無知であること（集諦）を認識して、この生きざまに比べて理想とすべき生きざまはなにかを説き、欲望を鎮（しず）め、ものの道理を正しく観察してとらわれのない境地にいたること（滅諦）、そしてその境地にいたるために正しい修行を修めるべきであること（道諦）を説いたもの。

四禅　三界のなかの一つで、欲界の上で清浄な世界といわれるが、まだ物質性が残っているところという。瞑想によって達せられる境地を象徴するものを四つに分けていると考えられているが、今日、この境地をいくら説明しても、わが国ではだれも経験していないのでどんな境地であるかを知るよしもない。

四大　大とは要素という意味。地・水・火・風の四つをいう。

四顛倒　顛倒とは逆さまに見ることで、四つの誤った考えや生き方をいう。本文中に説明があるので省く。

四天王　四王天、あるいは四大天王ともいう。古代インドの神話に出る守護神であったが、仏教に取り入れられてブッダに帰依して守護神となった。東方は持国天、南方は増長天、西方は広目天、北方は多聞天（毘沙門天）が配置されている。

四道果　妙寂に向かうための四種の道であるが、内容は余りにも専門的であるのでくわしいことは省く。

四毒　地・水・火・風の四つの要素から身体は構成されるという考えかたをもとに、煩悩は身体から生じることは結果として地・水・火・風から生じるとなる、したがって原典では地・水・火・風は四つの毒と考えた。

四如意　如意とは神通力の基礎という意味。神通力を獲得する基礎となる意欲・思念・努力・思惟の四つをいう。

四念処　四念住ともいう。さとりを得るための四つの修行方法をいう。身体は不浄である、感覚は思うようにならない、心は無常である、ものに私の物や私はないなどと観察して、修行することが仏教では求められている。

四百四病　人の身体は地・水・火・風の四つの要素からなっているが、これらがそれぞれバランスを崩すといろいろの病を生じる。風の要素で起こる風病、地の要素で起こる黄病、火の要素で起こる熱病、水の要素で起こる痰病のそれぞれに一〇一病あるといわれ、合計して四〇四種の病があると考えられている。

四兵（しひょう）　古代インドの四種の軍隊のこと。象の軍隊、馬の軍隊、戦車隊、歩兵隊の四つ。

四病（しびょう）　四つの悪欲のこと。原典の五二七aを見よ。

四魔（しま）　人々を迷わせ、悩ませる邪魔者の四つ。魔は善行を妨害するものをいう。

①むさぼりや怒りなど身心を悩ます魔（煩悩魔（ぼんのうま））
②さまざまな苦しみを引き起こす肉体や感覚器官などの魔（陰魔（おんま））
③人々の生命を奪う魔（死魔（しま））
④人々の善行を妨害する鬼神（他化自在天）という魔（他化自在天魔（たけじざいてんま））

四無量心（しむりょうしん）　四無量ともいう。限りない、量り知れない、利他の心を四つ挙げたもの。博愛の心を表わす慈、生類の苦しみへの同情を表わす悲、生類に喜びをあたえ、一緒に喜び合う心を表わす喜、そしてすべての生類を差別なく救済しようとする平等の心を表わす捨の四つ。

五陰（ごおん）　五蘊（ごうん）とも表わす。あらゆる存在を物質と精神との五つに分類したもの。物質一般、肉体を表わす色（しき）、感受作用を表わす受、表象作用を表わす想、意志、あるいは形成作用を表わす行（ぎょう）、そして識別作用を表わす識の五つで、受・想・行・識の四つは感覚器官のはたらきであり、これを総じて心と考えている。狭義には、五陰は我々の身体を構成する要素と考えてよい。

五戒（ごかい）　仏教で制定されている多くの規律のもっとも根本となる規律で、生きものを殺さない、盗まない、嘘をつかない、不倫をしない、酒を飲まない、の五つの規律のこと。

五逆罪（ごぎゃくざい）　五逆ともいう。母を傷つけること、父を殺すこと、ブッダの身体に傷をつけ、出血させること、仏教教団の平和を乱し、分裂させることなどの五つの罪を犯すことをいい、重罪として扱われる。この重罪を犯した人は無間(むけん)地獄という、地獄のなかでもっとも重い罰を受ける地獄に堕ちると仏教経典は揃って説く。

五蘊(ごうん)　心にとって障害となる、むさぼり、怒り、寝ぼけたような無知蒙昧、躁鬱(そううつ)、疑いの五つをいう。

五見(ごけん)　見とはここでは誤った見解という意味。五つの誤った見解とは、身体に実体的自我があり、ものはわがものであるという考え、すべてのものは刹那的であり、また永続的であるという極端に偏する考え、因果の道理はないとする考え、自己の見解がすべてであるとする考え、外道の戒律や誓いをもって解脱できるとする考えなどである。

五眼(ごげん)　ブッダたちが備えている眼のことで、肉眼（人々の苦しみ、患う姿を見る目）・天眼(てんげん)（六趣に住むあらゆる生類の身心の苦しみを見る目）・慧眼(えげん)（人々の心の内容の違いを読み取る眼）・法眼（人々をブッダの教えのなかに導く眼）・仏眼（自由自在な三昧の境地にはいり、解脱の境地を見る目）の五つ。

五根(ごこん)　根とは本来能力を意味するが、一般には感覚の能力、感覚器官をいう。この意味では眼・耳・鼻・舌・身（触覚器官）の五つを指す。別の意味の五根がある。それはさとりを得るための、すぐれた能力である信（信仰）・勤（努力）・念（思念）・定（瞑想）・慧（知慧）の五つをいう。

五辛(ごしん)　ニラ・ねぎ・ニンニク・生姜（あるいは山椒）などの臭みのつよい五種の野菜のこと。仏教教団では臭みが強いこと、そして精力がつくことで食することを禁じた。

五大(ごだい)　地・水・火・風に空を加えた五つの要素。

五通(ごずう)　五つの神通力(じんずうりき)のこと。神通力は人力を超えた量り知れない自在力をいい、一般に知られている六神通のうち、飛行・変身などの神通力を除く五つの神通力のこと。

五通仙（ごずうせん）　五神通力を習得した仙人という意味。「五通」を見よ。

五道（ごどう）　五道の道は世界を意味する。仏教の世界観では地獄・餓鬼・畜生・修羅・人・天の六種の世界を考えているが、修羅を除いて五道という。

五熱炙身（ごねつしゃしん）　五体、つまり頭・両手・両足を火で燃やし、太陽の熱に炙（あぶ）って苦行すること。仏教以外の異教で行なわれ、今日でもインドで行なわれている。

五比丘（ごびく）　原典では四八八aと五一四cの二ヵ所に出ているが、それぞれ人物が異なる。前者はベナレスの鹿野苑（ろくやおん）において釈尊が悟りを開いた後、はじめて説法した相手で、釈尊がヴァイシャーリーでアーラーラ仙人やウッダカ仙人のもとで修行していたころからの修行仲間。コンダンニャ、ヴァッパ、バッディヤ、アマーナーマ、アッサジの五人。後者は富豪の息子ヤサと彼の友達四人、すなわちプンナ、ヴィマラ、ガヴァンパティ、スバーフの合わせて五人をいう。

五欲（ごよく）　眼・耳・鼻・舌・皮膚の感覚器官が、それぞれ色（光）・声（音）・味・触りなどに接して起こす執着の欲望をいう。また、金銭欲・色欲・飲食欲・名誉欲・睡眠欲を五欲ということもある。

五力（ごりき）　さとりを得るための、すぐれた能力のこと。五根が順次にそれぞれ欺瞞・怠惰・怒り・恨み・怨みなどの五つの障害を克服することをいう。

六牙（ろくげ）　六牙白象（ろくげびゃくぞう）の略。ブッダを懐妊した時、生母マーヤー夫人が六つの牙を持つ白象が胎内に入る夢を見たといわれるところから、ブッダの懐妊を象徴する言葉となった。

六趣（ろくしゅ）　六道ともいう。趣も道も世界という意味である。六つの世界という意味で、地獄・餓鬼・畜生・修羅・人・天という六種の生類の住むところをいう。

六種震動（ろくしゅしんどう）　六震ともいう。大地が揺れる種類とその時に起こる音を挙げたもの。横揺れ・縦揺れ・直下型揺れ（湧きだすような揺れ）という大地の三つの揺れの種類、これはドカンという音をともなう地震、ゆさゆさと来る地震、ゴォーという音をともなった地震を加えて六種震動という。これはブッダが説法する時の瑞相を表わす喩え。

六処難（ろくしょなん）　六種の得がたいことをいう。原典の四九九ａを見よ。

六塵（ろくじん）　塵とは感覚の対象物をいう。感覚の対象物は人の心を迷わし、汚すものと考えて、鏡の表面に積もる塵に喩え、色・声・香・味・触・法の六つを六塵と仏教では呼ぶ。

六大（ろくだい）　宇宙に存在するすべてのものを合成し、その本質を構成する地・水・火・風・空、そして識（精神的要素）の六つをいう。大は要素という意味。

六天（ろくてん）　天界は十九天あるが、そのなかでもっとも低い界であり、人間界とまだ完全に縁を切っていない天界、つまり性欲が少し残っている神々の世界、それを六欲天、また六天という。下から順に四天王三十三天（ここの主は帝釈天）・夜摩天・兜率天（とそつてん）、化楽天（けらくてん）・他化自在天をいう。

六入（ろくにゅう）　入とはサンスクリット語でアーヤタナといい、入ってくる処、あるいは入ってくるものという二つの意味に解釈できる。入ってくる処の意味では六入は眼・耳・鼻・舌・身・意の六つのことである。入ってくるものの意味では六入は色・声・香・味・触・法の六つである。

六師（ろくし）　六師外道の略。『ブッダ臨終の説法』第二巻三三一頁以下に既に出る。

六念処（ろくねんじょ）　仏法僧の三つの柱と布施をすること、正しい習慣を守ること、天に生まれることの三つとをすべて心静かに念じ続けることをいう。これを念仏・念法・念僧・念施・念戒・念天という。

六波羅蜜（多）（ろくはらみつ（た））　六度ともいう大乗仏教の求道の人たちが実践すべき修行項目である。波羅蜜多の原語はパーラミターといい、完成・完全という意味である。具体的には向こう岸に渡ったということである。施すこと、正しい習慣を守ること、辱しめに耐えること、怠けないこと、あらゆることに注意すること、道理を正しく理解することの六つが完成されることを教えるもの。

六味（ろくみ）　苦い、酢っぱい、甘い、辛い、塩辛い、淡い、の六つの味のこと。

七覚支（しちかくし）　心の状態に応じて存在を観察する上で注意・方法を七つにまとめたもので、さとりを得るための修行項目。教えのなかから本物を選び取り、偽物を捨てる方法、努力する気持ちを持ちつづける方法、本物の教えを実行する喜びを持続する方法、身心を軽やかに快適にする方法、ものにとらわれる心を捨てる方法、心を集中して乱さない方法などの七つ。

七宝（しちほう）　「しっぽう」とも読む。七種の宝石のことだが、その種類は経典によって異なり、一定していない。一例を挙げると、金・銀・瑠璃（るり）・玻璃（はり）（水晶のこと）・車磲（しゃこ）（貝の一種）・珊瑚（さんご）・瑪瑙（めのう）の七種。

七方便（しちほうべん）　真の聖者（見道）の位に入る前の準備段階の三種の賢者（三賢位）と四種の善根を修める賢者（四善根位）を総称したもの。

七滅諍法（しちめつじょうほう）　教団の争いを鎮めるための七種の決まり。

七漏（しちろ）　悟りを得るために障害となる七つの煩悩。見・修・根・悪・親近・受・念の七つをいう。

八味水（はちみすい）　甘い、辛い、塩辛い、苦い、酸っぱい、淡い、渋い、見分けがつかないの八つの味の水をいう。これを基にしてブッダの妙寂の教えに常住・寂滅・不老・不死・清浄・無垢・不動・快楽の八つをいうこともある。

八解脱（はちげだつ）　あらゆる煩悩を離れた最高の瞑想の境地（滅尽定（めつじんじょう））に至る八種の解脱。一々についての説明は省略するが、最後の境地になると外界の空間や心境を超越した根源に至り、その根源になる場がつねに現実に示される境界に達するという。要するにもとの境地に戻るようである。

八大河（はちだいが）　経典でいう、スメール山の南に位置するジャンブドヴィーパ（閻浮提（えんぶだい））洲に流れるガンジス河・ヤムナー河・サラユー河・ヒラニャヴァティ河・マヒー河・シンドゥ河・ヴァクシュ河・シーター河の代表的な八つの大河。これらのうち、ガンジス河・シンドゥ河・ヴァクシュ河・シーター河の四つは多くの経典に四河として出る。

八大人覚（はちだいにんがく）　大人（だいにん）とは力量のすぐれた人物のことで、菩薩をはじめとするすぐれた修行者たちをさす言葉。八大人覚とはこれら修行者たちがつねに心がけている、少欲や知足などの八種のことがらをいう。

八背捨（はちはいしゃ）　「八解脱」に同じ。

八部衆（はちぶしゅう）　仏教を守護する八種の神で、天龍八部衆・龍神八部ともいう。

①天　サンスクリット語でデーヴァといい、仏教の経典では神、また、神が住む場所をも意味する。仏教の世界観の一つ、三界、あるいは六趣のなかで最高の場所に位置することで、ここにも低い段階から高い段階へと順序がある。文献によると二十七種の神が住んでいるともいわれる。このなかでもっとも低い段階に住む神が四天王である。

②龍　サンスクリット語でナーガといい、蛇、とくにコブラを神格化したものといわれる。仏典ではブッダを守護し、仏法を聞くものとして八大龍王が挙げられるようになる。『涅槃経』のなかにも龍王の名前が頻繁に出てくる。

③夜叉（やしゃ）　サンスクリット語でヤクシャといい、恐ろしい鬼神であるが、人に恩恵を与える神ともいわれ、森林に住んでいる。水と縁が深い神として知られる。

④乾闥婆（けんだつば）　サンスクリット語でガンダルヴァといい、天国の音楽家である。仏教のなかではこの神は人が死んだあと新たな生を受けるまでの一種の霊魂

と考えられた。

⑤阿修羅　サンスクリット語でアスラといい、闘争を好む鬼神といわれる。この神はもとは善神であったが、インド神話のなかで帝釈天の敵とみなされて悪神と考えられた。仏教ではブッダに帰依し、ブッダを守護する神となっている。

⑥迦楼羅（かるら）　サンスクリット語ではガルダといい、金翅鳥（こんしちょう）と訳される。これについては人名・動物名一覧を参照。

⑦緊那羅（きんなら）　サンスクリット語でキンナラといい、美声の持ち主で、天国の歌手である。あるいは楽士ともいわれる。姿は半人半獣（頭部は馬、体は人）である。仏教では守護神として知られる。

⑧摩睺羅迦（まごらか）　サンスクリット語でマホーラガといい、蛇神である。仏教の守護神。

八魔（はちま）　既出の四魔に、世間には常住なもの、安楽なもの、実在のもの、清浄なものはないという四つの誤った見解を加えたものを八魔という。原典の四九七aを見よ。

八万四千（はちまんしせん）　実数ではなく、無数とか一切とかの言葉を数字で表わしたものと考えていい。たくさんという意味。

八勝処（はっしょうじょ）　八解脱を修めた後、自己の内外のあらゆる事象を観察することに熟達し、自在に清浄と不浄の境地を見ることができる状態をいう。

八法（はっぽう）　本経典では世間の八法というが、浮き世の八つのならわしというほどの意味。利益と損失、誉れと誹り、非難と称賛、楽しみと苦しみなどの八つ。

九十六種毒虫（きゅうじゅうろくしゅどくちゅう）　毒虫の種類は不明であるが、経典が喩えとして挙げた意図は古代インドに現われた諸宗教、たとえば六師外道それぞれから独立した弟子十五人がそれぞれ唱えた宗教が合計九十六となるので、これを毒虫に喩えたのであろうか。

九部経（くぶきょう）　九分教とも表わされる。十二部経と同じくブッダの教えの全集であるが、これが最初にまとめられて、この成立のあとに教えを追加して十二種の分類が成立したと考えられている。

〔沙弥〕十戒　沙弥とは七歳から二十歳未満の出家者をいい、見習い僧である。この出家者たちが守る十種の規律のこと

十相　原典の五二七ａを見よ。

十遍処　迷いの世界のあらゆる煩悩を離れるための十種の観察法。つまり地・水・火・風・青・黄・赤・白・空・識の十とおりに世間を無二無辺だと観察する瞑想を行なうもの。

十方　十方世界ともいう。十の方角のことだが、東西南北上下四維と呼んでいる。四維とは東南・西南・東北、そして西北の四つをいう。それぞれの方角に生類が住む領域があるところから十方世界という。

十号　ブッダに対する十種の称号。

①如来　修行を成就した人
②応供　供養と尊敬を受けるに値する人
③正遍知　正しく理解し尽くした人
④明行足　知慧と行ないが完成した人
⑤善逝　彼岸に渡った人
⑥世間解　世間を知り尽くした人
⑦無上士　この上ない人
⑧調御丈夫　人々の調教師
⑨天人師　神々と人々の先生
⑩仏世尊　真理にめざめ、尊敬すべき人

十地　最初の段階よりも長く積み重ねた修行の段階にはその内容に大きな違いがある。これは菩薩の修行過程を十段階に分類したものだがブッダの世界に入る最後のステージである。

十善　殺し・盗み・不倫・嘘・二枚舌・悪口・おべんちゃら・むさぼり・怒り・誤まった見解などの十悪を行なわないこと。

十二因縁　人々の老いや死を代表とする四苦八苦は

いかにして成立するかを考察し、その原因を追究して十二の項目の系列をたてて説いたものである。学派によると、人々が過去に積んだ業によって現在の果報を受け、また現在の業によって未来の果報を受けるという因果の関係を十二に分類して説いたものである。くわしくは仏教辞典を参照されたい。

十二入　十二処ともいう。十二の拠り所、あるいは場という意味。眼・耳・鼻・舌・身・意の六つの感覚器官とその対象である色形・音声・香り・味・触れられるもの・考えられるものの六つの総称。

十二部経　十二部ともいう。仏教の経典を内容の上で十二種に分類したもので、これをもってブッダの教えを全部まとめたことになっている。つまりブッダの教えの全集と考えていい。

十八界　人の存在を構成する要素として十八種あるとするもの。六根（眼・耳・鼻・舌・身・意の知覚器官）と六境（色形・音声・香り・味・触れられるもの・考えられるものの対象の世界）と六識（六根の認識作用）の総称。これをもって主客すべての世界とする。

十八不共法　ブッダにだけしかない、だれにも共通するものでないブッダ特有の特徴が十八あるということ。十種の特有の能力（ブッダの十力）、なにものにも怖じけない四種の能力（ブッダの四無所畏）、つねに生類に眼を注いで心に止めている三つの心構え。（ブッダの三念住）

十八空　世間は空であると観察する時に十八の視点から見ることを教えたもの。個々の意味は略するが、内空・外空・内外空・空空・大空・第一義空・有為空・無為空・畢竟空・無始空・散空・性空・自相空・諸法空・不可得空・無法空・有法空・無法有法空などをいう。

十八変　ブッダが人々を教化するために超人的な神通力で種々の姿や動作を表わすことがある。六神通のなかの神足通をもとにして身体から水や火を出したり、水面を歩いたり、空中にすわったり、歩いたり、立ち止まったり、横になったり、大空を覆うように身体を膨張させたり、大きいものを小さく見せたりなど、十八種の変化を見せることをいう。

十力（じゅうりき） ブッダ特有の十種の能力で、十八不共法のなかに含まれる。

十六心（じゅうろくしん） 四つの真理を理解して、それをとおして世間を観察する段階で生じる八つの智が修行が進むにつれて欲の世界から、さらに上の段階に至っても持ち続けるが、その二つの世界に見られる八つの智を総称して十六心という。

三十六物（さんじゅうろくもつ） 人の身体にある三十六の不浄な物をいう。外相として、髪・毛・爪・歯・目やに・涙・よだれ・つばき・糞・尿・垢・汗の十二種と、構成物として皮・肌・血・肉・筋・脈・骨・髄・脂・肪・脳・膜などの十二種と、内容物として肝・胆・腸・胃・脾・腎・心・肺・生蔵・熟蔵・赤痰・白痰などの十二種とを合わせた数。

三十七助菩提之法（さんじゅうしちじょぼだいのほう） 三十七菩提分法（さんじゅうしちぼだいぶんぽう）・三十七道品（どうぼん）・三十七品（ほん）ともいう。さとりへのステップを総合した修行方法のこと。四念処・四正勤（ししょうごん）・四如意（しにょい）・五根・五力・七覚支・八正道を合わせた総称。仏教の最初期の経典ではもっとも代表的な実践論である。

九十五種外道（きゅうじゅうごしゅげどう） 仏教以外の宗教や哲学派などを外道といい、仏教の思想と相容れないところから邪教、あるいは邪法などと軽蔑する時に使う呼称である。外道の原語の意味は宗教改革者・宗祖といい、決して悪い意味の言葉ではない。六師外道は原始仏教文献で有名であるが、他にも十三外道・十六外道・二十外道・三十外道などが挙げられている。『涅槃経』のほか『摩訶僧祇律（まかそうぎりつ）』のなかに九十五種の外道があったというが、具体的な名称は挙げられていない。外道に対して仏教を内道という。

人物・動物一覧

人　物

世尊　ブッダの尊称の一つ。世間で尊敬に値する人。

如来　ブッダの尊称の一つ。真理の側から来た人。

羅睺羅（らごら）　訳文ではラーフラと表わした。ブッダの実子。

摩訶迦旃延（まかかせんねん）　訳文ではマハーカーティヤーヤナと表わした。ブッダの十大弟子の一人。討論第一といわれた。

薄倶（拘）羅（ばくら）　訳文ではヴァックラと表わした。少欲知足で閑静な所を好み、修行に明け暮れた弟子で、一六〇歳で没した。

優波難陀比丘（うばなんだ）　訳文ではウパナンダと表わした。男性の仏弟子。

拘陀羅（くだら）　訳文ではクダーラと表わした。女性の在家信者。

善賢　訳文ではスバドラと表わした。女性の仏弟子。

優波難陀（うばなんだ）　訳文ではウパナンダと表わした。女性の仏弟子。

海意　訳文ではサーガラマティーと表わした。女性の仏弟子。

海徳菩薩　訳文では漢訳名のまま。菩薩の名。

無尽意菩薩　原名はアクシャヤマティであろうが、訳文では漢訳名のまま。他の経典にも多出する菩薩の名。

威徳無垢称王（いとくむくしょうおう）　原名はヴィマラキールティであろうが、訳文では漢訳名のまま。この名称は有名な維摩居士の尊称。男性の在家信者。

善徳　訳文では漢訳名のまま。男性の在家信者。

寿徳　訳文では漢訳名のまま。男性の在家信者。

徳蔓（とくまん）　訳文では漢訳名のまま。男性の在家信者。

毘舎佉（びしゃきゃ）　訳文では漢訳名のまま。男性の在家信者。

浄無垢蔵（じょうむくぞう）　訳文では漢訳名のまま。リッチャヴィー都のクシャトリア出身の男性の青年。

浄不放逸（じょうふほういつ）　訳文では漢訳名のまま。リッチャヴィー都のクシャトリア出身の男性の青年。

恒水無垢浄徳（かんすいむくじょうとく）　訳文では漢訳名のまま。リッチャヴィー都のクシャトリヤ出身の男性の青年。

月無垢王（がつむくおう）　ヴァイシャーリー都の王の名。原名はチャンドラ・ヴィマラであろうが、漢訳名のまま表わした。

阿闍世王（あじゃせおう）　原名はアジャータシャトルであろうが、漢訳名が知られているために漢訳名のままに表わした。マガタ国のビンビサーラ王の子デーヴァダッタにそそのかされて父を殺し、ブッダの死の八年前に即位。のちに大臣ジーヴァカの奨めでブッダに帰依した。

愛徳夫人　阿闍世王夫人。訳文では漢訳名のまま。

三界妙夫人（さんがいみょうぶにん）　阿闍世王夫人。訳文では漢訳名のまま。

無辺身菩薩　訳文では漢訳名のまま。東方の音楽美音という仏国土の虚空等如来の使いとして娑婆世界のブッダの妙寂を見舞うために到来した菩薩。

文殊師利法王子（もんじゅしりほうおうじ）　原名はマンジュシリーであるが、漢訳では文殊師利の表現もある。訳文では周知の文殊菩薩で表わした。完全な知慧を備え、ブッダに代わって説法を行なう菩薩として知られる。

純陀（じゅんだ）　訳文では原名のチュンダで表わした。金属細工人でブッダにきのこ料理を布施したことで有名。じつはこれがもとでブッダは激しい腹痛に見舞われ、亡くなった。

摩訶迦葉尊者（まかかしょうそんじゃ）　原名はサンスクリット語ではマハーカーシャーパであるが、訳文ではパーリ語のマハーカッサパで表わした。衣食住において少欲知足に徹した修行（頭陀行（ずだぎょう））を終生続けた仏弟子。ブッダ十大弟子の一人で、頭陀第一と呼ばれた。

阿難尊者（あなんそんじゃ）　原名はアーナンダであるが、訳文では漢訳名のまま。ブッダのいとこで、ブッダのそばに二十五年間影のように仕えて、つねにブッダの説法を聞き続けたといわれ、聞法(もんぼう)第一といわれた。ブッダ十大弟子の一人。

迦葉菩薩　訳文ではパーリ語のカッサパで表わした。マハーカッサパとは別人物。後者はブッダの臨終に間に合わなかったので単に名前だけ出るが、前者は人々を代表してさまざまな質問をする中心人物。

難陀　原名も漢訳も同じ音であるので訳文では漢訳名のまま。本文ではナンダが布施した乳粥(ちちがゆ)をブッダが食したことでさとりを開いたという。

難陀波羅(なんだばら)　訳文では漢訳名のままで表わした。

金剛密迹(こんごうみつしゃく)　金剛の武器を持ってブッダを守護する神々の総称。密迹力士に同じ。

覚徳　かつてブッダが有徳という名の王であった時、戒律を正しく守った修行者として有名。

有徳王(うとくおう)　ブッダがある過去世でなった王の名。覚徳という修行者を養護するために悪徳修行者と戦った。

耶輸陀羅(やしゅだら)　訳文では原名のヤショーダラーで表わした。ブッダが出家前、太子であった時の正妃。ラーフラの生母。後にブッダの養母マハーパジャーパティと出家。

摩耶(まや)　訳文では原名のマーヤーで表わした。ブッダの生母。ブッダの誕生後七日目に死亡。

波斯匿王(はしのくおう)　訳文ではパーリ語の原名パセーナディで表わした。コーサラ国とカーシー国を統治した国王。ブッダと同年。妻子と共にブッダに帰依し、教団を援助した。八十歳で没したという。

尼乾子(にけんし)**（尼健）**　パーリ語の原名はニガンタ・ナータプッタという。ブッダと同時代の修行者で、ジャイナ教の開祖といわれる。訳文ではジャイナ教で表わした。

摩訶波闍波提(まかはじゃはだい)**憍曇弥**(きょうどんみ)　訳文ではパーリ語の原名マハーパジャーパティーで表わした。仏教教団で最初の尼僧。ブッダの養母。ブッダの生母マーヤー夫人は姉にあたる。

瞿師羅（くしら）　訳文ではパーリ語のゴーシタで表わした。本文では『瞿師羅経（くしらきょう）』（南伝大蔵経第一五巻、一八四―一八五頁。大正蔵経経典番号一五）という経典名が見られるが、ブッダの弟子のアーナンダ尊者と問答している短い経典である。この経典では彼はコーサーンビー国の人で広大な果樹園を持つ長者となっている。

歓喜（かんぎ）　訳文は漢訳名のままで表わした。クシナーラ都に住む不可触民。ブッダから将来さとりを得るだろうと予言を受ける。

善賢（ぜんげん）　訳文は原名スバドラーで表わした。王舎城に住む女性。離婚後、ブッダに帰依。女性は男性のように自由に能力を発揮できないことを陳べ、出家して生き方を変えようとした女性。

殺羝徳（くていとく）　原名は不詳。ウッジャイン国に住むバラモン。

舎利弗（しゃりほつ）　原名はサンスクリット語ではシャーリプトラであるが、訳文では周知の漢訳名舎利子で表わした。ブッダより年長で、ブッダに並ぶほど人々に尊敬され、知慧第一といわれた。ブッダ十大弟子の一人。ブッダの実子ラーフラの後見人。

目犍連（もつけんれん）　原名はサンスクリット語ではマウドガルヤーヤナというが、訳文では周知の目連で表わした。女性の修行者ウッパラヴァンナ（蓮華色（れんげしき））と並ぶ神通力第一といわれ、ブッダ十大弟子の一人。神通力で異端者や外道の者を追放してブッダの身辺を護衛したともいわれる。

仙頂（せんちょう）　ブッダが前世インドのある国の王であった時の名前。訳文では漢訳名のままで表わした。原典の四三四c参照。

善住（ぜんじゅう）　前世に存在した王の名前。訳文では漢訳名のままで表わした。くわしくは原典の四三七c参照。

頂生（ちょうしょう）　原名はサンスクリット語でムールダタであろう。善住の子供の名前。原典の四三八a参照。訳文では漢訳名のままで表わした。

憍陳如（きょうじんにょ）　訳文ではパーリ語のコーンダンニャで表わした。一般にはアンニャ・コーンダンニャと呼ばれている。ブッダと六年間一緒に苦行し、後にブッダがさとりを開き、本格的な最初の説法を聞いた五人の仲間の中で、その内容を最初に理解して阿羅漢になった修行僧。

釈摩男（しゃくまなん）　訳文はコーリタで表わした。ブッダの従兄弟にあたり、鹿野苑（ろくやおん）で最初の説法を聞いた五人の比丘の一人。

提婆達多（だいばだった）　原名はデーヴァダッタであるが、訳文では漢訳名で表わした。アーナンダ尊者の兄といわれ、ブッダの従兄弟にあたり、ブッダより二十歳も若かったらしい。ブッダに帰依して弟子になり、後にマガダ国王の王子阿闍世の支持を得て、教団の中で力を持つようになる。ある時老境に入ったブッダに引退を勧めるが、呵責される。これを根に持って反逆することになる。彼は阿闍世に父王を殺すようにそそのかし、自分はブッダを殺害しようと計画する。王子は父王の殺害を成功させるが、デーヴァダッタはブッダの殺害に失敗する。この他にも彼は教団に対して恨みを晴らそうとして悪巧みをする。したがって彼は後に典型的な極悪人として知られることになる。『涅槃経』においても同じである。

富蘭那（ふらんな）　原名はパーリ語でプーラナ・カッサパといい、漢訳名は富蘭那迦葉（ふらんなかしょう）ともいう。訳文では原名で表わした。いわゆる六師外道の一人。因果律を否定し、道徳否定論者で有名。善悪の行為の報いはないと説いている。

末伽梨拘舎離（まつかりくしゃり）　原名はパーリ語でマッカリ・ゴーサーラという。訳文では原名で表わした。いわゆる六師外道の一人。すべての生類は輪廻の生活の中で、無因無縁であり、解脱するものも無因無縁であり、自己を支配する力も意志の力もなく、ただ運命・状況・

本性に支配されていると主張した。一種の決定論、運命論を説いている。彼はアージーヴィカという古い宗教の一つに所属していた。

刪闍耶毘羅胝子（さんじゃやびらていし）　原名はパーリ語でサンジャヤ・ヴェーラティプッタという。訳文では原名で表わした。いわゆる六師外道の一人。形而上学的な問題についてあいまいな表現に終始し、確定的な答えをしなかったといわれ、彼の意見は不可知論の一種とされ、また懐疑論者ともいわれた。彼はマガタ国の首都に住み、多くの弟子を擁して有名であった。彼の弟子であった舎利子と目連の二人がブッダに帰依したことをきっかけに二百五十人の弟子がブッダのもとに走ったので、サンジャヤは自殺したという。

阿耆多翅舎欽婆羅（あぎたししゃきんばら）　原名はパーリ語でアジタ・ケーサカンバリンという。訳文では原名で表わした。いわゆる六師外道の一人。彼は地・水・火・風の四つの要素だけが実在で、ものはみなこれら四つの要素から構成されており、霊魂の存在はないと主張した。この立場から彼は唯物論者である。また、死後の存在を認めないので現世の享楽を求めることを勧めることから、快楽主義者ともいわれる。

伽羅鳩駄迦旃延（からくだかせんねん）　原名はパーリ語でパクダ・カッチャーヤナという。訳文では原名で表わした。いわゆる六師外道の一人。彼は人の身体は地・水・火・風の四つの要素と苦・楽・霊魂の七要素から構成されると説いた。これらは不変であると考え、霊魂不滅説を掲げた。来世の存在を主張した。

尼乾陀若提子（にけんだにゃだいし）　原名はパーリ語でニガンタ・ナータプッタという。略して尼乾子ともいう。すでに尼乾子で出ているが、ここでは原名で表わした。

韋提希（いだいけ）　韋陀希とも漢訳される。原名はパーリ語でヴェーデーヒーといい、勝身と意訳されている。訳文では原名で表わした。ヴァイデーハ国の王女でビンビサーラ王の妃となり、阿闍世王を産む。後に阿闍世王が父ビンビサーラ王を殺そうとして閉じ込めた牢獄にひそかに蜜を贈り、助けようとしたが発見され殺されそうになった。この『涅槃経』ではこのような経緯は書かれていないが、阿闍世王が腫物で苦しんでいるのを見兼ねて種々の薬で手当てをしたが、治るどころかますます痛みは増したことが記されている。

月称（がっしょう）　阿闍世王の臣下で、六師外道の一人プーラナ・カッサパを紹介した大臣。訳文では漢訳名のままで表わした。

蔵徳（ぞうとく）　阿闍世王の臣下で、六師外道の一人マッカリ・ゴーサーラを紹介した大臣。訳文では漢訳名のままで表わした。

実徳（じっとく）　阿闍世王の臣下で、六師外道の一人サンジャヤ・ヴェーラティプッタを紹介した大臣。訳文では漢訳名のままで表わした。

悉知義（しっちぎ）　阿闍世王の臣下で、六師外道の一人アジタ・ケーサカンバリンを紹介した大臣。訳文では漢訳名のままで表わした。

吉徳（きちとく）　阿闍世王の臣下で、六師外道の一人パクダ・カッチャーヤナを紹介した大臣。訳文では漢訳名のままで表わした。

無所畏（むしょい）　阿闍世王の臣下で、六師外道の一人ニガンタ・ナータプッタを紹介した大臣。訳文では漢訳名のままで表わした。

耆婆（ぎば）　原名はパーリ語でジーヴァカ・コーマーラバッチャという。訳文では原名ジーヴァカで表わした。娼婦の子で捨てられたが、アバヤという王子に拾われて長じて医者となる。ブッダ時代の名医として有名。種々の治療例から外科医であったと推測される。

羅摩（らま）　原名はラーマであろう。経典では国王とあるが、『ラーマーヤナ』に出るラーマを指しているのか不詳。訳文では原名で表わした。

跋提（ばつだい）　原名はサンスクリット語でバドリカといい、釈迦族のクシャトリヤ出身で、ブッダの異母弟ナンダたちが出家したあと、釈迦族の王位についた人物であろうか。原典の四七五ｃに出る。訳文では原名で表わした。

毘盧真（びるしん）　原名はサンスクリット語でヴィルチャという。『阿含経』では比丘の名前で知られるが、『涅槃経』では国王の名前である。詳細は不明。原典の四七五ｃに出る。訳文では原名で表わした。

那睺沙（なごしゃ）　原名はサンスクリット語でナフシャであろう。原典では国王の名前となっている。詳細は不明。訳文では原名で表わした。原典の四七五ｃに出る。

迦帝迦（かたいか）　原名は不明。原典では国王の名前となっている。訳文では漢訳のままで表わした。原典の四七五ｃに出る。

毘舎佉（びしゃきゃ）　原名はサンスクリット語でヴィシャーカーであろう。原典では国王の名前となっている。詳細は不明。訳文では原名で表わした。原典の四七五ｃに出る。月光明・日光明・愛・持多人などの名前の国王が原典の四七五ｃに出るが詳細は不明。

瑠璃（るり）　原名はサンスクリット語でヴィルーダカといい、訳文では原名で表わした。一般の経典には瑠璃王という呼称で知られる。コーサラ国のパセーナディ王の王子で長じて父王を殺害して王位を奪い、その上釈迦族を滅ぼした悪名高い王である。悪性王というあだ名さえある。この経典では悪王となっている。

優陀那（うだな）　原名はパーリ語でウデーナといい、訳文では原名で表わした。ヴァンサ国のコーサンビーの王。ヒマラヤの山中で生まれ、苦行者に育てられた。長じて父王の死後王位を継ぐ。文献によっては王の伝説が異なり、悪王というイメージが作り上げられて、この経典では悪王として取り扱われている。

蓮華（れんげ）　原名はサンスクリット語でプンダリーカといい、訳文では原名で表わした。この名の王としては『百縁経』や『弥勒所問本願経（みろくしょもんほんがんきょう）』に出るが、蓮華王はいずれにおいてもブッダの前世の姿であったという。人々の病をいやし、身命を顧みずに救済に努めた慈悲深い王として描かれている。『涅槃経』では悪王の一人に挙げている。原典の四七五ｃに出る。

浄飯（じょうぼん）　原名はサンスクリット語でシュッドーダナといい、釈迦族の王でブッダの父である。訳文では原名で表わした。

瞿曇（くどん）　原名はパーリ語でゴータマといい、ブッダの姓である。訳文では原名で表わした。

悉達多（しつだった）　原名はパーリ語でシッダッタといい、ブッダの名である。訳文では原名で表わした。

般遮尸（はんしゃし）　原名はサンスクリット語でパンチャシキンといい、船遮尸棄（はんしゃしき）とも漢訳する。頭に五つ（パンチャ）の髻（シキン）を持つことでパンチャシキンと呼ばれた仙人。原典では帝釈天の臣下となっている。訳文では原名で表わした。

釈迦牟尼（しゃかむに）　原名はサンスクリット語でシャーキャムニといい、釈迦族出身の大仙人というほどの意味。ブッダに対する尊称。訳文では漢訳のままで表わした。

不害（ふがい）　原名はサンスクリット語でアヒンサーといい、コーサラ国舎衛城（しゃえいじょう）のバラモン出身の青年である。長じて次々と人を殺し、ブッダをも殺害しようとしたが、教化されて出家した。殺した人の指を切り取り、首輪にしていたのでアングリ（指）マーラ（鬘（まん））とあだ名された。音訳して鴦崛魔（おうぐつま）という。

須毘羅（しゅびら）　原名はサンスクリット語でシュビーラであろう。訳文では原名で表わした。詳細は不明だが、原典では王子となっている。原典の四七八ｃ参照。

気嘘（けこ）　原名は不明。舎衛城の不可蝕民である。訳文では漢訳のままで表わした。原典の四七九ａ参照。

阿逸多（あいった）　原名はサンスクリット語のアジタであろう。ベナレス市のある長者の子。訳文では原名で表わした。原典の四七九ａ参照。

善賢（ぜんげん）　原名はサンスクリット語でスバドラであろう。

すでに同名の女性が原典に出るが、ここはある村の長者。詳細は不明。訳文では漢訳名のままで表わした。原典の四七九b参照。

広額（こうがく）　ベナレス市の肉商人。訳文では漢訳名のままで表わした。原典の四七九b参照。

龍印（りゅういん）　北インドのある国の王。原名は不明であるので、訳文では漢訳名のままで表わした。原典の四七九b参照。

蓮華・蓮花（れんげ）　原名はパーリ語でウッパラという。同名の女性が文献には数多く出るが、『涅槃経』でも二人の同名のウッパラが出ている。

①原典の四七九bに出るウッパラはウッパラヴァンナ（蓮華色比丘尼）として知られる有名な尼僧。訳文では原名ウッパラヴァンナで表わした。舎衛城の長者の娘で、色白な美女であったことから出家前も出家後も男性の誘惑が絶えなかった。尼僧の中で神通力第一といわれた。

②原典の四七九cに出る蓮花（ウッパラ）は同じ原名であろうが、売春婦である。訳文では原名ウッパラ（？）で表わした。

跋提迦（ばつだいか）　原名はサンスクリット語のパドリーカであろう。訳文では原名で表わした。原典ではある国の王となっているが、おそらくブッダの最初の説法を聞いた五人の比丘の一人であろう。

優波離（うばり）　原名はサンスクリット語でウパーリという。カピラ市の出身で釈迦族に仕える理髪業者であった。ブッダの十大弟子の一人。訳文では原名で表わした。

須達多（しゅだつた）　原名はパーリ語でスダッタというが、あだ名としてアナータピンディカという。給孤独（きっこどく）（貧しい人に施しをする人）と訳される。舎衛城の大富豪で、ブッダのために祇園精舎（ぎおんしょうじゃ）を寄進した長者として知られる。原典には同名の貧者も挙げているが、この貧者のことについては不明。

周梨槃特（しゅりはんどく）　原名はパーリ語でチューラパンタカといい、

この音訳である。王舎城、あるいは舎衛城の、いずれかのバラモンの出身ともいわれる。出家をしたが、生まれつき愚鈍であったためにものおぼえが悪く、修行がなかなか進まない。そこでブッダは外来者の草履の埃を払う仕事を与え、これを修行として努めるように勧めた。これによって彼はさとりを得たといわれる。訳文では原名で表わした。

難陀（なんだ）　原典の四七九cの難陀はブッダの異母弟に当たる人。ブッダの出家後釈迦族を継ぐ人であったが、ブッダに勧められて出家した。ここでは原名で表わした。

優楼頻螺迦葉（うるびんらかしょう）　原名はパーリ語でウルヴェーラ・カッサパという。マガタ国の出身。拝火教を弘め、五百人の教徒を擁していた。二人の弟がいて、彼等もそれぞれ教徒を率いていた。兄がブッダに教化されたことで弟二人も教徒を引き連れてブッダに帰依した。

富多羅（ふたら）　原名はパーリ語でプラーナといい、富蘭那（ふらんな）とも漢訳される。ブッダの弟子五百人を率いて南山で修行していたといわれる尊者である。ブッダの死後マハーカッサパ尊者を中心にしてブッダの教えの編集会議があった時にプラーナと五百人のブッダの弟子たちは遅れて行ったために参加することができなかったといわれる。訳文では原名で表わした。

頻婆娑羅王（びんばさらおう）　原名はパーリ語でビンビサーラという。ブッダより五歳年下。十五歳の時にマガタ国の王となり、王舎城に住む。竹林精舎を仏教教団に寄進し、信者となる。晩年、王子の阿闍世王に殺害される。訳文では原名で表わした。

郁伽（いくが）　原名はサンスクリット語でウグラといい、最首・功徳などの意訳がある。舎衛城の有名な長者。ブッダに帰依して信者となり、多くの教えを受け、よく施しをしたことで有名である。そこで布施第一といわれた。訳文では原名で表わした。

離婆多（りばた）　原名はパーリ語でレーヴァタといい、離日（りおつ）とも漢訳される。マガタ国のバラモン出身。舎利子の弟。兄の出家に惹かれて自ら出家し、瞑想を好み、さとりを得たという。訳文では原名で表わした。

婆私咤（ばした） 原名はヴァシシタという。バラモンの出身の女性で、六人の子を一度に失い、狂乱状態になり、裸で町中を走り回ったという。ブッダに出会い、本心に戻り、帰依し、信者になった。訳文では原名で表わした。

末利（まつり） 原名はパーリ語でマッリカーといい、摩利とも漢訳される。勝鬘（しょうまん）と意訳する。舎衛城の花屋組合の長老の娘で、長じてパセーナディ王の第一夫人となる。訳文では原名で表わした。

尸利毬多（しりきくた） 原名はサンスクリット語でシュリーグプタという。室利毬多（しりきくた）とも漢訳される。王舎城に住む長者。ブッダを殺害しようとしたが、かえって諭されて、懺悔して信者となる。訳文では原名で表わした。

瞿伽離（くかり） 原名はパーリ語でコーカーリカという。倶伽離（くかり）とも漢訳される。提婆達多（前掲）の弟。同名の者が仏典に出る。ブッダの弟子になるが、事件があり、兄と共に教団を去る。訳文では原名で表わした。

須那刹多（しゅなせつた） 原名はパーリ語でスナカッタという。須那（しゅな）刹多羅（せつたら）とも漢訳され、善星・善宿と意訳される。ヴアイシャーリー都のリッチャヴィ族クシャトリヤの出身。仏弟子としてブッダの付き添い人となるが、わがままなことを行ない、ブッダに諭され、それを根に持ってブッダのもとを去る。悪弟子の一人として有名。訳文では原名で表わした。

持一切菩薩（じいっさいぼさつ） 原典の四八二cを参照されたい。詳細不明。訳文では漢訳名のままで表わした。

光明遍照高貴徳王菩薩（こうみようへんじようこうきとくおうぼさつ） 本経第二十一巻から第二十六巻までの主人公。光明遍照の表現は無量寿仏、つまり阿弥陀仏の特徴を示している。無量寿仏は八万四千の特徴があり、その一つ一つの特徴から光明を放ち、十方の数えきれない生類を照らし、救済しているという意味がある。この菩薩はこのブッダの一つの姿であろうと考えられる。

阿私陀（あしだ）　アシタの音訳。釈尊の父シュッドーダナ王に仕えた後、出家し、五神通力を得た仙人として知られる。釈尊の誕生直後に将来ブッダになるだろうと予言をしたという。本文はアシタで表わした。

鬱陀伽（うつだか）　パーリ語ウッダカ・ラーマプッタの音訳。本文は原語名で表わした。釈尊は出家してアーラーラ仙人につき、次にウッダカ仙人についてヨーガを学んだ。ウッダカ仙人について一切の思いを払いのけた無念無想の境地に到達したともいわれるが、この境地に飽きたらず、彼のもとを去ったという。

阿羅邏（あらら）　パーリ語アーラーラ（・カーラーマ）の音訳。本文は原語名で表わした。釈尊は出家後、マガダ国に住むアーラーラ仙人のもとをまず訪ね、ヨーガを学ぶ。そこで物質的なものがまったくない、無限の空間に遊ぶ境地に到達したという。釈尊はこれに満足できず、ウッダカ仙人を訪ねたといわれる。

浄住王子菩薩（じょうじゅうおうじぼさつ）　原典四八八ｃに初出の菩薩。シャーラ樹林の現場で無辺身菩薩に質問する状況が見られる。

満月光明如来（まんがつこうみょうにょらい）　東方に二十個のガンジス河にある砂の数ほどの世界をすぎた先に不動という仏国土があり、その国土からこの娑婆世界の生類を救済する目的と釈尊の臨終を見舞うためにやってきた如来である。原典の四八八ｃからその情景が描かれている。

瑠璃光菩薩（るりこうぼさつ）　原典四九〇ａに初出。質問者の一人。

那提迦葉（なだいかしょう）　パーリ語ナディー・カッサパの音訳。ウルベーラ・カッサパ（既出）の弟。ウルヴェーラ村とガヤー村との間のネーランジャラー河ぞいに住み、三百人の弟子を率いた拝火教徒。本文は原名で表わした。

伽耶迦葉（がやかしょう）　パーリ語ガヤー・カッサパの音訳。ウルヴエーラ・カッサパとガヤー・カッサパ（既出）の弟。ネーランジャラー河沿いのガヤー村に住み、二百人の弟子を率いて修行していた。

須跋陀羅（しゅばつだら）　サンスクリット語スバドラの音訳。本文は原語名で表わした。釈尊がなくなる直前に出家し、最後の弟子となった。詳しくは原典の五一四bに出る。本文は原名で表わした。

菴羅果女（あんらかにょ）　パーリ語アンバパーリーの音訳。菴婆羅（あんばら）の略語。ヴェーサーリーのヴァイシャ出身の娼婦。ブッダに帰依して自分のマンゴー樹林を釈尊に寄進し、出家し弟子となる。訳文は原名で表わした。

耶奢（やじゃ）　パーリ語ヤサの音訳。一般には耶舎の音訳が多い。ベナレスの町の商人の息子。大金持ちの家に生まれ、贅沢三昧の日々を送っていたが、ある日感じることがあって出家、釈尊に帰依した。訳文は原名で表わした。

富那（ふな）　パーリ語プンナ・マンターニプッタが正式の名前で、このプンナの音訳。マンターニは母の名前で、母マンターニの子（プッタ）であるプンナという意味。バラモン出身。コンダンニャ長者の妹の子。説法第一として知られ、十大弟子の一人。訳文は原名で表わした。

毘摩羅闍（びまらじゃ）　パーリ語ヴィマラの音訳。ヤサの四人の友達の一人で、ヤサが出家したことを聞き、一緒に出家した。訳文は原名で表わした。

憍梵波提（きょうぼんはだい）　パーリ語ガヴァンパティの音訳。ヤサの友人の一人。ヤサの出家を聞いて一緒に出家した。商人の息子。訳文は原名で表わした。

須婆睺（すばこう）　パーリ語スバーフの音訳。ヤサの友人の一人。ヤサの出家を聞き、出家した。訳文は原名で表わした。

鴦掘魔羅（おうくつまら）　パーリ語アングリマーラの音訳。指鬘（しまん）とも意訳される。舎衛城に住むバラモンで、人殺しをたのしむ男。ある時釈尊を殺害しようとして、逆に教化されて改心し、出家し弟子となる。訳文は原名で表わした。

婆熙伽（ばぎか）　パーリ語ヴァンギーサの音訳。舎衛城に住むバラモン。ヒンドゥ教の聖典に詳しく、頭蓋呪を使って祈禱をして諸国を歩いた。ある時釈尊に出会い、教化されて出家し弟子となる。訳文は原名で表わした。

瞿曇弥（くどんみ）　パーリ語ではキサー・ゴータミー（痩せたゴータミー）と言い習わされている。舎衛城に住む貧しい家の女。結婚して男子を生んだが、その子は間もなく死んだ。その子を抱き、蘇生する薬を求めて歩いたが、釈尊は彼女に死人がでていない家を探し、その家からケシの実をもらってきたら、蘇生させてやるといわれる。しかしそれは到底かなえられないことを悟った彼女は釈尊の教えに帰依して、出家した。いつも粗末な衣を着ていたので、粗衣第一の比丘尼として有名となる。訳文は原名で表わした。

闡那（せんな）　パーリ語チャンナの音訳。この音訳に相当する人物は釈尊が出家する時に馬の轡を引いた御者であるが、原点にある人物は一般に闡陀（せんだ）、あるいは闡怒（せんど）の音訳に当たる人物であろう。シャカ族の奴隷の子として生まれ、釈尊の里帰りの時に出家したが、高慢心から悪事を続けていた。のちに発奮して修行に励んだ。訳文は原名で表わした。

師子吼菩薩（ししくぼさつ）　原典の第二十七巻から第三十二巻までの主人公。

祇陀（ぎだ）　パーリ語ジェータの音訳。パセーナディ王の王子。所有していた樹園をアナータピンディカ長若（スダッタ長者のあだ名）に売ったことが結果的には舎衛城に仏教教団の活動拠点ができることになった。有名な祇園精舎がそれである。祇園の祇はジェータの名前である。

無勝（むしょう）　パーリ語アッサジ（?・）の音訳か。バラモン出身の青年。原典五四二cに初出。

宝称（ほうしょう）　パーリ語ヤサ（?・）の音訳か。ベナレスに住む富豪の息子であろう。原典の五四二c以下にある内容から判断すると既出のヤサのことであろうと考えられる。

阿尼樓駄（あにるだ）　サンスクリット語アヌルッダの音訳。阿那律の晋訳で知られる。釈尊の従兄弟。釈尊の臨終に立ち会い、荼毘に付した後の処置に当たった弟子。知恵の眼を得ていることで、天眼第一と称えられ、十大弟子の一人である

須菩提（しゅぼだい）　パーリ語スブーティの音訳。既出のアナータピンディカ長者の弟の子である。祇園精舎落成式の当日、釈尊の説法を聞いて出家、弟子となる。釈尊の代わりに読法をさせられるほどすぐれた弟子であった。まったく争いをしないことで第一、あるいは空を理解することで第一といわれた。

動物

哺乳類

狐
狼
獅子（しし）　ライオン
豹（ひょう）
豺（さい）　山犬のこと
犬
狗（く）　番犬のこと
牛
馬
象
羊
水牛
虎
驢（ろ）　うさぎうま
騾（ら）　らば〈牝馬と雄ろばの混血種〉

鳥

鴟（し）　とび
梟（きょう）　ふくろう
鷲（しゅう）
烏（う）
鵲（しゃく）　かささぎ
孔雀（くじゃく）
鴛鴦（えんおう）　おしどり
鳧（ふ）　かも
雁（がん）
鸚鵡（おうむ）
鴝鵒（くよく）　ははっちょう。九官鳥の一種
白鶴（びゃくかく）　つる
娑羅娑鳥（さらさちょう）　sārasa?　おおとり
迦蘭伽鳥（からんがちょう）　迦陵頻伽鳥（かりょうびんがちょう）。kalavinka
　美声の鳥で極楽浄土に住むといわれる。

爬虫類

蛇
蝮（ふく）　まむし
亀
鼈（べつ）　スッポン

昆虫

蜂
蚊（ぶん）
虻（ぼう）
蝎（がち）　かみきり
蜋（ろう）　かまきり
蚕
蟻
糞ころがし

犢（とく） こうし

鼠

猪

猫

獼猴（みこう） 猿

鹿

兎

命命鳥（みょうみょうちょう） 耆婆耆婆鳥（ぎばぎばちょう）。jīvanjīvaka 人鳴き声を擬して付けられた名。人の顔して鳥の体。両頭を持つ鳥。

鶏

迦隣堤鳥（かりんだいちょう） 迦蘭陀鳥（からんだちょう） kalandaka かささぎに似て、竹林に群れをなして住む。

鵝（が） がちょう

鴟（し） とび

倶翅羅鳥（くしらちょう） kokila インド特産の黒いカッコウ。美声で知られる。

金翅鳥（こんしちょう） garuda インド神話に出る鳥。ヒマラヤの下に住み、龍を食べる獰猛な鳥。

婆噎伽鳥（ばきがちょう） valaka? 鶴？

雉

鳩

舎利鳥（しゃりちょう） sārika 朝鮮ウグイスのこと。

鵰鷲（ちょうしゅう） 大鷲、秀鷲。

舎利伽鳥（しゃりかちょう）　sārikā　おうむ

青雀（しょうじゃく）　水鳥の名。鷁（えき）（うに似た鳥）のこと？

鷂（よう）　はしたか

第十九章 妙寂を「聞く」意味

487a

その時、ブッダは光明遍照菩薩に次のように告げられた。

『光明遍照菩薩、もしある菩薩がこのような妙寂の教えを修学したら、次のような十種の妙徳を得て、未熟な修行者とは区別されることになろう。その十種の妙徳は不思議なものであり、聞いたらだれでも驚くことであろう。それは身体の内や外にあるものでなく、取得することがむずかしいとか易しいとかでなく、特色があるのでもなく、ないのでもなく、世間にあるものでもなく、姿形があるのでもない。とにかく世間にはないものである。ではその十種の妙徳とはなにかを説こう。

まず第一の妙徳のなかで五つの事柄がある。

一つは聞いていないものを聞くことができる。

二つは聞いたおかげで利益を受ける。

三つは聞いたおかげで疑惑が晴れる。

四つは心がさとく、正直で曲がったことがなくなる。

五つはついにはブッダの秘密の宝庫を知る。

これらが五つの事柄である。

聞いたことがないことを聞く

この中で〈聞いていないものを聞くことができる〉とは、いわゆる深奥なブッダの秘密の宝庫のことである。すべての生類に仏性があり、ブッダと教えと修行者の集まりの三つの柱には差別がなく、その本性と特徴はみな常住であり、安楽であり、実在であり、そして清浄であり、すべてのブッダには終わりがなく、ブッダは妙寂に入り、常住で不変であり続けるという教えである。

ブッダの妙寂はあるでもなく、ないでもない。作られたのでもなく、作られないのでもない。汚れがあるのでもなく、汚れがないのでもない。肉体でもなく、肉体でないのでもない。名称があるのでもなく、名称がないのでもない。形があるのでもなく、形がないのでもない。存在するのでもなく、存在しないのでもない。物質でもなく、物質でないのでもない。原因となるのでもなく、なにかの結果でもない。なにかを期待しているのでもなく、期待しないのでもない。明かりでもなく、闇でもない。出現するのでもなく、出現しないのでもない。恒常なものでもなく、恒常でないものでもない。断絶するのでもなく、断絶しないのでもない。はじめでもなく、終わりでもない。過去のものでもなく、未来のものでもなく、現在のものでもない。集まりでもなく、集まりでないのでもない。感覚するのでもなく、感覚されるのでもない。領域でもなく、領域でないのでもない。十二の因縁関係から生じたのでもなく、といってその関係から生じないのでもない。

このような事柄の深奥なあり方をいままで聞いていなかったのが、いま聞くことができるわけである。まだ聞いていなかったことがある。それはすべての外道の教説、つまり祭祀や哲学に関する知識を集めた四つのヴェーダの教説、ヴィヤーカラナといわれる文法、二元論を説くヴァイシェーシカという哲学派の教説、二十五種の実体を説くサーンキヤという哲学派の教説、あらゆる呪術の教説、医学、技芸、日食や月食に関する知識、星の運行に関する知識、図書管理に関する知識などである。これらによってそれま
487b
で聞いたことがなかった秘密の内容を聞くことができるのだ。また、大乗の教えを除く十一種の説法集にはブッダの秘密の教えがないことをこの説法集を読んで知るのである。

これが〈聞いていないものを聞くことができる〉の意味である。

聞いてためになる

次に、〈聞いたおかげで利益を受ける〉とは、この妙寂の教えを聞いたら、すべての大乗の教えの深奥な意味が解ることである。たとえば男でも女でも磨かれた鏡で自分の姿をはっきりと見られるように、妙寂の鏡も同じである。求道の人はこの教えによって大乗の教えの深奥な意味を理解できる。

また、ある人が暗室に入った時、明かりを点けると種々の物を見られるように、妙寂の明かりも同じである。求道の人はこの教えによって大乗の教えの深奥な意味を理解できる。

また、太陽が昇ると、量り知れない光明で多くの山々の暗闇を照らしだし、遠くの物が見えるように、妙寂の清浄な陽光は大乗の教えの深遠なところを照らしだし、未熟な修行者たちがブッダの道を見られるようにする。それは妙寂の不思議な教えを聞くからである。

光明遍照菩薩、もしこの妙寂の教えを聞いたら、この世間にあるものすべての名字を知ることができよう。この教えを書き写し、読み、暗唱し、理解し、人に説き、内容について思索しつづけるならば、すべてのものの正しい道理を知ることができよう。もし聞いた人が名字を知るだけで、たとえその意味を知らなくても、書き写し、記憶し、読み、他人に伝え、そしてつねに考えているなら、それは意味を知っていることになる。

光明遍照菩薩、妙寂の教えを聞いて、まだブッダになる可能性があることを聞いていない人がいても、その教えを書き写し、記憶し、読み、他人に伝え、そしてつねに考えているなら、ブッダになる可能性を見ることができよう。

また、妙寂の教えを聞き、布施の功徳があることを聞いたが、まだ満足すべき布施を見ていない人がいても、その教えを書き写し、記憶し、読み、他人に伝え、そしてつねに考えているなら満足すべき布施を見ることができよう。このように完璧な知慧も布施と同じである。

光明遍照菩薩、また、この妙寂の教えを聞き、また、その教えの意味を理解し尽くしたら、沙門やバラモンなど、あるいは神や悪魔や梵天などに対しても、またどんな世界にあってもまったく畏れることがなくなる。十二種の説法集を説き示し、解説し、その意味を解るように説く時に自在となる。だれかについて教えられなくとも独自に知り、ブッダの最高のさとりに近づくことができよう。

これが〈聞いたおかげで利益を受ける〉の意味である。

聞いて疑いが晴れる

次に〈聞いたおかげで疑惑が晴れる〉ことについて説こう。

疑惑に二種類ある。

一つは名字を疑うこと、二つは意味を疑うこと。この妙寂の教えを聞く時、名字を疑う気持ちを断ち、
487c
意味をよく思索する人は意味を疑う気持ちを断つことができる。

また、疑惑に五種類ある。

一つはブッダは本当に妙寂に入るのだろうかと疑うこと。二つはブッダは本当に常住の人だろうかと疑うこと。三つはブッダは本当に安楽を得た人だろうかと疑うこと。四つはブッダは本当に清浄な人だろうかと疑うこと。五つはブッダは本当に不滅の実在の人だろうかと疑うこと。

ところでこの妙寂の教えを聞いたら、第一のブッダの妙寂に対する疑惑を永く晴らすことができよう。

また、その教えを書き写し、記憶し、読み、他の人に伝え、そしてつねに考えているなら、他の四つの疑惑を晴らすことができよう。

また、疑惑に三種類ある。

一つは教えを聞くことだけを頼りとする修行者（声聞（しょうもん））のさとりはあるのかないのかと疑うこと。二つはさとりを独り楽しんでいる独善的ブッダ（縁覚（えんがく））のさとりはあるのかないのかと疑うこと。三つはブッダのさとりはあるのかないのかと疑うこと。

ところで妙寂の教えを聞いたら、この三つの疑惑は永く晴れるだろう。また、その教えを書き写し、記憶し、読み、他の人に伝え、そしてつねに思念しているなら、すべての生類にはブッダになる可能性があることをはっきりと理解することができるだろう。

光明遍照菩薩、もし人々がこの妙寂の教えを聞かなかったら、おそらく多くの疑惑を持つことだろう。いわゆる常住と無常について。楽と楽でないものについて。清浄と不浄について。霊魂と非霊魂について。寿命と寿命でないものについて。生物と無生物について。終焉と終焉でないものについて。他世界と過去の世界とについて。あるとないとについて。苦と苦でないものについて。ものの集合（原因）と集合でないもの（非因）について。歩む道（方法）と歩む道でないものについて。解脱と解脱でないものについて。善なるものと善でないものについて。秩序と秩序でないものについて。空と空でないものについて。このような疑惑はこの妙寂の教えを聞いたら、永く晴れるだろう。

また、妙寂の教えを聞かない人は種々な疑惑を持つだろう。肉体が霊魂であるのか、心が霊魂であるのか。眼が見るのか、霊魂が見るのか。心が見るのか、霊魂が見るのか。肉体が報いを受けるのか、霊魂が報いを受けるのか。心が報いを受けるのか、霊魂が報いを受けるのか。肉体が次の世に再生するのか、霊魂が再生するのか。心が次の世に再生するのか、霊魂が再生するのか。生まれ変わり死に変わりのあり方には始めがあり終わりがあるのか、始めがなく終わりがないのか。このような疑惑は妙寂の教えを聞いたら、永く晴れるだろう。

また、極悪人の一闡提、殺生など四つの重罪を犯した人、母や父を殺すなどの五つの重罪を犯した人、それに大乗の教えを誹謗した人などにブッダになる可能性があるのかないのかという疑いも、妙寂の教えを聞いたら、永く晴れるだろう。

また、世間に限界があるのかないのか。十方に世界があるのかないのか。このような疑惑は妙寂の教えを聞いたら、永く晴れるだろう。

これが〈聞いたおかげで疑惑が晴れる〉の意味である。

曲がったことがなくなる

488a 次に〈心がさとく、正直で曲がったことがなくなる〉ことについて説こう。

心にもし疑惑があると正しくものを見ることができない。もし妙寂の深奥な教えを聞かなかったら、ものを曲げて見ることになろう。未熟な修行者たちでも曲げてものを見ることになろう。

では俗人たちの曲がった見方とはどんなものだろうか。

それは煩悩に埋もれたものに常住や安楽や実在や清浄を見ようとすることである。また、ブッダを見て無常であり、苦であり、不浄であり、そして実在でないと見ることである。また、ブッダを無常の生き物であり、有限の寿命を持ち、世間の知識を持つ人と見ることである。また、ブッダはまったく意識も呼吸も記憶もなく、考えることも思うこともない瞑想の境地に入ることがあるので、これを見て妙寂と錯覚していることである。また、世界創造の自在天が八つの修行道を修めたと見ることである。

この私（ブッダ）は現世のみに存在し、来世には存在しないとか、あるいは来世にも存在するとかいう、二つの見解は曲がった見方といわなければならない。このような曲がった見解も妙寂の教えを聞き、高潔な修行をすればなくなるであろう。

では未熟な修行者たちの曲がった見方とはどんなものだろうか。

ブッダはかつて兜率天から白象に乗って地上に降り、母の胎内に入った。父をシュッドーダナといい、母をマーヤーといった。母胎に十ヶ月宿ってカピラの都で誕生した。生まれてまだ大地に足を下ろさないうちに、帝釈天が接見し、ナンダ龍王とウパナンダ龍王の兄弟が口から水をだしてブッダに産湯を使わせた。八大龍王のなかのマニバドラ鬼神王は大きな天蓋を持ってブッダの脇に立ち、大地の神々は種々の花を敷いてブッダの足を承けた。ブッダは四方にそれぞれ七歩歩いた。さらに神々を祭る廟に詣ったが、神々はみな立って迎えた。その折、アシタ仙人がブッダを抱き、その人相を占った。赤子のブッダを占っ

た仙人は、

『ブッダがこの世に現われるのをついに見られないのが残念である』

と言って悲しんだ。

成長して読み書き・計算・弓術・絵画・技芸を先生について学び、宮殿にあっては六万の側女たちと娯楽に明け暮れた。宮殿をでて近くのカピラの公園に遊びに行った折に、老人を見、またある時は出家者が質素な衣を着て歩く姿を見た。

これに比べて宮殿で日頃一緒にあそぶ女たちは骸骨のように見え、宮殿は小高い墓地と少しも変わらないように見え、嫌になって夜半に宮殿を飛びだした。当時、有名だったウッダカ仙人やアーラーラ仙人などについて無意識の境地、すべての記憶を思うこともなくし、死の境地と同じような状態の瞑想の境地についいて学んだ。これを習得し、彼らの最高の境地を体験したが、この状態は常住でなく、苦であり、不浄であり、不滅の実在とはならないことを知った。

そこで二人の仙人のもとを去り、大樹のもとに坐って伝統的な苦行を修め、六年を経たが、これでもブッダの最高の正しいさとりを完成することができないことに気付いた。

その時、いつものように近くのアジタヴァティー河（ナイランジャナー〈尼連禅河〉河の誤り？）で沐浴し、その後で通り掛かりの牛飼いの女から布施された乳粥を食した。食した後、別の場所に移り、菩提樹の下に坐り、修行し、邪魔するものを降伏して最高のさとりを得た。さとりを得た後、ベナレスに行き、そこでかつて一緒に修行した五人の出家者に自ら会得したさとりの内容をはじめて説法した。そして今日、クシナーラの町で妙寂に入るところを見るに至った。

このようにブッダである私を見ることを未熟な修行者の曲がった見方という。

ところが妙寂の教えを聞くならば、このような見方をしなくなるであろう。またこの教えを書き写し、
488a 記憶し、読み、他の人に伝え、そしてつねに思念しているなら、正直になり、曲がった見方をしなくなるであろう。

光明遍照菩薩、もし妙寂の教えを修学したら、ブッダが兜率天から降りて母胎に宿り、最後にクシナーラの町で妙寂に入るという一連の事柄はなかったことを知るであろう。

これが〈心がさとく、正直で曲がったことがなくなる〉の意味である。

ブッダの秘密の宝庫

次に〈ついにはブッダの秘密の宝庫を知る〉ことについて説こう。

秘密の宝庫とは妙寂のことである。またすべての生類にはブッダになる可能性があるという意味である。殺生などの四つの重罪をなくし、ブッダの教えを謗（そし）る心を除き、母や父を殺すなどの五つの重罪をなくし、さらに極悪人の一闡提を排除してのち、はじめてブッダの最高のさとりを得ることができるという意味でもある。これが深奥な秘密の教えの内容である。

また、他にも深奥な秘密の教えがある。生類には霊魂は存在しないとしても、未来にはそれぞれの行ないの報いはなくならない。この身体はこの世で壊滅するとしても、人の善悪の行ないの報いはなくならない。じつに種々の行ないがあるけれども、行ないの主人がだれかを知ることができない。行くところはあるけれども、ここから去って行くものがない。束縛する行ないはあるけれども、縛られるものは存在しない。じつに妙寂はあるけれども、滅ぼすものは存在しない。

これが〈ついにはブッダの秘密の宝庫を知る〉の意味である。』

これを聞いた光明遍照菩薩はブッダに申し上げた。

『世尊、ブッダが説かれた〈聞いていないものを聞くことができる〉の意味を私は理解できません。なぜなら、もしものがあるといえば、それはかならずあるべきであり、ないといえば、かならずそれはあってはならないからです。ないことはなにもそこから生じないのであり、あることはなくなるものがないのです。この考え方からいうと、聞いたら、それは聞くことであり、聞かなかったら、それは聞かないことです。だから、どうして聞くところに聞かないことがありえましょうか。もし聞くことができなければ、これは聞かないのであり、すでに聞いていたら、さらに聞くことはないのです。なぜなら、すでに聞いていたのだから、どうして聞くところに聞かないことができましょうか。

たとえば去る者が到達したら、もう去ることはない。去ったら到達することがないのと同じで、生じたらもう生じることはない。生じなければ次になにも生じない。得たら得ることはない。得ることがなければなにも次に得ることはないようなものです。したがって聞き終わったらもう聞かないのです。聞かないのは聞くことがないというのも、右の考え方と同じです。

世尊、もし聞かないのに聞くのであれば、生類がまださとりを得ていないにもかかわらず、さとりを得ているということが考えられます。まだ妙寂を得ていないのに、これを得ているということと同じです。まだブッダになる可能性を見たこともないのに、それを見ているということと同じです。それなのに十種の修行段階にある求道の人がブッダになる可能性を見ているといってもはっきりと見ているわけではないと言われるのはなぜですか。

世尊、もし聞かないのに聞くのであれば、ブッダは昔だれに教えを聞かれたのでしょうか。もし聞いたと言われるのであれば、なぜブッダはかつて教えの集成であるアーガマ（伝承）のなかで「私には先生と
488c
いわれる人がいない」と言われたのですか。もし聞かないのに聞かないということでブッダが最高のさとりを得られたのであれば、すべての生類の聞かないのに聞かないという場合も最高のさとりを得ることができなければなりません。ブッダがここに言う妙寂の教えをかつて聞いたことがないのに、ブッダの可能性を見ることができたのであれば、生類はこの教えを聞いたことがなくても、ブッダの可能性を見ることができるのでしょうか。

世尊、大体、人は色や光を見ることができたり、見ることができないことがあります。声や音も同じように聞くことができたり、聞くことができないことがあります。ただここの妙寂それ自体はこの色や光、声や音とは違います。これをどうして見たり、聞いたりできるといえましょう。

世尊、過ぎ去った音を聞くことはできません。まだ発していない音を聞くことはできません。いま聞い

ている音を聞くこともできません。聞いたら音はすぐになくなるから、聞くことができません。この妙寂についても過去や現在や未来という区別がないのです。過去・現在・未来の三世の区別がないのだから、説明ができません。説明ができないのであれば、聞けません。したがってどうしてこの妙寂の教えを修めて、聞かないのを聞いているといえるでしょうか』

ブッダは光明遍照菩薩を讃えて次のように言われた。

『すばらしい。世間の作られたものはみな幻のようであり、炎のようであり、カゲロウのようであり、水面に書いた文字のようであり、水しぶきのようであり、芭蕉の樹芯のようであり、みな空っぽで中身がなく、霊魂やアートマンとは異なり、苦楽の報いがないことを理解したようだ。ちょうど求道の人の知見と同じである』

第二十章　瑠璃光菩薩の来訪

突然、人々の集まりに向けてまばゆいばかりの光が射した。青色の光ではないのに青色に見え、黄色の光ではないのに黄色に見え、赤色の光ではないのに赤色に見え、白色の光ではないのに白色に見え、色つきではないのに色が見え、明るさはないのに明るく見え、見えるものではないのに見ることができた。人々はこの光を見て全身快感を覚えた。喩えていえばライオンの王の心境に似た三昧に入った修行者の気持ちのようであった。

知慧の光

この時、文殊師利菩薩はブッダに訊ねた。
『世尊、この光はだれが放ったものでしょうか』
ブッダは沈黙してこれに答えられなかった。次にカッサパ菩薩が文殊師利菩薩に

『どのような理由でこの光を放ち、人々を照らしだしているのでしょうか』
と問うた。今度は文殊師利菩薩が沈黙して答えなかった。その時、東方からきた無辺身菩薩がカッサパ菩薩に
『この光はだれが放たれたのですか』
と問うた。するとカッサパ菩薩も沈黙してしまった。これを見て浄住王子菩薩が無辺身菩薩に
『どのような理由でこの光を人々に放たれたのでしょうか』
と問うた。するとこの無辺身菩薩も沈黙してしまった。このようにして五百の菩薩たちがそれぞれ訊ねたが、沈黙してだれ一人答える者はいなかった。

　そこでブッダが、

『どういう理由でこの光はこの人々を照らしているのだろうか』

489a と文殊師利菩薩に訊ねられた。文殊師利菩薩はこれに答えて、次のように説明した。

『世尊、この光は知慧を意味しています。この知慧は常住です。常住のものにはそれが存在するための原因と条件がありません。どうして「どういう理由で」とお訊ねになるのですか。


　この光は妙寂を意味しています。妙寂は常住です。また、この光はブッダそのものでもあります。ブッダは常住です。また、この光は大いなる慈悲を意味しています。大いなる慈悲も常住です。また、この光はブッダを念想する心を意味しています。ブッダを念想する心は常住です。また、この光は未熟な修行者たちとは異なる道理を意味しています。その異なる道理は常住です。この常住のものにはそれが存在する

ための原因と条件がありません。どうして「どういう理由で」とブッダはお訊ねになるのですか。とはいっても、世尊、やはり原因と条件はあります。道理についての無知という煩悩をなくせば、ブッダの最高のさとりの明かりを点すことができるからです』
『文殊師利菩薩、そのように深遠な奥義に立ち入ってものを説明してはなりません。もっと身近なところの喩えを使って解説したまえ』

不動仏国土と娑婆世界

『世尊、かしこまりました。ここから東方に二十個のガンジス河の砂の数ほどの太陽系を越えたところに不動という仏国土があります。そこのブッダが居住されている場所は正方形で、縦横の長さがそれぞれ一億三千四百四十万キロメートルあります。その大地には七宝が敷き詰められ、土石がなく、平坦で柔軟で、溝や穴が見当りません。木々は金・銀・瑠璃・玻璃の宝石でできており、花は満開で、果物がたわわに実り、途切れることがありません。そこに住む人々は花の香りをかぐと気分爽快になります。周りを三千の大河が囲んでいます。水はやわらかく、八種の味がします。その河で沐浴すると、身心共に安楽になります。

その河にはたくさんの、いろんな種類の花が咲いています。青蓮華・黄蓮華・赤蓮華・白蓮華、香りのする花、不思議な香りのする花、一年中咲いている花です。だれ一人として花を粗末にする者はなく、みな大事に愛(め)でています。

その河の両岸にもさまざまな花が咲いています。アティムクタカ・チャンパカ・パータラ・ヴァールシ
489b
カ・マッリカー・シンマッリカー・スマナー・ユーティカー・ダーヌシカーリー、その他一年中咲く花などです。

河底は砂金で溢れていて、岸は金・銀・瑠璃・玻璃でできた四つの階段をなしています。いろいろな種類の鳥が来て遊んでいます。また、虎・狼・ライオン、その他の獣も来て遊んでいますが、赤子のようにやさしい気持ちで互いに戯れています。

その国土には罪を犯す者がなく、教えを謗る者がなく、重罪を犯した罪人、正法を謗る者、極悪人の一闡提、母や父を殺害するなどの五つの罪を犯した罪人はいません。その国土は快適で寒さや暑さがなく、飢えや渇きの苦しみを感じません。むさぼりや怒りや怠けや嫉妬がありません。太陽も月も、昼夜も、日時も季節もありません。ちょうど三十三天の世界のような環境です。

その国土の人々はみな光を放ち、輝いています。みなおごりがなく、ちょうど求道の人のようです。みな神通力を持ち、量り知れない力を持ち、みな正法を尊重する人々です。大乗の教えに安住し、大乗の教えを愛し、楽しみ、護り続けています。大いなる知慧を成就し、あらゆる教えを保持し、つねに人々に憐れみの気持ちをもって接しています。

その国土のブッダは満月光明如来(まんがっこうみょうにょらい)と呼ばれています。この菩薩は至るところ場所さえあれば、そこで

説法し、すべての人々が一人残らずその教えに浴しています。

瑠璃光菩薩のために妙寂の教えを講義した時、満月光明如来は、

「瑠璃光菩薩、この妙寂の教えにしたがって修行すれば、聞いたことがないことをみな聞くことができるであろう」

と言われたことがあります。その時、瑠璃光菩薩が満月光明如来に質問した内容は、先の光明遍照菩薩が質問した内容とまったく同じでした。

その時、満月光明如来は瑠璃光菩薩に告げられました。

「瑠璃光菩薩、ここから西方に二十個のガンジス河の砂の数ほどの仏国土を越えたところに娑婆（しゃば）という世界がある。その国土は山や渓、土手や丘、土砂や瓦礫、刺や茨、毒草などで満ちあふれている。いつも飢えや渇きに苦しみ、寒さや暑さに悩まされている。そこの人々は沙門やバラモンや、母や父、先生や年長者を敬うことがない。悪いことに耽り、悪いことばかりを行ない、正法を信じず、彼らの寿命は短い。不倫や詐欺は王がこれを罰している。王は国を所有していてもそれに満足せず、他の領土を奪おうとして戦（いくさ）を興し、多くの死者をだす始末である。王自ら悪をなせば、四方を守護する四天王は喜ぶわけがない。そのために彼ら神々は災害や旱魃（かんばつ）を起こし、穀物を実らせないことになる。そのために人民に種々の疾病が発生し、苦悩は量りがたい。

489c　この国土にブッダが現われた。釈迦牟尼如来と呼ばれている。大悲の心が厚く、人々を哀れむ気持ちから、いまクシナーラの町のシャーラ樹林で、集まった人々のために妙寂の教えを演説されている。その中

に光明遍照高貴徳王という菩薩がいる。彼は君がブッダに質問したこととまったく同じ内容の質問をしている。ブッダは彼のいまの質問に答えようとされている。いますぐそこに行きたまえ。答えを聞くことができるはずだ」と。

世尊、かの瑠璃光菩薩はこれを聞いて、八万四千の菩薩たちといまここに参っております。彼らの到着を表わす光がここに放たれた光なのです。これが理由ですが、といってこれは理由という言葉では表わせないのです』

その時、瑠璃光菩薩は八万四千の菩薩たちと到着したばかりであった。彼らは種々の旗や香油や花や飾りを持ち、さらに種々の楽器など、これまで他の者が布施した物に数倍する量を持参した。持ってきた供養の物をブッダの前に差しだし、足下に伏して、合掌し敬礼し、ブッダの周りを右に三回回ってのち、ブッダに面して一隅に坐った。

そこでブッダはおもむろに菩薩に問われた。

『君はいま到着したというべきか、到着していないというべきか』

去来の心とは

『世尊、到着しても、また来ていないし、到着していなくても、また来ていません。このことをいろいろと考えますと、すべて来るということはありません。世間の事象がもし変わらない常住であったら、来ることはないし、また無常であっても来ることはありません。ある人が生類に変わることがない本性を見たら、来るとか来ないとかいう運動を見るでしょうか。私は生類に決定的な本性を見ることができません。どうしてそこに来るとか来ないとかの運動があるといえるでしょうか。

おごりの心を持つ人には去来の心のはたらきがありますが、おごりの心を持たない人には去来の心のはたらきはありません。執着の心がある人には去来の心のはたらきがありますが、執着の心がない人には去来の心のはたらきはありません。

ブッダがついには妙寂に入ると見るならば、心に去来のはたらきが起こりますが、妙寂に入らないと見れば心に去来のはたらきは起こりません。生類にブッダになる可能性があるという教えを聞かなければ、心に去来のはたらきが起こりますが、それを聞けば心に去来のはたらきは起こりません。未熟な修行者たちに妙寂があると見る人は心に去来のはたらきが起こりますが、彼らに妙寂がないと見れば心に去来のはたらきは起こりません。もし未熟な修行者たちが世間に常住・安楽・実在、そして清浄のものを見れば心に去来のはたらきが起こりますが、見なければ心に去来のはたらきは起こりません。もしブッダに常住・安楽・実在・清浄なものがないと見たら、心に去来のはたらきが起こりますが、あると見れば心に去来のはたらきは起こりません。

世尊、このことをお心に止めていただきたいと思います。お聞きしたいことがありますので、質問することをお許しください』

490a 『瑠璃光菩薩、気のすむままに訊ねたまえ。いい機会である。解るように説明してあげよう。私に巡り合うことは優曇華（うどんげ）が三千年に一度咲くように有難いのだ。私の教えも同じで、これを聞くことも有難い。十二種の説法集のなかに大乗の教えを探すことはこれもまた有難い。だからいま心して私の説明を聞かなければならない』

許しを得た瑠璃光菩薩はブッダに申し上げた。

『世尊、どうして求道の人は妙寂の教えにしたがって修行して、聞かないところを聞くのでしょうか』

「生じる」の意味

ブッダは讃えて次のように言われた。

『よし、よし。瑠璃光菩薩、君はいまこの妙寂の教えの海を飲み干そうと意気込んでいるが、その気持ちに応えてよく説明してあげよう。君の疑いの矢を名医になったつもりで抜き取ってあげよう。

君はまだブッダになる可能性がなにかをはっきりと理解していないようだ。私の知慧の明かりでそれを照らしだしてあげよう。君はいま生死の大河を渡ろうと欲しているので、私が船頭になってあげよう。君は私を両親のように慕っているが、私は君を私の赤子のように思い、接したい。君の気持ちはいま正法の宝を求めようとしているので、私は希望している宝をすべて与えよう。

よく聞き、内容をよく記憶したまえ。いま君のために解るように説明しよう。いまが教えを聞く絶好の機会である。聞いたら、信じ、敬い、心して受け取り、尊重しなければならない。

正法を聞いて、その中に間違いがあるかどうか探ってはならない。むさぼり・怒り・わがままなどの心を起こしてはならない。説法してくれた師匠の生まれの善し悪しをみてはならない。教えを聞いたら、おごり・たかぶりの気持ちを起こしてはならない。敬われたい、名誉のため、利権のためを思って聞いてはならない。すべてを聞いたら、彼岸に渡るための教えを充実することに努めなければならない。

また、次のようなことを思ってはならない。私の教えを聞いた後で、自分が先に彼岸に渡って、他の人々を渡そうと、自分が先に解脱してから、他の人々を解脱させようと、自分が先に安心して他の人々を安心させようと、自分が先に妙寂に入って他の人々を妙寂に入らせようと。

ブッダと教えと修行者の集まりの三つの柱に対して、三つは等しいと思うべきである。生死輪廻（しょうじりんね）の世間は苦しみで満ちあふれているという思いを起こすべきで、一方、妙寂は究極の常住であり、安楽であり、実在であり、そして清浄であるという思いを起こすべきである。

つねに先に他の人々のために行動し、その後でわが身のために行動すべきである。大乗の教えのために行動し、下劣な教えのために行動してはならない。世間の感覚的事象や世間のものに心を止めてはならない。そのようなものに執着してはならない。それらにむさぼりの思いを起こしてはならない。真理を知り、真理を見ようとする思いを起こさなければならない。

このようにして一心に教えを聞いたら、これがすなわち聞かないところを聞くことである。瑠璃光菩薩、聞かないで聞くことがあり、聞かないで聞かないことがあり、聞いて聞く、聞いて聞かないことがある。それは生じないで生じること、生じないで生じないこと、生じて生じないこと、生じて生じることなどの考え方と同じで、また、達しないで達していること、達しないで達しないこと、達して達しないこと、達して達していることなどの考え方と同じである』

490b 『世尊、では生じないで生じるとはどういうことでしょうか』

『菩薩、世間でいうはじめて出産する時が、この生じないで生じることである』

『世尊、では生じないで生じないとはどういうことでしょうか』

『菩薩、妙寂は生じるという特徴がないので、これを生じないで生じないという』

『世尊、では生じて生じないとはどういうことでしょうか』

『菩薩、世間でいう死が、この生じて生じないことである』

『世尊、では生じて生じるとはどういうことでしょうか』

『菩薩、俗人は生じて生じるという。なぜなら、生じて絶えることがないからである。また、煩悩が次から次と生じるからである。これを生じて生じるという。一方、世間の煩悩を離れた求道の人の在り方は生じて生じない在り方である。なぜなら、生じることは自在であるからだ。これはブッダの教えの領域に入る考え方である』

『世尊、ではブッダの教えの領域に入らない考え方の、まだ生じていなくて生じること、まだ生じていなくて生じていないこと、生じてまだ生じていないこと、生じて生じることなどはどのような意味でしょうか』

『菩薩、まだ生じていなくて生じるとは、たとえば種子がまだ芽をだしていない時、地・水・火・風の四つの要素が揃っていて、さらに人が世話して手入れをしてやると、芽をだす。このことをいう』

『世尊、では、まだ生じていなくて生じていないとはどういう意味でしょうか』

『菩薩、たとえば腐った種子や芽がでるための条件が得られない種子のようなものがまだ生じてなくて生じていないことである』

『世尊、では、生じてまだ生じていないとはどういう意味でしょうか』

『菩薩、たとえば芽がでた後成長したり、繁殖したりしないようなものが生じてまだ生じていないという』

『世尊、では生じて生じるとはどういう意味でしょうか』

『菩薩、たとえば芽が成長したり、繁殖したりするようなことである。もし生じてまだ生じないならば、成長も繁殖もないからである。このような考え方に見られるあらゆる煩悩はブッダの教えの領域外の考え方である』

『世尊、世間の煩悩に生じるはたらきがあれば、これは常在でしょうか無常でしょうか。生じるはたらきが常在であれば、世間の煩悩には生じるはたらきがないことになりましょう。もし生じるはたらきが無常であれば、世間の煩悩は常在ということになりましょう。

世尊、生じるはたらきが自力で生じるならば、生じるはたらきにはそれ自身の本性がないことになります。もし他のものを生じるのであれば、どうして汚れのないものを生じないのでしょうか。

世尊、もしまだ生じていない時に生じるはたらきがあれば、どうしてその時生じるといわないのでしょうか。もしまだ生じていない時に生じるはたらきがないならば、なぜ虚空が生じるといわないのでしょうか』

『菩薩、よいか。生じて生じないこと、生じて生じること、生じてまだ生じないこと、生じなくて生じないこと、いずれも説明することはできない。生じるはたらきも、生じないはたらきも、いずれも説明できない。それぞれに原因と条件があるから、一概に説明はできない。

生じて生じないことをどうして説明できないかというと、生じないことを生じるというからである。これをどうして説明できよう。なぜか。生じないものを生じるというからである。

生じて生じることをどうして説明できないかというと、生じて生じるから生じている、生じて生じるから生じないことを説明できないからである。

生じて生じないことをどうして説明できないかというと、生じることは生じるというが、自力では生じないのだから説明できないのである。

生じなくて生じないことをどうして説明できないかというと、生じないとは妙寂のことである。妙寂は
490c 生じないから説明することができない。それは修行して得られるからだ。

生じることをどうして説明できないかというと、本来生じるはたらきがないからである。生じないことをどうして説明できないかというと、得ること（結果）があるからである。

説くことができないことばかり言ったが、原因と条件をふまえるならば説明することはできる。その原

因と条件とはなにか。十二因縁の中の前の十因縁である。十因縁は生じるために原因となる。だから説明することができる。

菩薩、といってあまり深奥な境地に入って説明してはならない。大衆は愚鈍だから。

菩薩、作られたものの生まれもじつは常在であるが、無常のなかのはたらきであるから生まれも無常となる。生存もじつは常在であるが、生じていて生じるというはたらきのなかであるから、生存も無常となる。変化もじつは常在であるが、作られたものは無常であるから、変化も無常となる。破壊もじつは常在であるが、本来なかったが現在あるというはたらきのなかであるから、破壊も無常となる。

変わることがない本性の上からいえば、生まれ・生存・変化、そして破壊はみな常在である。しかし現象は刹那刹那に生じては滅するから、その意味では常在ということはできない。この妙寂はいわゆる死滅することだから、無常となる。

世間の煩悩といわれるものは、まだ生じていない時でもすでに生じる性質を持っている。だから生じることが可能である。ところが煩悩を離れたものは本来生じる性質を持たない。だから生じることができない。喩えていえば、火の本性は条件さえ与えれば発火するようなことである。眼には見るという性質があり、色や光や心によって見るはたらきが起こるように、人々の煩悩が生じるはたらきもこれと同じである。本性があるから、繰り返された行ないの蓄積である業が因縁となり、両親の業を受けたことにより、種々の煩悩を起こすことになるのである』

彼岸へ至る善行について

これを聞いた瑠璃光菩薩や随行した八万四千の菩薩はターラ樹七本分の高さほどに躍り上がったような喜び様であった。また恭しく合掌し、ブッダに申し上げた。

『世尊、私たちはブッダの懇切丁寧な教誨を受け、妙寂を聞くことによって聞いて聞かないところがあることをはじめて理解できました。ブッダの説明によって八万四千の求道の人は作られたものが生じていなくて生じることことなど、その他いろいろのあり方を理解することができました。

世尊、私たちはいま種々の疑惑を断つことができました。ところでここに無畏菩薩がおります。なにか意見を申し上げたいようなので、お許しいただけますでしょうか』

そこでブッダは無畏菩薩に向かって言われた。

『無畏菩薩、思っているところを陳べたまえ。なんでも解るように解説してあげよう』

これを聞いた無畏菩薩は六万四千の求道の人と共に立ち上がり、衣服を整え、五体投地して合掌した後、ブッダに質問した。

『世尊、この国土の人々はどんな業を積めば不動なる彼岸の世界に生まれることができるのでしょうか。その国土の求道の人はどのようにして知慧を完成し、人々のなかで象王と崇められる人徳を持ち、あらゆる修行を修め、あらゆる事柄に敏速に対応する力量を持ち、そして聞いたらすぐに理解できるような能力を得るのでしょうか』

491a

この質問を受けて、ブッダは詩偈で次のように説かれた。

『生類の命を害なわず、禁じられていることを堅く守り、ブッダの深奥な教えを授かれば、不動の国土に生まれるであろう。

他人の財産を奪わず、つねに多くの人々に布施し、四方から来る修行者を受け入れる僧坊を造るならば不動の国土に生まれるであろう。

他人の妻と不倫せず、自分の妻ともその時でない時に寝床を共にしなければ、不動の国土に生まれるであろう。

善良な友人を粗末にせず、悪い連中を退けて、いつも和(なご)む言葉を口にすれば、不動の国土に生まれるであろう。

求道の人のように悪口を言わず、話す時だれでも聞いてくれるように願うならば、不動の国土に生まれるであろう。

戯言(ざれごと)でもその時にふさわしくない言葉を口にせず、慎んでつねにその時に適(かな)った言葉を話すならば、不動の国土に生まれるであろう。

他人が利益を得たのをみて、一緒になって喜び、嫉妬の気持ちを起こさなければ不動の国土に生まれるであろう。

生類を悩まさず、つねに慈しみの気持ちを持って、悪い企みを持たなければ、不動の国土に生まれるであろう。

491b

邪な考えや言葉を母や父に与えたり、過去にも未来にも発してはならない。この考えや言葉を起こさなければ不動の国土に生まれるであろう。

荒野に井戸を掘り、果樹の林を増やし、求める人に施すならば不動の国土に生まれるであろう。

ブッダや教えや修行者の集まりにたとえわずかの香油・ローソク、一輪の花でも献上すれば、不動の国土に生まれるであろう。

もし恐れから逃れるために、利益や福を得たいために妙寂の教えの一詩偈でも書き写したら、不動の国土に生まれるであろう。

もしご利益（りやく）を願うために一日中、この教えの詩偈を読み続けるならば不動の国土に生まれるであろう。

もしこの上もないさとりを得たいために一昼夜の間、八つの清い習慣（生きものを殺さない、盗みをしない、不倫をしない、嘘などを言わない、酒を飲まない、ぜいたくなベッドに寝ない、アクセサリーを身につけない、歌舞音曲を楽しまない）を守り続けるならば、不動の国土に生まれるであろう。

重罪を犯した者と居住したり、行動を共にしたりせず、大乗を誹謗する者を叱正すれば、不動の国土に生まれるであろう。

病に伏している人、老いている人にたとえ一個の果物でも施すことを喜びとし、じっといつも目にかけているならば、不動の国土に生まれるであろう。

修行者の持ち物を盗まず、ブッダに供養された物を護り、ブッダや修行者が修行している場所を清掃すれば、不動の国土に生まれるであろう。

親指の大きさくらいの仏像や仏塔を造り、それを喜びとするならば、不動の国土に生まれるであろう。妙寂の教えのためと考えて、自分自身及び財産を説法してくれた人に布施すれば、不動の国土に生まれるであろう。

もしブッダの秘密の教えを聞き、書き写し、記憶し、暗唱すれば、不動の国土に生まれるであろう』

「達する」の意味

これを聞いた無畏菩薩はブッダに申し上げた。

『世尊、いまこれら種々の業が原因となり条件となって、かの国土に生まれることが解りました。ところで光明遍照菩薩はすべての生類を憐れに思って、先に質問されたが、それにもしお答えくだされば、あらゆる生類はみなご利益を得、心が安らぐことでしょう。お願いいたします』

ブッダは光明遍照菩薩に告げられた。

『よし、光明遍照菩薩、心して聞きたまえ。君のために解るように説明しよう。因縁があるから、まだ達してなくて達することがないのだ。因縁があるから、達してなくて達することがある。因縁があるから、達して達することがないのだ。因縁があるから達して達することがある。

では、どのような因縁でまだ達してなくて達することがないのであろうか。

菩薩、達することがないとは妙寂をいう。まだ達しないとは俗人をいう。なぜなら、俗人にはむさぼりや怒りやおごりがあるからである。また、俗人の振舞や言葉遣いが汚いから、また、俗人は種々の持つべきでない物を受け、貯（たくわ）えるか、また、殺しなどの四つの重罪を犯すから、大乗の教えを謗るからである。俗人には極悪人の一闡提のような人や、母や父を殺すなどの五つの重罪を犯す人などがいるからである。このような意味をもって、まだ達していないのに達することがないという。

では、どのような因縁で達していないのに達するというのであろうか。

菩薩、達することがないとは妙寂をいう。では達するとはどのような意味だろうか。永くむさぼりや怒りやおごりや、行動や言葉のうえの悪などを断つこと、持つべきでないあらゆる物を受けて貯えないこと、殺しなどの四つの重罪を犯さないこと、大乗の教えを謗らないこと、一闡提とならないこと、母や父を殺すなどの五つの重罪を犯さないことなどがここの達するという意味である。このような意味をもって、達することがないのに達するという。

491c では、どのような因縁で達しているのに達することがないというのであろうか。

菩薩、ここの達するとは二十五種の迷いの生存をいう。生類はみな量り知れない煩悩の塊に、車輪のように生死の輪廻を繰り返すなかでいつも纏われている。これを達するという。反対に菩薩たちは永久にこれらの煩悩から解放されているので、これを達することがないという。生類を教化しようと思うために世間のなかに出現していることを、また達するという。

では、どのような因縁で達していて達するというのであろうか。

菩薩、ここの達するとは二十五種の迷いの生存をいう。俗人や未熟な修行者には煩悩の起こる原因と条件があるから、それを達していて達するという。

聞いていないことを聞くことも同じ考え方である。聞くことがないのに聞くことがあり、聞くことがなくて聞くことがないがあり、聞いていて聞くことがないがあり、聞いていて聞くことがある。ここの聞くことがないとは妙寂をいう。なぜ聞くことがないのかというと、妙寂は作られたものではないからである。また、音声ではないからである。それを言葉で説明できないからである。

では、聞くとはどういうことだろうか。たとえば名字で、妙寂とは究極の常住であり、安楽であり、実在であり、清浄であるといえば聞くことができる。

このような意味で聞くことがないのに聞くというのである』

第二十一章　妙寂は常在か無常か

これを聞いて光明遍照菩薩はブッダに考えるところを申し上げた。

『世尊、ブッダのご説明では妙寂は聞くことができないと言われましたが、一方では常住・安楽・実在・清浄という名字で聞くことができると言われました。それはどういうことでしょうか。

世尊、私は次のようにブッダの教えを理解してまいりました。

煩悩を離れた者は妙寂を得ているといわれ、離れていない者は得ていないといわれます。この意味からすれば、妙寂の本性は〈前に存在せず、いまに現われる〉ということになります。そうであれば、妙寂は無常といわなければなりません。喩えていえば、花瓶などのように前に存在しなかったものが作られて形を現わし、それを破壊すると前の無に還るように、無常といわなければなりません。妙寂もこれと同じではないでしょうか。どうして究極の常住・安楽・実在、そして清浄といえるでしょうか。

また、世尊、整理された修行の項目（荘厳）を修めて得られたものはみな無常です。妙寂もこのようにして得られたものなので、その意味では無常といわなければなりません。ではその整理された修行の項目とはなにかというと、いわゆる三十七種のさとりへの修行項目（三十七菩提分法）、六種の完全な修行（六波羅蜜）、四種の量り知れない心（四無量心）、人が白骨化するのを観察する修行（白骨観）、呼吸を数え瞑想する修行（数息観）、六種の念想すべき修行、地・水・火・風・空・識の六種の要素を破壊する修行など、これらの極々の修行方法はみな妙寂を得るための因縁となります。これらの修行項目自体が無常なので、妙寂も無常といわなければなりません。

また、世尊、有ることは無常といわなければなりません。妙寂があるといえば、これは無常のものとなります。ブッダは昔説法を集めた伝承（阿含経）のなかで「未熟な修行者にもブッダにも等しく妙寂がある」とお説きになりました。このお言葉からすれば、妙寂は無常のものとなります。

492a

また、世尊、見ることができるものは無常といわなければなりません。ブッダは先に「妙寂を見る人はすべての煩悩を断つことができる」とお説きになりました。

また、世尊、たとえば虚空はあらゆる生類にとって等しく障害にならないことから、常在するものといいますが、この虚空と同じように妙寂が常在するものであれば、なぜ人々の間に妙寂を得る人とそうでない人の違いがあるのでしょうか。もし妙寂が人々の間でこのように不平等であれば、常在ということができません。

たとえば百人一緒に暮らしているなかに一人の敵がいたとして、この敵を殺害すれば、他の人々は安楽に暮らすことができるようなことと同じで、妙寂が平等の教えであれば、一人が得たら多くの人が得ることができることになるのです。一人が煩悩を断じるならば、多くの人々が断じることができるはずです。このようなことができないのならば、妙寂を常在ということはできないのではないでしょうか。

たとえばある人が国王・王子・母父・先生・年長者を敬い、供養し、尊重し、讃えるならば、利益を得ます。これは常在とはいえません。このように妙寂も常在とはいえません。なぜなら、ブッダは昔説法を集めた伝承のなかで、アーナンダ尊者に「ある人が妙寂を敬うならば、煩悩を断ち、量り知れない安楽を受けるであろう」とお説きになられました。このお言葉からすれば、妙寂は常在とはいえません。と

世尊、もし妙寂のなかに常住・安楽・実在・清浄の名字があるなら、妙寂は常在とはいえません。といってこれらの名字がないなら、妙寂はどのように説明することができましょう』

これを聞いてブッダは次のように言われた。

『妙寂の本体は前になくていま現われるというものではない。妙寂の本体が前になくていま現われるものであれば、汚れのない、清浄な、常住の法ではなくなる。ブッダが現われても、現われなくてもその本性と特徴は常住である。人々が煩悩に纏わりつかれているので、妙寂を見ることができない、これを前にないと言っているのである。

妙寂は常在の法

習慣を守り、瞑想を修め、知慧を磨くなどの三つの修行に努め、その気持ちを持ちつづけて煩悩を断ったならば妙寂を見ることができる。妙寂は常在の法である。前になくていま現われるものではない。それ

はちょうど暗室のなかにある井戸に落ちている七宝を考えてみるがいい。愚者はそこに七宝が落ちていることを知っていても暗いので見ることができない。智者は明かり（知慧）を持ってきて、井戸のなかを照らすことで七宝をはっきりと見ることができた。この時、智者は〈水も七宝も前からなくていま現われた〉とは考えてもみないはずである。

妙寂もこれと同じである。妙寂はもとからあるもので、たまたまいま突然に現われたのではない。人々は煩悩の闇のためにそれを見ることができないだけである。私は的確な方便をもって、知慧の明かりを点(とも)し、求道の人たちに妙寂の常住・安楽・実在、そして清浄の有様を見せることができる。このことから本物を知る人は妙寂は前になくていま現われるといってはならない。

菩薩、君は先ほど、整理された修行の項目を修めることで得た妙寂は無常といわなければならないと言ったが、それは正しくない。なぜなら、妙寂の本体は生まれるものでもなく、現われるものでもない。
492b 実があるのでもなく、実がないのでもない。行為によって結果したものでもない。汚れているもの、作られたものでもない。聞いたり、見たりできるものでもない。堕ち行く先でもなく、死のようなものでもない。特別変わった特徴を持つものでもなく、世間にあるものと同じ特徴を持つものでもない。往(い)ったり還(かえ)ったりできるものでもない。過去・現在・未来の時で計れるものでない。単数のものでも、複数のものでもない。長いもの、短いもの、丸いもの、四角いもの、尖ったもの、三角のものでもない。形を持つものでもなく、形を持たないものでもない。名称や形で表わされるものでもない。原因でもなく、結果でもない。私そのものでもなく、私のものでもない。

このようなものであるから、妙寂は常在であって、不変である。だから量り知れない年月の間善行を修めて、自らをその功徳によって飾るならば、妙寂を見ることができる。

それはたとえば地下に八味の水が流れているようなことを考えてみるとよい。愚者はそれを肉眼で見ることはできない。智者はいろいろの方便を使って掘削し、これを手に入れることができる。妙寂も方便によって見ることができる。

また、盲人は太陽や月を見ることができないが、名医がこれを治療すれば見ることができるようになることを考えてみよう。この場合、太陽や月は前になくていま現われたものではない。妙寂の場合もこの太陽と月と同じである。もとからあって、たまたまいま現われたものではない。

また、ある罪人が牢獄に入れられたが、久しくして出獄することができ、わが家に帰り、両親・兄弟姉妹・妻子、あるいは親戚にしばらくぶりに再会できた。これと同じことが妙寂についてもいえる。

因縁の種々

菩薩、君は因縁があって妙寂を得たのだから、それは無常であるはずだと言ったが、それは正しくない。

まず、因縁について考えてみよう。

因縁に五つの種類がある。一つは生因（しょういん）、二つは和合因、三つは住因、四つは増長因（ぞうじょういん）、五つは遠因である。

生因とは業や煩悩という内的な因縁と草木の種子などの外的な因縁をいう。

和合因とは善と善心とが交じり合い、不善と不善心とが交じり合い、善と不善のいずれでもないものと善心と不善心のいずれでもない心とが交じり合うような因縁をいう。

住因とは、下に柱があれば屋根は支えられて落ちないとか、山河や樹木などが大地に支えられて存在しているとかは、地・水・火・風の四つの要素からなる身体が内面に起こす無量の煩悩に悩まされて人々が生存していることに似ており、これらの柱や大地や煩悩などのような因縁をいう。

増長因とは、火に焼かれないところや鳥に食べられないところなどにあれば、種子が成長し、繁殖するように、また、母や父があることで子供は成長し、増えるように、衣服や飲食が因縁となって人々は成長し、繁栄する因縁をいう。

次に遠因とは、たとえば呪いをかけると鬼も邪魔をしなくなり、毒にも当たらなくなり、国王についていれば盗賊に襲われることがないように、また、植物の芽が地・水・火・風などを頼りとするような因縁をいう。また、水を集める人はヨーグルトにとっては遠い因縁となるように、また、光や色などは意識にとっては遠い因縁となるように、母と父の精子と卵子と血液は人々にとって遠い因縁となるように、時や
492c 季節はすべての存在するものにとって遠い因縁となるようにこれが遠因といわれる。

これに対して妙寂の本体はこれらの五つの因縁から得られるものではない。その意味では妙寂を無常ということはできない。

また、二種の因縁が考えられる。一つはなにかを作り出す直接的因縁（作因）、二つはものを顕現する

場合に手がかりになるもの（了因）である。陶工が作品を作る時に使う輪になった縄は作品にとって作因となる。明かりが闇のなかの物を照らす時、明かりは物にとって了因となる。
ところで妙寂は作因から得られたものでなく、ただ了因だけで得られるものである。この場合の了因とは所謂三十七種のさとりへの修行項目（三十七菩提分法）と六つの完璧な修行項目（六波羅蜜）をいう。
菩薩、普通の布施は解脱の因縁となるが、妙寂の因縁とはならない。しかし完璧な布施は妙寂の因縁となる。先の三十七種のさとりへの修行項目は解脱の因縁にはなるが、妙寂の因縁とはならない。量り知れない年月をかけて修めるならば、妙寂の因縁となる』

　ここで光明遍照菩薩はブッダに訊ねた。

『世尊、普通の布施をどうして完璧な布施といえないのでしょうか。そしてそのような布施はどうすれば完璧な布施といわれるのでしょうか。これは他の五つの完璧な修行項目についても同じです。また解脱と妙寂との違いはなんでしょうか』

『光明遍照菩薩、求道の人たちは一般に平等の教えを説く妙寂の奥義を修める時、布施について聞かず、布施を見ず、完璧な布施を聞かず、完璧な布施を見ない。他の五つの修行項目についても同じである。また、解脱について聞かず、解脱を見ず、妙寂について聞かず、妙寂を見ない。

　求道の人は妙寂を修めて、真理の世界を知見し、そのありのままの姿は空にして捉えられるものはまったくなく、交じりあって、しかも知覚できる特徴などないことを理解し、妙寂の境地は汚れがなく、作られたものでなく、幻のようであり、灼熱の炎のようであり、蜃気楼の城のようであり、虚空のようであると理解する。

求道の人がこのように知見した時、心にむさぼりや怒りやおごりはなく、なにも聞くことがなく、見ることがなくなる。菩薩はこのようにありのままの真実を洞察して、安心を得る。

求道の人はこれが普通の布施であり、これが完璧な布施であると理解している。他の五つの完璧な修行項目についても同じであり、また、これが解脱であり、これが妙寂であると理解している。

普通の布施と完璧な布施

光明遍照菩薩、では普通の布施と完璧な布施との違いはなにかを説明しよう。

求める人を見てから与えるなら、これは普通の布施である。求める人がいなくても、いつも求めている
493a 人がいると心にかけて与えているなら、これを完璧な布施という。時々与えるなら、これは普通の布施であるが、いつも与えているなら、これは完璧な布施である。相手に与えてから悔やむ気持ちが起こったら、それは普通の布施であるが、与えてもまったく悔やむ気持ちがなければ、それは完璧な布施である。

財産を失う怖れ、王に奪われる怖れ、盗賊に奪われる怖れ、洪水に流される怖れ、大火に焼かれる怖れの四つがあるが、これらの怖れがあることを知って、喜んで人々に与えるならば、それは完璧な布施である。

もしなにか報いを望んで与えるならば、それは普通の布施であるが、報いを望まないで与えるならば、

それは完璧な布施である。

もし怖れ・名聞・利益・家督相続、天に生まれたいなどの五つの欲のために、おごりのために、他の人を追い越したいために、教養のために、果報を求めるためにする布施は、ちょうど市易（しえき）の商法（安い時に品物を購入し、値が上がった時に売る商売）と同じである。人が植樹するのは、木陰に涼みたいため、あるいは果実を採りたいため、あるいは材木を得たいためであるが、これと似たような考えで布施をすれば、それは普通の布施である。

菩薩、妙寂の奥義を修める人は与える人、受ける人、そして与える物という区別をしない。与える時を選ばない。功徳がある物とか功徳がない物とかの区別をしない。与える理由や条件を詮索しない。与える果報を考えない。与える人と受ける人を選ばない。与える物の多少を論じない。与える物の浄不浄を論じない。受ける人の身分と与える自分の身分を軽蔑しない。金銭を軽んじない。与えているのを見ている人がいるか、あるいは見ている人がいないかを考えない。自分と他人という区別を考えない。ひたすら平等の教えにもとづく妙寂の常住の教えを伝えるために布施を行なう。すべての人々の利益になることを考えて布施を行なう。すべての人々の煩悩を断つことを願って布施を行なう。だれが受けるのか、だれが与えるのか、どんなものを与えるのかを詮索することなく、布施を行なうことである。

たとえばある人が大海に落ち、漂流している時、死体であろうとそれにしがみつけばなんとか助かるように、妙寂の教えを修めて布施をするのは、この死体にすがりつくことに似ている。

また、たとえばある人が牢獄に幽閉されたことを考えてみよう。まわりの壁も門戸も堅牢であったが、ただ一つ厠に穴があった。彼はその穴から逃げ出して自由の身になることができた。妙寂の教えを修めて布施をするのは、この穴から逃げ出して自由の身になることができることに似ている。

また、たとえば上流階級の人が危機に陥り、恐怖の状態になったが、だれも頼れるものがいなかったので、やむなく不可蝕民の一人に助けを求めることになった。妙寂の教えを修めて布施をするのは、この状況と似ている。

また、たとえば病人が苦しみから解放されて早く安楽になりたいばかりに、医者にも相談せず病気によくないものを食べた。妙寂の教えを修めて布施をするのは、これに似ている。

また、バラモン教の僧侶が穀物が豊富にあるにもかかわらず、身体のためと思って犬の肉を食べたことがある。妙寂の教えを修めて布施をするのは、これに似ている。

菩薩、妙寂の教えについていえば、このようなことはこれまで数えきれないほどの昔から、聞くことがなかったことを聞くのである。これは普通の布施や完璧な布施に限らず、他の五つの修行項目についても同じである。

493b

菩薩、どうして妙寂の教えを修めて聞かなかったことを聞くのであろうか。かの十二種の説法集の教えの意味があまりにも深遠であるから、昔は聞いたことがなかったが、いまこの妙寂の教えに接して、これを修めることで聞くことができたわけである。先に聞くことができたといっても、その時はただ名字だけを聞いたにすぎない。それがいまこの妙寂の教えによってその意味を理解することができたわけである。

未熟な修行者たちは十二種の説法集の名字だけを聞いて、その教えの意味を聞いていなかったが、いまここでその意味を理解したはずである。つまり、ブッダは常住であり、実在であり、安楽であり、清浄であり、決して消滅することがないとか、ブッダと教えと修行者の集まりという三つの柱と、ブッダになる可能性の教えとにはなんら違いはないとか、殺しなどの四つの重罪を犯した者にも、大乗の教えを謗る者にも、母や父を殺すなどの五つの重罪を犯した者にも、極悪人の一闡提にも等しくブッダになる可能性があるなどの教えをかつて聞いたことがなかったのに、いま妙寂の教えを修めることによってそれらの教えを聞くことができた。これを聞くことがなくて聞くと言ったのである』

第二十二章　決定的な悪人はいない

さらに光明遍照菩薩はブッダに訊ねた。

『世尊、もし殺しなどの四つの重罪を犯した者にも、大乗の教えを謗る者にも、母や父を殺すなどの五つの重罪を犯した者にも、そして極悪人の一闡提にも等しくブッダになる可能性があると言われるのであれば、彼らは地獄に堕ちないのでしょうか。彼らにブッダになる可能性があるといわれるのならば、常住・実在・安楽、そして清浄はどうしてないと説かれるのでしょうか。

世尊、一切の善根を断ってしまった者を極悪人の一闡提だと言われるのであれば、彼が善根を断つ時、どうしてブッダになる可能性を断たなかったのでしょうか。ブッダになる可能性をもし断っているのなら、どうして彼は常住で、安楽で、実在で、そして清浄であり得ましょう。もし断っていないのであればどうして彼を一闡提と呼ばれるのですか。

世尊、生きものを殺すなどの四つの重罪を犯す者はいつも犯すと決まっていません。大乗の教えを謗ることも、母や父を殺すなどの五つの重罪をいつも犯すわけではありません。また極悪人の一闡提といつも

493c
呼ばれるとは決まっていません。もし彼らがそれらを犯すに決まっているといえば、どうしてブッダの最

高のさとりを得ることができましょう。

これは聖者（阿羅漢）たちについても同じで、いまの種々の重罪を犯すと決まっていないとなれば、それを犯すかどうかは不定だから、聖者（阿羅漢）の位も決定的なものとはいえないのではないでしょうか。であれば、ブッダの位も決定的なものとはいえないことになります。もしブッダの位が決定的なものでなければ、妙寂の本体も不定となるし、すべてのものがみなあやふやなものになってしまいます。

では、どのようなことを不定というのでしょうか。もし極悪人の一闡提が一闡提でなくなれば、ブッダの道を得ることになります。ブッダたちもそうでした。妙寂に入ったあと、またそこから世間に戻ってこられて妙寂に入らないのであれば、妙寂の本性は不定といわなければなりません。不定であれば常住とか安楽とか実在とか清浄とかの究極なものはないことになりましょう。このように考えると、どうしてブッダは極悪人の一闡提などはかならず妙寂を得るだろうといわれないのでしょうか』

一闡提の性格は不定である

『光明遍照菩薩、よし、よし。君はおそらく量り知れない人々の利益と幸せを願って、また、世間の生類を憐れみ、慈しむがゆえに、さとりを求めようという気持ちを起こしている求道の人たちを勇気づけようと思って、いまのような質問をしたのだろうと察する。

また、君は過去世で数えきれないブッダと親密になり、教えにしたがって多くの善根を植えてきたようだ。また、さとりへの功徳を積み、多くの煩悩を除いてきたようだ。また、ブッダたちの深奥な秘密の教えの宝庫に入り、その内容について数えきれないブッダたちに質問してきたようだ。これまでまわりを見て、人々も、神々も、沙門やバラモンも、梵天でさえ、君のような質問をした者に私は出会ったことがない。

いま、その質問に答え、解るように説明しよう。よく聞きたまえ。

極悪人の一闡提の性格は不定である。もしそれが変わらないものだとすれば、ブッダの最高のさとりを得ることはできない。不定であるから、いつかは得ることができるのである。

先ほどの疑問の一つである、ブッダになる可能性を断たないでどうして一闡提は善根を断ったのだろうかという疑問だが、菩薩、善根には二種類あることを知らなければならない。一つは内にある善根、二つは外にある善根である。ブッダになる可能性は内にあるものでも、外にあるものでもない。その意味で汚れがあるのでもなく、汚れがないのでもない。したがってブッダになる可能性を断つことはできない。

494a また、二種類ある。一つは汚れのある善根、二つは汚れのない善根である。ブッダになる可能性はこの汚れのある善根でも汚れのない善根でもないので、その意味で断つことはできない。

また、二種類ある。一つは常在の善根、二つは無常の善根である。ブッダになる可能性は常在の善根でも無常の善根でもないので、その意味で断つことはできない。

もしブッダになる可能性が断たれるならば、すでに得ていたことになり、もし得ていないものであれば、断たれるものがないことになる。もしすでに得ているものを断つならば、それは極悪人の一闡提がすることなる。

菩薩、殺しなどの四つの重罪を犯す者も不定である。もし犯すに決まっているとしたら、その重罪を犯す者は永久にブッダの最高のさとりを得ることはできまい。これは大乗の教えを謗る者、母や父を殺すなどの五つの重罪を犯す者なども同じと考えていい。色や形の二つも不定である。香りや味や触りなど感覚の特徴も、生まれる姿も、煩悩の有様も、二十五種の迷いの生存の有様も、卵から生まれる姿も、胎から生まれる姿も、湿気のあるところから生まれる姿も、幻のように生まれる姿も、とにかく世間に見られるあらゆる存在にみな決まった姿はない。不定である。

たとえば幻術を使う者が人々の目の前で戦車隊・歩兵隊・象軍・騎馬隊などの幻を現わしたり、あるいは種々の飾りや、装身具や、町や村や、山林の樹木や、泉や池や、川や井戸などの幻を現わしたりするが、子供たちは知慧がないのでそれを本物だと錯覚してしまう。ところが智者はそれが偽りであって、幻で人々の目をだましていることを知っている。この子供と同じように、俗人や未熟な修行者たちは世間のものには変わらない、固定的特徴があるものと見ている。ところが求道の人はこの智者と同じように世間のものはみな不定であることを知っている。

たとえば真夏の炎天に太陽が熱して燃えているように見える時、そのカゲロウを子供は水と錯覚するが、智者はそれはカゲロウで、水ではないことを見抜く。蜃気楼が人の目をだましているのであって、じつは水ではないことを十分に理解している。俗人や未熟な修行者は世間のものを見る時に、それらが実在のものであるように見ている。ところが求道の人は実在のものとは見ていない。

たとえば山にこだまが鳴り響くことを考えてみよう。子供はこだまを本物の声だと思って聞くが、智者はそれは実在ではなく、もとの声はすでになく、声の響きだけが耳に感覚されていることを知っている。俗人や未熟な修行者は同じように世間のものは実在だと錯覚しているが、求道の人は世間のものは実在ではないと理解しており、みな無常であり、空であり、そして生ずるとか滅するとかの姿はないことを見ている。

以上のことから解るように求道の人は世間のもののあり方は無常であると見ている。

ブッダも不定である

494b

菩薩、決定的な有様があることを知らなければならない。なにを決定的な有様というのだろうか。それは常住・安楽・実在・清浄の四つである。これらはどこにあるのだろうか。それは妙寂の境地にある。私はいまクシナーラの町にあるシャーラ樹林のなかで床に横臥して、妙寂に入ろうとする姿を見せている。この姿をみて未熟な修行者やこの町の人々は非常に悲しんでいる。神々や人々をはじめ、多くの守護神もこれが最後の布施と思って種々の供養の品をもってきた。測(はか)りきれないほどの長さの毛布で私の身体を包み、七宝でかざられた棺を用意し、それに香油を満たし、一方、火葬のための香木を積み、私を荼毘に付そうと人々は考えている。しかしただ二つの部分を除いて焼くことはできない。親から受けた身体と、もっとも外にある部分は焼かれるだろう。そして人々は舎利の部分を八分して持ち去るであろう。

弟子たちはみな、私が妙寂に入ると言っているが、私は決して妙寂に入ることはない。なぜなら、私は常住で、そして不変であるからだ。だから妙寂も不定ということになる。

菩薩、私も不定なのである。私は神ではない。

ところで神に四種ある。一つは世間の神、二つは生まれ変わる神、三つは清浄な神、四つは理を知る神である。

世間の神とは国王のようなものをいう。生まれ変わる神とは四天王をはじめとする非想非非想の神など十九種の神をいう。清浄な神とはブッダになる修行をしている聖者や孤独なブッダ（縁覚）など種々の聖者をいう。理を知る神とは十種の修行階梯にある求道の人たちをいう。求道の人は物事の理を正しく理解しているから、そのようにいう。また、すべてのものは空であるという理を知っているから、そのようにいう。ところで私は王でもなく、四天王など十九種の神でもなく、仏教の聖者（阿羅漢）や孤独なブッダ（縁覚）でもなく、十種の修行階梯にある求道の人でもない。この意味で私は神ではない。ところが人々は私を神々の中の神と呼んでいる。

494c
じつは私は神でもなく、神でないものでもない。人でもなく、人でないのでもない。鬼でもなく、鬼でないのでもない。地獄・餓鬼・畜生のなかにいる生類の一つでもない。生類でもなく、生類でないのでもない。ものでもなく、ものでないのでもない。肉体を持つものでもなく、肉体を持つものでないのでもない。永続するものでもなく、永続しないものでもない。短命なものでもなく、短命でないものでもない。形を持つものでもなく、形がないものでもない。心でもなく、心でないものでもない。汚れがあるものでもなく、汚れがないものでもない。作られたものでなく、作られないものでもない。常在でもなく、無常でもない。幻でもなく、幻でないのでもない。名前があるものでもなく、名前がないものでもない。定まったものでもなく、定まっていないものでもない。あるのでもなく、ないのでもない。説明できるものでもなく、説明できないものでもない。真理からきたものでもなく、真理からこないものでもない。

　このような意味から私は不定である。

　菩薩、どうして私は世間の神ではないのだろうか。世間の神は国王のようなものだからである。私ははるか遠い過去にすでに王位を捨てている。だから私は王ではない。といって王でないのではない。私はカピラの都のシュッドーダナ王の家に生まれたからである。

　私は生まれ変わる神でないというのは、久しく世間のしがらみを離れているので、生まれ変わることがないからである。といって生まれ変わる神でないのではない。それはかつて兜率天の世界に昇り、修行を終えてインドの国土に降りてきたからである。

　私は清浄な神でないというのは、仏教の聖者（阿羅漢）の修行を卒えた者だからである。だから私は清浄な神ではない。といって私は清浄な神でないのではない。なぜなら、世間に住んでも世間の八つの事柄（利益・損失・誉れ・謗り・非難・称賛・楽しみ・苦しみ）に染まることがないのは、ちょうど蓮華が泥水に汚れることがないのに似ているからである。

　私は理を知る神でないというのは、十種の修行階梯で修行している求道の人ではないからである。といって理を知る神でないのではない。私はいつも世間を十八種の空の見方で観察しているからである。

私は人でないというのは、数えきれない年月の昔に人としての存在を離れているからである。といって人でないのではない。カピラの都で生まれたという体験をしているからである。

私は鬼でないというのは、あらゆる生類を害することがないからである。といって鬼でないのではない。私は時に鬼の姿に化身（けしん）して生類を教化するからである。

私は地獄や畜生や餓鬼の世界の生きものでないというのは、あらゆる悪業を持っていないからである。といって私は地獄や畜生や餓鬼の世界の生きものでないのではない。時にこれらの世界の生類を教化するために、その世界の生きものの姿に化身するからである。

私は煩悩に染まる生類でないというのは、昔からすでにそのような生類の本性を捨てているからである。
495a
といって煩悩に染まる生類でないのではない。私は時には煩悩に染まる生類の姿で話をするからである。

私はものでないというのは、世間の事象はそれぞれ雑多な姿や形をもっているが、私はただ一つの姿しかないからである。といってものでないのではない。私は事象の世界そのものだからである。

私は肉体を持たないというのは、外界のあらゆる刺激を感覚しないからである。といって肉体を持つものでないのではない。私の身体には三十二種の主なる吉祥の特徴と八十種の二次的吉祥の特徴があるからだ。

私は永続するものでないというのは、種々の物質的要素を断っているからである。といって永続するものではないのではない。世間の人々は私の頭にある肉の盛り上がり（肉髻（にくけい））を見ることがないからである。

私は短命でないというのは、すでにあらゆるおごり、侮りの心を断ち切っているからである。といって短命でないのではない。私がかつてゴーシタ長者の前に三尺の背丈の身体を現わしたことがあるからだ。

私は形を持たないというのは、すでに昔から一切の形を持たないようになったからである。といって形を持たないのではない。私はあらゆる形をよく知っているからである。

私は心でないというのは、虚空の特徴そのものだからである。といって心でないのではない。十種のブッダ特有の能力を持つ心を持ち、生類の心をよく熟知するからである。

私は作られるものでないというのは、究極の常住・安楽・実在・清浄だからである。といって私は作られたものでないのではない。なぜなら、私は往来したり、去来したり、妙寂に入ることを見せているからである。

私は常在でないというのは、身体に部分、つまり手足などの部分があるからである。どうして常在でないかというと、知覚があるからだ。常在のものには知覚がない。ちょうど虚空のようにである。私は知覚があるから、常在ではない。

どうして常在でないかというと、言葉を話すからである。常在のものには言葉がない。ちょうど虚空のようにである。私は言葉を話すから、常在ではない。

どうして常在でないかというと、姓名があるからだ。姓名を持たないものは常在である。ちょうど虚空には姓名がないから、常在である。私にはゴータマという名前があるから、常在ではない。

どうして常在でないかというと、母と父が私にはあるからだ。母と父を持たないものは常在である。虚空には母と父がないから、常在である。私には母と父がいるから、常在ではない。

行住坐臥の行動があるものは常在とはいえない。常在のものには方角がない。虚空には方角、行住坐臥

495b
の行動がないから常在である。私は中インドに多く滞在し、舎衛城や王舎城の間を往来して教化した。だから常在しないのである。といって常在しないというのでもない。なぜなら、二度と生まれることがないからである。生まれることは無常なことだからだ。生まれることがない、これを常在という。この意味でいうと二度と生まれることがないから、私は常在している。

常在するものには生まれつきがない。生まれつきがあるものは無常である。私には生まれること、そして生まれつきというものがない。だから私は常在である。

常在するものはあらゆるところにあまねく在る。ちょうど虚空がどんなところにもないことがないように、私もどんなところにもいる。ここにいるとか、あそこにいないとかがない。だから私は常在する。

無常のものはここにあるかと思うと、あそこにないということがある。ところが私の場合は違う。ここにいるとか、あそこにいないとかいうことがない。

無常のものはある時はあり、ある時はないということがある。しかし私はある時はいる、ある時はいないということがない。だから私は常在している。

常住のものには名称や形がない。それは常住なる虚空が名称や形を持たないことと同じである。私も名称と形を本来持たないので、常住である。

常住のものはその原因や結果をもたない。それは常住なる虚空がその原因や結果をもたないことと同じである。私には生存するための因縁がない。だから私は常住である。

常住のものは過去・現在・未来の時の流れに関わりがない。私も同じである。だから私は常住である。

私は魔法使いではない。それはすべてのまやかしの心を断っているからである。といって魔法使いでないのではない。というのは、ある時はこの身体を数えきれないほどの身体に見せたり、数えきれない身体をこの一つの身体にしてみせることができるからである。山や岸壁のなかをすんなりと通り過ぎてゆくこともでき、地上を歩むように火を踏むこともでき、水のなかに入るように大地のなかに入ってゆくこともでき、地上を歩くように空を歩くこともでき、大火事のように身体から煙や炎をだすこともでき、生類が畏れる雷鳴をとどろかすこともできる。

都や町村・集落・家・山川・樹木などに化身することもでき、大きな身体になったり、小さな身体になったり、男の身体、女の身体、子供の身体になったりすることもできる。だから私は魔法使いでないのではない。

私は固定したものではない。私はいまクシナーラの町のシャーラ樹林のなかで妙寂に入るところを人々に見せているからである。といって固定したものでないのではない。というのは、究極の常住・安楽・実在・清浄の境地に私はあるからだ。

ブッダと汚れとは無関係

私には汚れがない。なぜなら、三つの汚れ（漏）を断っているからである。その汚れとは、まず、欲望から生じる汚れと、肉体や心から生じる汚れと、世界の道理について知らないことから生じる汚れである。私はこれらの三つの汚れをすべて断っているから、汚れがないといわれるのだ。
495c
俗人は欲望から生じる汚れがなにかをよく見ていない。なぜなら、俗人は来世のことに疑惑を持っているからだ。つまり来世に私の身体はあるのだろうか、ないのだろうかと。前世に私の身体はあったのか、なかったのかと。いまの私の身体は本当に私の身体であるのか、ないのかと。

もし私があるのなら、それは形のあるものか、形がないものか、形があるのとないのとが合体したものなのか、形がないのと形がないのでないのとが合体したものなのか。想像されたものなのか、想像されたものでないのか、想像されたものと想像されないものとが合体したものか、想像されないものでないのとが合体したものか。この私の身体は私以外のものに所属するものなのか、そうでないのか、所属するのと所属しないのとが合体したものなのか、所属しないのと所属しないのではないのと合体したものなのか。

命だけあって肉体がないものなのか、肉体だけあって命がないものなのか、肉体と命があるものなのか、肉体も命もないものなのか。

肉体と命は常在なのか、無常なのか、常在と無常の両方なのか、無常と無常でないのと両方なのか。肉体と命は創造主である自在天の造ったものか、時節が造ったものか、原因がないところから造られたものか、世界創造の根本原因から造られたものか、目に見えない塵が集まってできたものか、ものとものでないものとの両方から造られたものか、原人（プルシャ）の創造したものか、煩悩から生じたものか、両親が造ったものか。

私は心のなかに住んでいるのか、眼のなかに住んでいるのか、身体のなかに充満しているのか。私はどこから来てどこへ去っていくのか。生まれるのは私なのかだれなのか、死ぬのは私なのかだれなのか。私は前世で僧侶階級の出身であったのか、王族階級の出身であったのか、庶民階級の出身であったのか、奴隷階級の出身であったのか。来世でどんな階級の家に生まれるのか。私のこの身は前世では男であったのか、女であったのか、人以外の動物であったのか。

私がもし生きものを殺したら、罪になるのだろうか、ならないのだろうか。酒を飲んだら、罪になるのだろうか、ならないのだろうか。罪を犯すのは私が犯すのだろうか、他人が犯すのだろうか。私がその報いを受けるのだろうか、受ける時、この肉体が報いを受けるのだろうか。

以上のような疑惑や量り知れない煩悩が人々の心を埋め尽くすのである。このような疑惑が人々に六種の考えを持たせることになる。

かならず私というものがある、私というものは決してない、私が私というものを見る、私が私というものはないと見る、私でないものが私を見る、私が作り、私が受け、私が知覚する。

これら六つの考えを誤った考え(邪見)という。私はこのような邪見の根をすべて断ち切っているので、汚れがないといわれる。妙寂の教えを学習すれば、このような邪見から生じる汚れを取り除くことができる。

俗人は眼・耳・鼻・舌・皮膚の五官のはたらきに支配されているために、三つの汚れを生じ、悪の誘惑に負け、善くないことをしてしまう。

たとえば性質が悪い馬に乗ると、険しい悪路に連れて行かれてしまうように、五官を制御できない人は、自分だけでなく、他人をも正しい道に導くことができない。

496a たとえば調教が十分に施されていない象に乗ると、町に向かうように指示しても、かえって離れて荒野に連れて行かれてしまうように、五官を制御できない人は自分だけでなく、他人をもブッダの教えの町を離れ、生死輪廻（しょうじりんね）の荒野に導く結果をもたらす。

たとえば性質の悪い臣下が王をたぶらかして悪に導くように、五官を制御できない人は、人々に数えきれないほどの悪事を教え、行なわせる。

たとえば不良の子供が先生や両親の教えを無視し、悪事の限りを尽くすように、五官を制御できない人は、師匠の言を受けず、悪事を重ねる。

このように俗人は五官を制御しないので、地獄や餓鬼や畜生の世界に生まれ、いじめられることになる。また、五官を制御しなければ、眼は色や形に、耳は声や音に、鼻は匂いや香りに、舌は種々の味に、皮膚は感触に、それぞれ誘惑され、追い求める。ちょうど放し飼いの牛が目を離したすきに田畑に入って作物を荒らすようにである。このように俗人もさまざまな事象に振り回されて、数えきれない苦しみを受ける。

求道の人たちはこの妙寂の教えを修学し、正しい修行をする時、つねに五官を制御し、むさぼりや怒りや愚かさやおごりやねたみなどの気持ちが起こるのを怖れる。彼らにはあらゆる善いものがあるからだ。

もしこの五官を正しく制御できたら、心も制御することができるだろう。もし心を制御できたら、五官を制御できる。たとえば人々が王を擁護すれば、国王を護ることになり、国土が護られれば、王を護ることになるのと同じように、この妙寂の教えを聞くことができたら、知慧を得、知慧を得たら、注意力が得られる。もし五官が乱れることがあっても、注意力がその乱れを正すであろう。注意力の知慧がはたらくからである。

すぐれた牛飼いは牛があちらこちらの田畑の作物を食い荒らすことがあると、すぐに制止して再び荒らさないようにさせられるように、求道の人も注意力の知慧のはたらきによって五官を制御し、乱れないようにする。

注意力の知慧がある人は、「私」があるという考え、「私のもの」があるという考えを持たない。すべての感覚されるものを本来の性質のあり方のままに観察する。つまり土石や瓦礫が生じたり、滅したりするのはちょうど家屋が種々の部分品が組み立てられてでき上がるようなことと同じで、固定した本性はないと観察する。

また、注意力の知慧がある人は、生類はみな地・水・火・風の四つの要素、それに物質的要素と四つの感覚的要素の五つの集まり（五蘊）からなるものであって、固定した本性はないと観察する。

このようにものには固定した本性がないと観察するので、感覚されるものにむさぼりや執着の気持ちを起こさない。俗人は生類に対しても固定した本性があると観察するから、それとの関わりで煩悩を起こすことになる。

第二十三章〓妙寂の教えの功徳

妙寂の教えを実践する人

496b
また、妙寂の教えを修学する人は、生類の姿をみても、みな種々の要素の集まりで固定した本性をもたないと観察する。たとえば画家が種々の絵の具で男や女や、牛や馬などを描いたものを見て、無知な俗人は本物の男女と錯覚し、それに見惚(みと)れるが、画家はそこに男女がいないことを百も承知していることと同じように、妙寂の教えを修学する人は感覚されるものは種々であるが、それらはみな固定した本性を持たないという一点において一つであることを知り、生類に種々の姿を見ることがない。注意力の知慧があるからだ。

また、妙寂の教えを修学する人は、たとえ容姿端麗な女性を見ても関心を持たない。というのはその美女の本質をよく観察しているからである。

また、妙寂の教えを修学する人は、五欲が求めるものに楽しみはなく、長く続かないことを熟知している。犬が骸骨をかじるように、向かい風に松明(たいまつ)をかざすように、箱の毒蛇を夢に見るように、路傍の果樹の実が多くの通行人に打ち落とされるように、肉の塊が多くの鳥に競って食いちぎられるように、水上の泡や水に書いた文字のように、機織り（はたお）の縦糸がなくなるように、囚人が町に連れていかれるように、罪を見逃されても永く隠しきれないように、欲がふくれると種々の過失や悪事が付きまとう。

　また、人々を観察してみると、彼らはずっと昔から色や香りや味や感触などの感覚的刺激に振り回されて、種々の苦悩を受けてきた。一人一人が一千万年の間輪廻して生まれ変わり死に変わりして積み重ねてきた骨は王舎城の近くにあるビフラ山の高さほどあり、その間飲んだ牛乳はスメール山を取り巻く四つの大海の水量ほどあり、身体から流れ出た血は同じくスメール山を取り巻く四つの大海の水量より多く、両親・兄弟・妻子・親族が臨終の時に流した涙はスメール山を取り巻く四つの大海の水量より多い。地の果てに生えている草木をすべて長さ四寸に切り、これまでの母や父の数を数えても数え尽くすことはできない。数えきれない昔からずっと地獄や餓鬼や畜生の世界に堕ちて受けてきた種々の苦しみは数えても数えきれるものではない。この大地をまるめて棗（なつめ）の実の大きさに固めることは容易なことだが、生死輪廻から解脱することはむずかしい。

　求道の人たちは生類が欲のために量り知れない苦悩を受けてきたことをこのように観察しているのである。

　求道の人たちは世間が無常であるから種々の苦しみを受けるのだと、注意力の知慧をもって観察している。

　ところで百キロメートル四方にぎっしり人々が集まっていたとしよう。ある王がひとりの臣下に、

「油を満たした鉢を持って、この群衆のなかを横切れ。その際、鉢を傾けたり覆したりすることはもちろんのこと、一滴の油もこぼしてはならない。もしこぼしたら君の命を絶つ」

と命じた。そして王はその臣下の後ろに刀を抜いた者を付け、恐怖心をあおった。臣下は王の命令を忠実に守り、心を乱すことなく大衆のなかを目的地まで通り過ぎた。その間、彼は〈もし心を乱して、手元が
496c 狂い油がこぼれたら、同時にわが命も断たれてしまうだろう〉と恐怖におののきながらも、一滴もこぼさなかった。この臣下と同じように求道の人たちも生死の世間のなかで注意力の知慧を失うことがない。失わないから、五欲の求めるものにむさぼりの気持ちを起こさない。

求道の人たちはまた、眼や耳や鼻や舌や皮膚を器官とは見ないで、すべて苦しみのもとになるものと見るようにし、同じように五官のはたらきについてもすべて苦しみのもとになるものと見るようにする。また、これらの五官とそのはたらきについて、その一つ一つが別々に感覚したり、しなかったり、あるいははたらきの原因となったりするように見ないで、五官が融合して、つまり一緒になって感覚していることを見抜いている。このような五官のはたらきを五官は清浄、つまり融合してはたらくという。

五官が融合してはたらくことを理解したら、一つ一つの器官を等しく、正しく保護するようになるだろう。ところが俗人は五官を別々の物と考えて、等しく保護しようとしないので、苦しみを受けることになる。これを五官の汚れという。求道の人たちはこれを離れるので、その汚れがなくなるわけである。私はその汚れの根をすでに断っているので、汚れがなくなるのではなく、汚れと関わりがない。

汚れを離れるとは

また、次に汚れを離れることがある。求道の人たちはこの上もない甘露のようなさとりのために、汚れを離れようとするが、ではその〈離れる〉とはどういうことだろうか。

もしこの妙寂の教えを修学し、書き写し、記憶し、暗唱し、そして人々に解説し、自らもつねに教えの意味を思想するならば、これを〈離れる〉という。なぜなら、かつて十二種の説法集で汚れを離れる術を説いたが、それ以上に妙寂の教えは汚れを離れる術を説いているからである。

たとえば善い先生について学んだ生徒が決して悪事をしないように、この妙寂の教えを修めた求道の人たちは決して悪を作らない。

たとえば効験ある呪文を一度でも耳にすれば、七年間毒物にあたることなく、毒蛇に噛まれることがない。もしそれを唱えても同じで、さらに生涯悪事に染まることがないという。これと同じように、この妙寂の教えを一度でも耳にすれば、七千万年の間地獄や餓鬼や畜生の世界に堕ちることがなく、もしこの教えを書き写し、暗唱し、人々に解説し、自らもその意味を思念することがあれば、かならずブッダの最高のさとりを得ることができ、ブッダになる可能性を知り、その甘露の味を味わうことができよう。

このように妙寂の教えには量り知れない功徳がある。この妙寂の教えを修学し、書き写し、記憶し、暗唱し、そして人々に解説し、自らもつねに教えの意味を思念する人がいたら、この人こそ私の愛弟子であり、本当の教えを受け継いだ人である。この人こそ私が探していた人であり、いつも念頭にある理想の弟子である。

この人は私（ブッダ）がいわゆる死にいたることがないと知っている。このような人がいる都に、集落に、山林に、荒野に、小屋に、家に、楼閣に、殿堂に私がいたら、つねに止（とど）まっているだろう。私はこの人の布施をいつも受けているだろう。ある時は男や女の出家者となり、ある時は男や女の信者となり、ある時はバラモンとなり、ある時は物乞いとなり布施を受けようとするだろう。このような姿をしているために、この人は私が布施を受けているとは思いも付かないであろう。

497a

この人はある晩の夢に仏像を見、ある晩の夢に神像・沙門・国王・種族の長・師子王・蓮華・優曇華（うどんげ）などを見、ある晩の夢に大きな山や海を見、ある晩の夢に太陽や月を見、ある晩の夢に白象や自馬、そして母父を見、ある晩の夢で花や果実を手に入れ、金銀や瑠璃（るり）・水晶などの宝石、また五種の乳製品を手に入れたことを見た。この人は目が覚めてから、これらは私が化身した人々であり、また私が布施で受け取る品物であることをさとり、喜びにひたった。その後この人は種々の日用品となるものを多く手に入れることができた。彼は日頃まったく悪い事を思ったこともなく、考えたこともなかった。いつも善行を心がけていた。妙寂の教えを修めていたからである。

このように妙寂の教えは量り知れない、不思議な功徳を持っている。

菩薩、次に述べる私の言葉を信じたまえ。もし善男善女が私（ブッダ）を見たい、私を敬いたい、教えと同じように私を知りたい、すべてのものを空だと観察する瞑想の境地を得たい、すべてのもののありのままの姿を捉えたい、ブッダが取得した勇猛な三昧といわれる瞑想と師子王のような三昧といわれる瞑想を修めたい、八種の邪魔（煩悩・五官・死・鬼神などの四魔、それに究極の常住・安楽・実在・清浄がないという四魔）を退治したい、そして人間界と神々の世界で楽しみたいなどと考えている人は、妙寂の教えを記憶し、書き写し、暗唱し、解説し、そして自らその意味を思想している人のところに行き、近付きになり、いつも付き従って教えを請い、供養し、敬い、尊重し、讃え、食事の時には手足を洗ってあげ、席を設けるなどして、衣服・飲食・寝具・薬など事欠くことがないようにつねに布施しなければならない。その人が遠くから来るようであれば、途中まで出向いて迎えるべきである。

この妙寂の教えのためにと思えば、自分にとって貴重な物でも布施すべきである。もし布施する物がなかったら、わが身を売るべきである。この教えはまさに三千年に一度しか咲かない優曇華のように遇いがたいからである。

菩薩、いま思い起こしてみるに、数えきれない遙か昔に、娑婆という世界があった。その世界に釈迦牟尼というブッダがおられた。ブッダは多くの人々に妙寂の教えを説法されていた。その時、私は友人からブッダがこの教えを説法されていることを伝え聞いた。そこで私はブッダに布施しようと思ったが、あまりに貧しかったのでなにも布施できるような物が見当らなかった。そこでわが身を売って布施する物を買う金を得ようとしたが、あまりにもみじめな人間であったので買ってくれる者がいなかった。あきらめてわが家に帰る途中、ある人になんとなしに声を掛けてみた。

「私の身体を売りたいのですが、買ってくれませんか」と。

見知らぬ人は、

「そうか。君、うちの仕事はつらいぞ。これまで長く勤めてくれた者はいなかった。よくはたらいてくれれば、買ってやってもいいよ」

と答えた。

「ところであなたが言われるだれも長く勤められないつらい仕事とはどんなものですか」

と私が訊ねると、
497b
「仕事といっても、じつは私は悪性の病に罹っていて、薬として一日に人の肉を一五〇グラム摂るように医者が言ったので、君の肉を一五〇グラム毎日私に提供してくれることである。そうしたら、君に金五枚を与えようと思う」

という言葉が返ってきた。

これを聞いて私はうれしくなり、

「わかりました。ところでその金五枚を前借りしたいのです。その金を持って行き、済ませておきたいことがあるので、七日の余裕をください。それが済んだら、すぐに帰ってきて、お仕えします」

とお願いした。すると、その人は、

「七日はダメだ。一日だけ許す」

という返事であった。私は金がほしかったので、すぐに受け取り、布施の物を買い、ブッダのところに直行した。ブッダの足下に敬礼し、布施の物を献上してからその説法を誠心をもって聞いた。聞いたには聞いたが、私はその時あまりにも愚鈍であったので、次の一偈しか頭に残らなかった。

ブッダは完全な解脱を得て、長く生死の輪廻を断った。

もし心して聞けば、いつも無量の幸せを得るだろう。

このような説法を聞いた後、すぐにかの病人の家に帰った。

私はその後毎日一五〇グラムの肉を彼に与えたが、右の詩偈を念じていたのでまったく痛みを感じなかった。そしてひと月の間毎日与え続けた。この効き目があって彼の病は癒えた。一方、私が身体の肉を切り取った後の傷は跡形なく消えた。

このことがあってからすぐに、ブッダの最高のさとりを得たいという気持ちが私に起きた。これはあの一偈を憶えていた力によるところ大である。憶えていただけで大であったのだから、これを唱えるならば、なおのこと大である。私はこの教えからこのような利益を得たことを知り、〈将来、ブッダの道を歩み、かならずや釈迦牟尼という名のブッダになれますように〉と念じたのである。この一偈によって今日の私があり、多くの人々や神々のために説法する私がある。

要するに大いなる妙寂の教えは不可思議というべきである。量り知れない功徳を与えてくれる。これはブッダたちの量り知れない深奥な秘密の教えの宝庫である。これをよく修学する人はあらゆる悪という汚れから離れることができる。

離れるとは

ところで世間では悪の語を悪象・悪馬・悪牛・悪犬というふうに使う。毒蛇が住むところ、刺のある草木が茂っている土地、懸崖、険しい海岸、洪水の渦巻きなども悪処という。悪人・悪国・悪城・悪舎・悪知識というふうな使い方もある。

このようなものはまわりのものに不都合な、汚れとなり、障害となる原因だから、悪といわれる。求道の人はこれらから離れる。もしそうでなければこれらのものから離れることはない。もしこれらが汚れや不都合なことや障害となることを増やせば離れ、増やさなければ離れない。秩序を乱すことになれば離れ、善をもたらせば離れることはない。

では離れるとはどういうことだろうか。端的にいうと刀や杖を持たず、いつも正しい知慧と方便をもって遠く離れていることである。これを正しい知慧による離れという。善を生みだすから、自然と悪を離れ
497c
るのである。求道の人は病んでいるように、傷ついているように、腫物があるように、怨みを持っているように、毒矢が刺さっているように苦しみで満ちているとわが身を観察し、諸悪の根源だと観察している。わが身はこのように不浄なものではあるが、求道の人はなお凝視して、なんとか養生しようとする。しかしそれはわが身が可愛いからではなく、ブッダの教えを得たいからである。

また、解脱のためであり、長生きしたいからではない。究極の常在のものを得たいからであり、世間のものになじみたいからではない。さとりへの道を進みたいからであり、世間の道を歩みたいからではない。ひたすらブッダの乗物に乗りたいからであり、他の乗物に乗りたいからではない。ブッダの瑞相である三十二相を得たいからである。ブッダになりたいからであり、帝王になりたいからではない。

求道の人はわが身を守護しなければならない。わが身を守護しなければ、生命を全うすることができないからだ。生命を全うすることができなければ、妙寂の教えを書き写し、記憶し、暗唱し、人に説法し、自分でその意味を思索できないではないか。だから求道の人はわが身を守護しなければならない。そうすることで求道の人はすべての悪から離れることができる。

川を渡ろうと思えば筏を大切にすべきである。遠路を旅行く人は馬をよく世話すべきである。田畑に種を植えようと思えば堆肥を大切にすべきである。解毒するには毒蛇を世話すべきである。財産を築くためには不可触民を養うべきである。盗賊を退治するために猛者を雇うべきである。寒い人は火を大事にすべきである。癩(らい)病に罹ったら毒薬を求めるべきである。そのように、求道の人も同じである。

求道の人はこの身に量り知れない不浄のものが充満していることが解っていても、妙寂の教えを記憶し伝えようと思うために、わが身を守護し萎縮しないように心がけている。求道の人は先に挙げた悪象及び悪友を並べて観察する時、それらはみな等しい性質のものと見ている。それらはみな悪ゆえに身を滅ぼすものばかりだからである。

求道の人は悪象などの動物に対して怖れを抱くことはないが、悪友には怖れを抱いている。というのは悪象などの動物は身を滅ぼすが、心を滅ぼすことがないからである。しかし悪友は身も心も滅ぼすからである。悪象などの動物はただ身一つだけを滅ぼすが、悪友は数えきれないほどの善良な身や善良な心を滅ぼすからである。悪象などの動物はただ不浄の、悪臭の身を滅ぼすだけであるが、悪友は清浄な身も心も共に滅ぼしてしまうからである。悪象などの動物は肉体を滅ぼすが、悪友は教えが集まった身を滅ぼしてしまうからである。悪象などの動物に殺されても地獄・餓鬼・畜生の世界に堕ちることはないが、悪友に殺されると地獄などの世界に堕ちるからである。悪象などの動物はただわが身だけの敵となるだけであるが、悪友は仏法の敵となるからである。

このことから求道の人はいつも悪友を離れなければならない。いままで述べてきた汚れや障害や不都合
498a
なことなどから俗人は離れようとしないので、いつも煩悩を起こすことになる。求道の人はこれらを離れるので煩悩がなくなる。ましてや私は煩悩とは無関係であるので、煩悩がなくなることがない。

求道の人の生き方

汚れと親しむとはどういうことだろうか。俗人は衣食・寝具・医薬を自分の身心の愉しみのために求めたり、受け取ったりし、そして過去と未来との関わりのなかで生きていることを自覚しないで種々の悪事をはたらき、ついには三悪道に堕ちてしまう。これを汚れ（漏）という。

求道の人は過ちを見付けるとすぐに改め、それから離れようとする。衣を着る時はわが身のためではなく、教えのために着ると考えている。おごりを押さえて、心ではつねにへり下っている。衣は飾るためではなく、羞恥の気持ちから着るのであって、あくまで寒暑や風雨をしのぐために、虫や蚊や虻や、蚤やしらみや、マムシなどの蛇などに嚙まれないために着るのである。

飲食の布施を受けても多くをむさぼる気持ちがない。それもわが身のためでなく、いつも教えのために受けている。人々のためを思って受け取っている。おごりの気持ちを増長するためでなく、わが身の力をつけるために受け取っている。怨みや害を加えるためでなく、傷を癒やすために受け取っている。美味な食べ物を受けても味に頓着しない。

独房をもらってもわがものにしようという執着がない。さとりを得るための修行の場所と思い、ただ風雨をしのぐだけの場所として受け取る。医薬を求める時もただ正しい教えを得るためと思って受け、それに頓着しない。寿命のためではなく、永遠の生命を得るためにと思って求める。

傷で病んだ時、煎った黄粉（きなこ）をヨーグルトで練ったものを布に塗って傷口を覆ったり、この練ったもので出血を止めたり、傷を治すために薬を塗ったりする。また、強風の時は家のなかに隠れる。このようなことと同じように求道の人たちもわが身を傷口と思いなして衣で覆い、九つの穴にある膿（うみ）のために飲食を求め、激しい風雨のために独房を受け取り、地・水・火・風の四つから生じる毒があるために医薬を求めるのである。

求道の人は衣・食・寝具・医薬の四つの布施をわが身の寿命のためではなく、さとりへの道のために受け取っている。それは求道の人が、

〈私はこれらの四つの布施の品々を受けなかったら、わが身は滅ぶであろうし、また、強健であり続けることはないだろう。もし強健でなかったら、苦しみに耐えられないだろう。もし苦しみに耐えられなかったら、ブッダの教えを修学できなくなるだろう。反対に苦しみに耐えられたら、数えきれないほどのブッ

ダの教えを修学できるだろう。

また、もし私が多くの苦しみに耐えられなかったら、苦しみを受けるたびに怒り狂い、反対に楽しみを受けるたびにむさぼりの気持ちを持つようになるだろう。もし楽しみを求めても得られなかったら、わがままな、好き勝手なことをするようになるだろう〉と自分自身を観察しているからである。

俗人は四つの布施に対して汚れた気持ちを起こすが、求道の人は右のような深い思索をして、物事を観察しているので、汚れた気持ちを起こさない。だから求道の人には汚れがなくなるという。私の場合はすでに汚れが本来ないのだから、汚れがなくなるという言い方はあたらない。

第二十四章　いかに分別するか

498b
次に菩薩、俗人は自分の身心をよく守護しているようでも、なおもっと欲しいという気持ち、怒りやおごりの気持ち、そして人を害（そこ）ない悩ましたいという気持ちなど、三つの善くない分別（三覚）をしている。だからわが身をよく守護して煩悩を断ち、瞑想の高い境地にまで至るが、三つの善くない分別を起こすために、かえって地獄に堕ちることにもなる。

たとえば大海を渡り、彼岸にいままさに辿り着こうとする手前で水没する人のようで、俗人も三界の苦しみの海を渡り終えようとしている時に、正しい分別をしないために三途川（さんずのかわ）で溺れてしまう。

正しい分別とはなにか

では、なにを正しい分別というのだろうか。それは六つの心に止めておくべき事柄である。俗人の善心は下劣であるが、反対に不善の心は燃え盛る火のようである。善心が少ないので知慧の心も希薄である。

知慧の心が希薄であるために種々の煩悩を増長させる。

求道の人はとらわれない知慧の眼で三つの善くない分別の過ちを見抜く。三つの善くない分別には種々の患いがある。これらは三種の修行者の教え（三乗）の仇となっている。また、人々がブッダの可能性を見る目を眩ませるもとにもなっている。

俗人は数えきれない輪廻の年月の間もこの逆さまな考え方を繰り返し、ブッダには究極の常住や安楽や実在などないと説き、ただ清浄であるだけだといい、ブッダである私は結局はこの世間を離れて妙寂に入るなどといっている。

また、人々には常住もなく、安楽もなく、実在もなく、そして清浄もないといい、逆さまなものの考え方をするから常住・安楽・実在、そして清浄の境地があるという始末である。

そして三種の修行者の教えなどなく、逆さまな考え方によって三種の修行者の教えがあるのだといっている。唯一の真実の道は偽りのない道であるのに、逆さまな考え方によって唯一の真実の道はないといっている。

このような三つの誤った分別はブッダや求道の人たちに呵責される。三つの善くない分別は自らを害するだけでなく、他人をも害する。三つの善くない分別はさまざまな悪事を引き寄せるだけでなく、それらに誘惑される。三つの善くない分別は三つの束縛と言い換えることができる。限りなく人々を生死の輪廻に縛り付けるからである。

ある時、求道の人にむさぼりの分別が起ころうとしたが、黙ってその相手にならなかった。それはちょうど端正で身ぎれいな人が糞や垢などの不浄なものを受け入れないように、真っ赤に焼けただれた鉄の塊を素手で受け取らないように、バラモン族の者が牛肉を受け取らないように、満腹した人がまずい食べ物
498c を受け付けないように、帝王が不可触民と同じ床（ゆか）に坐らないように、求道の人も受けず、味わわなかった。なぜなら、求道の人は次のようなことを考えるからである。

〈人々は私が幸せを生む田畑だと知っている。その私にどうして悪いことができようか。もし正しくない分別を起こすことがあれば、人々の幸せを生む田畑となることができよう。私が自らを幸せを生む田畑とは思っていないだけで、人々はそうではない。もし私が正しくない分別を起こしたら、人々をだますことになる。

昔私は人をたぶらかし、だました罪で地獄に堕ちたことがあった。悪心を持っていながら信者の布施を受けたら、それこそ神々や人々だけでなく、五つの神通力を得た仙人たちに見破られて呵責されるに決まっている。もし正しくない分別を持っていながら信者から布施を受けたら、布施をした人の果報を少なくし、その意義を無駄にしてしまうことになるだろう。もし悪心を持って信者の布施を受けたら、信者の怨みを受けることになろう。信者はいつも私をわが子のように思ってくれているのだ。そんな信者をどうしてだましたり、怨みを持たせたりすることができよう。だましたり、怨みを持たせたりしたら、布施した人は果報を得ることがない。得たとしても少ないからである。

私はいつも自分を出家人といっている。出家人は悪事をしたり、考えたりしてはならない。悪事を起こしたら、出家人とはいえない。出家人の言行はつねに一致していなければならない。もし一致していな

ければ、出家人とはいえない。私は両親・兄弟・妻子・親族・友人を捨てて出家し、ブッダの道を修めている。いまはまさしく正しい分別を修習している時である。善くない分別を修習する時ではない。喩えるならば、いままでの私は海に宝を求めて入ったのに、本物の宝でなく水晶を採ったような有様であったり、すばらしい音楽を聴かずに汚れた遊びに耽ったような有様であったり、才色兼備の女性を捨てて卑しい女と密通するような有様であったり、金製の器を捨てて粘土製の器を愛でるような有様であったり、甘露を捨てて毒薬を飲むような有様であったり、親しく、古くから付き合っている善良な名医を捨てて、怨恨を持つ藪医者に薬を求めるような有様であった。ブッダの甘露の教えの味を捨てて、悪魔の種々の善くない考えにしたがって、それを飲んできた。

人の身体を持って生まれることは三千年に一度しか咲かない優曇華のように有難いといわれるが、その身体を私はいま受けている。また、ブッダに巡り合うことも三千年に一度しか咲かない優曇華のように有難いといわれるが、そのブッダに巡り合うことができた。また、ブッダの教えという宝に遇い、それを聞くことができたのは、ちょうど目が見えない亀が大海で流木に出会い、その上、流木の穴に首を入れて休むことのように有難いのであるが、その教えにいま出会い、聞くことができた。

命は川の水が流れるように一時も止まることがない。今日生きているからといっても、明日生きていることはない。そんな私がどうして好きなように悪いことをしていいだろうか。

元気な時は駿馬のようにあっという間に過ぎ去ってしまう。どうして恃んでおごりたかぶっていられよう。鬼どもが人の過ちを探しているように、私も自分の過ちがどこにあるかを探しているのに、どうし

499a
て正しくない分別を起こすことができよう。

私の生命はちょうど朽ちた家屋や崩れ落ちそうな屋根のようである。そんな私がどうして悪事をはたらくことがあろう。

私は沙門である。沙門は正しい分別をする人といわれている。もし私が正しくない分別を起こしたら、沙門とは呼ばれないだろう。

私は出家人である。出家人とは善の道を修める人のことをいう。もし悪事をはたらけば出家人とは呼ばれないだろう。

私は真のバラモンである。バラモンとは誠実で正しい行ないをする人をいう。もし私が不誠実で、正しくない分別を起こせば、どうしてバラモンと呼ばれよう。

私は王族のなかのすぐれた王族の出身者である。王族は敵を追い払うことを生業とする。いま私が悪という敵を追い払うことができなかったら、どうしてすぐれた王族の出身者と呼ばれよう。

私は比丘（びく）、すなわち托鉢する者である。比丘とはあらゆる煩悩を断つ修行をしている人である。その比丘である私が悪の分別という煩悩を起こしたら、どうして比丘と呼ばれよう。世間に六種の困難なことがある。

一つはブッダにこの世で値（あ）うこと。

二つは正しい教えを聞くこと。

三つは畏れの心を起こすこと。

四つはインド、とくに中インド地域に生まれること。

五つは人の身体を受けること。

六つは五体揃って生まれること。

私はこれら六種の得がたい機縁を得たのに、どうして悪事を起こすことができよう。以上の種々の理由で、私は正しくない分別を起こすことはしない〉と。

このように求道の人は妙寂の教えを修学して、心のなかにあるあらゆる悪事を見て取ったのであるが、俗人は心の悪事を見抜くことができないから、三つの善くない分別を起こしている。この有様を汚れに侵されるという。

求道の人は悪事を見てもそれと付き合わず、それを捨て去り、そして護ろうとしない。見ること、考えること、話すこと、振る舞い、生業、努めること、心がけ、注意などの八つをバランスよく行なうことで悪事から離れ、ついには煩悩を断ち切るようになる。こういうことで求道の人は汚れに侵されることはなくなる。これは私の場合にもいえることだが、私はすでにもともと煩悩がないから、煩悩がなくなるというのではなく、煩悩と関わりがないのである。

また、次に菩薩、俗人は肉体や心に自分の思うようにならないことが起こると、いろいろの悪事をする。身に病があり、心に病があると、行動にも、言葉遣いにも、そして心のなかにも善くないことをしたり、言ったり、考えたりする。

悪事をはたらけば地獄や餓鬼や畜生の世界に輪廻してさまざまな苦しみを受けることになるのだ。それは俗人が注意力の知慧を持たないからである。そのために種々の汚れを作りだすことになる。これを注意の汚れ（念漏）という。

求道の人はいつも次のように考えている。

〈私ははるか数えきれないほどの昔から言動の上で種々の悪事をはたらいてきた。そのために生まれ変わり死に変わりして三悪道（さんまくどう）に流転し、多くの苦しみを受け、ブッダの正しい道からますます遠ざかってしまった〉と。

そこで求道の人はこの悪事に染まった自分を見て、恐ろしくなり、悪事を捨てブッダの正道に赴こうとする。

たとえばある王が四匹の毒蛇を一つの箱に入れて、一人の臣下に飼育させ、「夜昼なく監視し、その上
499b 蛇の身体をさすってやり、もしその中の一匹でも怒らせたら、法律に準ずるやり方で私は、その臣下が住む町中の人全員を虐殺するだろう」という命令を下したとしよう。

この命令を聞いた臣下は怖れおののき、箱を捨ててその場から逃走するだろうが、王は五人の不可蝕民に刀をかざして彼の後を追わせた。しかし彼は五人の不可蝕民を振り切って逃げ去ることができた。ところが五人の者はその後手を尽くして彼を見付けた。ひそかに仲間の一人を遣わし、親しく近付いた。そして偽っていろいろ語りかけ、「町へ帰ろう」と誘ったが、彼は拒絶して、ある集落に逃げ、隠れようとした。その集落に入ってみると、どの家にも人影がまったくなく、食器類が転がっているだけで、他に物という物はなかった。人を見かけず、食べるものもない。

彼は地面に坐って天を仰いだ。すると空中から声がした。

「おい、そこの哀れな人、その集落は空っぽでだれも住んでいない。今夜六人の盗賊がそこにやってくるはずだ。もしそのままいたら生きてはおれまい。そこから逃げだすこともできまい」と。

この声を聞いた彼は恐ろしくなり、すぐにそこを去っていった。しばらく行くと河にでた。その河の流れは急で、おまけに船も筏もなかった。盗賊から逃れたいために近くから集めた枯れ木を組んで筏を作った。そこで彼は次のようなことを考えた。

〈もしここに逗留したら、毒蛇や五人の不可蝕民やペテン師や六人の盗賊たちにやられてしまうだろう。といってこの筏に乗らずに泳いで渡ろうとしたら、途中で溺れてしまうだろう。しかし彼らにやられるくらいなら、河に溺れて死んだほうがましか〉と。

こう考えた彼は筏を流れに置き、それに跨がり、手で掻き、足で掻いて流れを乗り切った。そして彼岸に達し、心安らぎ、身心泰然として、すべての怖れから解放された。

この喩えにある人のように求道の人は妙寂の教えを聞いて、わが身は毒蛇を入れた箱のようで、わが身を成す地・水・火・風の四つの要素は四匹の毒蛇（睨まれるだけで恐ろしい毒蛇、触れるだけで恐ろしい毒蛇、威嚇されるだけで恐ろしい毒蛇、噛まれる怖れがある毒蛇）のようだと観察する。人々はこの四つの蛇の毒によって生命を失うが、四つの要素によっても生命を失うのである。見たものに悪事をはたらき、触れたものに悪事をはたらき、感じたものに悪事をはたらき、食べたものに悪事をはたらく。このようにして次第に善の道から遠ざかる。

また、求道の人は四匹の毒蛇を見て、王族階級・バラモン階級・庶民階級・奴隷階級と見る。これら四つの階級にはそれぞれに性質がある。順に堅い性質の階級、湿りの性質の階級、熱い性質の階級、そして動く性質の階級である。このように四つの階級の性質と同じ四匹の毒蛇であるから、同じ四つの要素もこのような性質を同じくするものと求道の人は観察している。

また、四つの要素は四匹の毒蛇のようだと見る。つまり四匹の毒蛇はいつも人を襲う機会をうかがっている。いつ睨むべきか、いつ触れるべきか、いつ威嚇すべきか、いつ噛むべきかをうかがっている。四匹
499c の毒蛇は人々の隙をうかがっている。もしこれらの毒蛇に殺されるならば、三悪道についには堕ちないことになるが、もし四つの要素に殺されるならば、三悪道に必ず堕ちることは疑いない。たとえ四匹の毒蛇はよく養ってやっても、その人を殺そうとうかがっているものだ。四つの要素も同じである。いつも栄養を供給してやっているのに、人が悪事を起こすように誘惑する。

四匹の毒蛇はたとえ一匹でも怒れば、人を殺してしまう。四つの要素も同じ場所にありながら、それぞれ性質が異なる。

四匹の毒蛇は尊敬しても親しくなることがない。四つの要素も同じように、尊重すべきであるが親しく愛でることができない。

四匹の毒蛇は沙門であろうと、バラモンであろうと害するが、解毒薬を用いると治療できる。ところが四つの要素が人を害する場合にはたとえ沙門やバラモンなどの呪文や特効薬を使っても治療できない。

一人楽しい気分になっている人が四匹の毒蛇の怪しげな気配を感じたら、すぐにその場から逃げるよう

に、ブッダや求道の人も四つの要素の臭みを感じたらすぐに離れようとする。とにかく毒蛇のような四つの要素をこのように観察して、怖れを抱き、それらから離れて八正道を修めるべきである。

先ほどの喩え話にでた五人の不可触民は五蘊、つまり肉体という物質と、感受・表象・意志・識別という感覚作用のはたらきを合わせた五つの集まりを表わしている。どうして五蘊、つまり身体を不可触民で喩えるのかというと、次のような理由からである。

不可触民はいつも愛し合う人を別れさせ、憎み合う人を会わせたりするが、五蘊も不善の事柄を行なわせ、純粋な正法から遠ざけようとする。

不可触民は刀・盾・弓・矢・鎧・矛などの種々の武具で装備し、人々を害するが、五蘊もさまざまな煩悩を起こし、人々を害する。

また、不可触民は憐愍の気持ちがなく、いつも親しく見せて憎み恨み、人を害するが、五蘊も慈悲のはたらきがなく、善と悪とが混在して人を悩ます。不可触民が人々を悩ますように、五蘊も煩悩を起こし、生死に浮沈する人々を悩ます。

500a また、不可触民は危害を加えることだけを考えているが、五蘊もいつも煩悩を起こし、人を悩ませ、苦しめる。もし足も、武具も、そして従者もなかったら、人は不可触民に殺害されるだろう。人々がもし足もなく、武具もなく、そして従者を連れていなかったら、五蘊の盗賊に殺害されるだろう。足は正しい習慣のことを、武具は正しい知慧のことを、侍従は善友のことを表わしたのだが、この三つが備わっていなかったら、五蘊に殺害されることになろう。

また、五蘊は不可蝕民より酷いというべきである。なぜなら、五人の不可蝕民に殺されても地獄に堕ちることはないが、五蘊に殺されると地獄に堕ちるからである。このように求道の人は観察してから、次のような誓いを立てる。

〈私は生涯不可蝕民と親しくなっても、五蘊とはちょっとの間でも親しくはなるまい。不可蝕民は五欲に染まるおろかな人々を害するが、五蘊の賊は迷いの俗人をことごとく害するからである。また、不可蝕民は罪人を殺すが、五蘊の賊は罪のあるなしを問わず、すべての人々を害するからである。不可蝕民は老人や女性や子供などを害することはないが、五蘊の賊は老若男女を問わず害するからである。だから私は生涯、不可蝕民に近付いても、五蘊には一瞬の間も近付くまい〉。

また、不可蝕民は他人を害しても自分を害することはしないが、五蘊の賊は自分も他人も害してしまう。巧みな言葉や金銭や宝石類を使って不可蝕民は困難を切り抜けることができるが、これらの方法をもってしても五蘊から解放されることはない。

不可蝕民は四六時中殺しのことばかり考えているわけではないが、五蘊の賊は一瞬一瞬人々を害することしか考えていない。不可蝕民はただ一ヶ所にいて、人は彼らからいつでも逃げだせるが、五蘊はどんなところにもあるので、それから逃げだせない。

不可蝕民は人を害しても、その後纏わりつかないが、五蘊は人々を殺してもなお纏わりついて離れない。だから私は生涯、不可蝕民に近付いても、五蘊には一瞬の間も近付くまい〉と。

このようなことから、知慧ある人は巧みな方便をもって五蘊から逃れようとする。その巧みな方便とは八正道と六つの完璧な修行（六波羅蜜）と四つの広大な心（四無量心）である。これらの方便を修めるな
500b らば五蘊から解放され、害されることはなくなる。なぜなら、肉体はダイヤモンドのように堅牢で心は虚空のように広大無辺となり、身心共に破壊されなくなるからである。

したがって求道の人は五蘊が種々の悪の事象を作りだし、人々に多くの怖れをもたらすことを観察し、八正道などを修めるのである。

次に先の喩え話にあった、五人の不可蝕民の一人が親しさを装って近付いた行為は貪欲を表わしている。欲望の塊をよく観察してみると、怨みの心がありながら親しさを装って近付く行為に似ている。その本心が判れば決して相手をしないのだが、見抜けないために後で裏切られ、害を被ることになる。

貪欲も同じだ。その本性が判れば、人は生死の苦しみの世界に流転することはないはずである。見抜けないために六つの世界（六道）に輪廻してさまざまな苦悩を受けることになる。装った親しさに付き合うと、都合よく扱われ、愛する者と別れたり、憎み合う者と会ったりするようなはめになる。これと同じように、欲望は人々をすべての善から遠ざけ、悪事に近付けようとする。

このようなことから貪欲は親しさを装った行為のようだと求道の人は見る。

俗人は生死輪廻を繰り返す過ちを見ているようで見ておらず、また、聞いているようで聞いていない。知慧があるようで、じつは道理に無知であるために見ることも聞くこともできない。未熟な修行者たちも同じで、見ているようで見ておらず、また、聞いているようで聞いていない。それは貪欲があるからである。

500c
だから彼らは生死輪廻を繰り返す過ちを見ているが、ブッダの最高のさとりにまで達することができない。

また、次に怨みを抱きながら親しみを装った行為の特徴はなにかを説明しよう。怨みの気持ちがあるのに偽って怨みがないように装い、近付きたくないのに偽って親しく近付き、悪心を抱いているのに偽って善良さを装い、親愛の気持ちがないのに偽って親愛を装うようなことをいう。とにかく人の隙をうかがい、害を加えようとする行為である。

貪欲もこれと同じである。人に対して本物でないのに本物であるように見せたり、近しい者でないのに近しい者であるように偽ったり、善人でないのに善人であるように見せたり、親愛される者でないのに親愛される者のように振る舞ったりして人々をたぶらかして生死の世界に流転させるもととなる。

だから貪欲は怨みを抱きながら親しみを装った行為だと求道の人はいう。

怨みを抱きながら親しみを装うのは見かけと言葉であって、心からではない。だからうまくだますことができる。これは貪欲も同じで、うわべだけでたぶらかし、内実はまったくないので、人々は惑わされてしまう。

怨みを抱きながら親しみを装った行為ははじめがあり、また終わりがあるので縁を切ることはたやすい。ところが貪欲ははじめがなく、終わりがないので縁を切ることがむずかしい。

怨みを抱きながら親しみを装った行為は遠ければ知りがたいが、近ければ判りやすい。ところが貪欲は近くても判りやすいが、遠くにあっても判りやすいことはいうまでもない。

このように貪欲はこの親しみを装った行為より酷いといわれる。

人々は貪欲の煩悩を起こすために妙寂の境地から遠くにあり、かえって生死流転の境涯に親しんでいる。また、究極の常住・安楽・実在・清浄の境地から遠くにあり、無常であり、苦に満ち、実在がなく、不浄なものに満ちた境地にかえって近付いている。だから至る所で説法する中で私は貪欲をはじめとし、おごりと愚かさ（無知）の三つの汚れについて私はかならず説いているのだ。

人は道理について無知であるために自分の行為に過ちがあることに気づかない。気づかないから悪行を止めようとしない。知慧ある人は貪欲の正体を知るので、貪欲に害されることはない。したがって求道の人はこの貪欲をよく観察し、その恐ろしさを知り、八正道を修める。

また、次に喩え話にでるだれもいない集落の意味は限・耳・鼻・舌・皮膚・心の六つの感覚器官のことである。これら六つはよく見ると空であって、それ自身正体を持たない。ちょうどだれもいないあの集落のようである。逃げてきた人が集落に入ってみると、だれ一人住んでいなかった。素焼きの食器類が転がっているだけであった。これと同じで六つの感覚の拠り所はよく見ると空であり、それ自体の正体を持たない。生類自体になに一つ実在・実体というものを見ることができない。

菩薩、盗賊は遠くからこの集落を見て無人とは思わないだろう。これと同じで、俗人はわが身の六つの感覚の拠り所は空だと思わないものだ。空だと思わないから、それに執着して生死輪廻を繰り返し、無量の苦悩を受けるのだ。ところが求道の人はこれら六つの拠り所を正しく観察しているので、生死の苦しみを受けることはない。

また、盗賊がこの無人の集落に入ると、だれの抵抗もないので怖れもなく、安心できたであろう。それと同じで煩悩の盗賊も六つの感覚の拠り所に入るとわがもの顔でいることだろう。なにも怖れず居座るであろう。無人の集落はライオン・虎・狼、そして種々の猛獣の住むところとなろう。六つの感覚の拠り所も同じで、あらゆる悪の、そして煩悩の獣が住むところとなろう。したがって求道の人は六つの感覚の拠り所は空で、それ自身正体がないと見、悪の住むところと観察している。

また、あの無人の集落と同じだと観察している。なぜなら、偽りで、見せ掛けで、真実ではないからである。つまり空で、実在ではないのに、いかにも実在するかのような思いを抱かせるからである。また、安楽がないのに安楽があるかのような思いを抱かせ、人が住んでいないのに人が住んでいるかのような思
501a いを抱かせるからである。これは六つの感覚の拠り所でも同じで、空であるのにいかにも実在するかのように思わせ、安楽など得ることができないのにいかにも得ることができるように思わせるのである。

ところが知慧ある人はこのことをよく熟知していて、その真実をつかんでいる。

また、次にこの無人の集落についていえば、ある時には人がいたことがあり、ある時には人がいなくなったりしているわけであるが、六つの感覚の拠り所にはそのようなことがまったくない。それ自身がいつも空であるからだ。知慧ある人がこのように見るのは、肉眼で見るのではない。

次に喩え話にでる六人の盗賊の意味は色・声・香・味・感触されるもの、そして思うものの六つの感覚対象のことをいう。六つの感覚対象はすべての善なるものを脅かすので六人の盗賊に喩えられる。盗賊が人々の財宝を脅かすように、この六つの感覚対象も人々の善なる財宝を脅かす。

盗賊が人家に押し入ると、家にあるものは好きも嫌いもなく、なんでも強奪して、富豪を一夜にして貧

乏人にしてしまうように、六つの感覚対象は人の感覚器官に触れるとあらゆる善なるものを奪い、孤独でみすぼらしい極悪人の一闡提にしてしまう。

また、盗賊が人を脅(おびや)かそうとする時は、かならず家のなかに人が住んでおり、住んでいなかったら、彼らは途中で引き返すものである。そのように六つの感覚対象も善なるものを脅かそうとする時はかならず、人々の頭に世間にあるものには永遠に存在するものがあり、空なるものはないという考えがあるからである。もしこのような考えが内になかったら、六つの感覚対象の盗賊は善なるものを脅かすことはできないはずである。知慧ある人はこのような考えを持たないが、俗人はそれを持っているのだ。だから俗人にとって六つの感覚対象は善を強奪する盗賊となる。俗人は感覚器官を正しく制御しないので対象に脅かされることになる。制御するとは知慧によることをいう。知慧ある人は知慧によって制御するので脅かされることがない。

また、盗賊は人々の身心を苦しめ、悩ますが、六つの感覚対象も人々の身心を苦しめ、悩ます。

ただし、盗賊は人の現在所有する財産を奪うだけであるが、六つの感覚対象の賊は人の過去・現在・未来に亘る善なる財産を奪ってしまう。

501b
盗賊は夜は歓楽に耽るが、六つの感覚対象の賊も無知の闇に入ると同じように歓楽に耽る。盗賊は王によって取り押さえられるが、六つの感覚対象の賊はブッダと求道の人によって制御される。

盗賊は容姿・生まれ・学識・博学・富裕・貧乏などまったく関係なく、だれからでも奪うが、同じように六つの感覚対象の賊も容姿・生まれ・学識・博学・富裕・貧乏などまったく関係なく、だれからでも善なるものを奪う。

盗賊を王が取り押さえて、彼らの手足を切断しても、悪心まで切断することはできない。そのように六つの感覚対象の賊の手足を聖者（阿羅漢）たちが切断したとしても、善なるものを脅かさないようにさせることはできない。勇敢な人が盗賊を降伏させるように、ブッダや求道の人は六つの感覚対象を降伏させている。

たとえば種族の仲間が多く、統制されて勢力があれば、盗賊に脅かされることがないように、だれでも善友に親しんでいれば六つの感覚対象に脅かされることはない。盗賊は人を見れば掠奪するが、六つの感覚対象はそうではない。もし人が見たり、知ったり、聞いたり、嗅いだり、触れたり、考えたりしたら、すぐに脅かしてくる。

盗賊は欲望に塗（まみ）れた人たちの財産を強奪するが、六つの感覚対象は迷妄の三界のすべての善なる財宝を強奪する。

このようなことから求道の人は六つの感覚対象は六つの盗賊より酷いという。

次に喩え話にでる道の途中で河に出会ったという意味は煩悩のことをいう。ではなぜ大河を煩悩のようだと見るのか、次に説明しよう。

流れの速い河は大きな象でさえ流されてしまう。そのように煩悩の急流も未熟な修行者を迷わせてしまう。だから煩悩は急流のようだと求道の人は観察している。

底が深く、足が届かないから河という。堤防がないほど幅があるから大河という。河には種々の獰猛な魚が棲んでいるが、煩悩の大河も同じである。ブッダと求道の人だけが河底に足が届くので、それを極めて深いといい、ブッダと求道の人だけがその堤防を知っているので、それを広大という。そしていつもすべての人々を悩ませているので、獰猛な魚という。

このようなことから煩悩は大河のようだと求道の人はいう。

大河はあらゆる草木や森林を育てるように、煩悩の大河も二十五種の迷いの生存を育てている。たとえ
501c ば大河に落ちても慚愧(ざんき)の気持ちは起きないが、そのように人々も煩悩の大河に堕ちると慚愧の気持ちがまったく起きない。大河に落ちた人は河底に届かないうちに溺れ死ぬが、煩悩の大河に堕ちた人々はまだ煩悩の底まで断ち切れないうちに二十五種の生存を流転しつづける。

ここでいう底とは空(くう)を表わす喩えである。もしこの空という真相を理解しなければ、その人は二十五種の生存から解放されることはないだろう。人々はこの空という真相を理解していないために、煩悩の急流に流される。大河は人の身体を押し流すことはできるが、ブッダの教えを押し流すことはできない。しかし煩悩の大河は人の身体もブッダの教えもみな押し流してしまう。

大河は欲望に塗(まみ)れた人々を押し流すが、煩悩の大河は迷いの三界に住む生類をみな押し流してしまう。大河に飛び込んでも手で掻き、足で歩めばなんとか向こう岸に渡れるが、煩悩の大河は六つの満足すべき修行を実践しなければ渡ることができない。

大河はいずれにしても渡ることがむずかしいが、煩悩の大河も同じである。では渡ることがむずかしいとはどういうことであろうか。また、ブッダだけが渡り、十種の修行階梯で修行中の求道の人でさえまだ

渡り切っていないのはなぜなのか。

たとえば急流に流されている間はだれも善行をすることができない。それと同じように、人が煩悩の河に流されている間はブッダの教えを修学できない。河に落ちて流されても泳ぎの達者な人に助けられるが、煩悩の河に堕ちて極悪人の一闡提になってしまうと、どんな聖者（阿羅漢）やブッダも助けることはできない。世間の大河は世間が終末を迎える頃に七日間太陽が照り続けて干上がってしまうが、煩悩の大河ではたとえ未熟な修行者が七種のさとるための修行項目（七覚支）を修習しても、煩悩を干上がらせることはできない。

このように煩悩は大河の洪水のように酷いのである。

喩え話で、ある人が四匹の毒蛇、五人の不可蝕民、一人の親しみを装った者、そして六人の盗賊を怖れ、無人の集落を捨てて他の土地に向かう途中に大河に出会い、そこで筏を組んだように、求道の人も四つの要素の毒蛇、五蘊の不可蝕民、貪欲の偽善者、感覚の拠り所の虚しい集落、そして六種の感覚対象の盗賊を怖れて、煩悩の河に出会い、八正道、六つの完璧な修行、そして三十七種のさとりを得るための修行など、種々の修行の項目を寄せ集めて筏を組み、これに乗って煩悩の河を渡るのである。

彼岸に到達したら、永遠の安楽である妙寂が待っている。求道の人で大いなる妙寂の教えを修めている者は次のようなことを考えている。

〈もし私がこれくらいの肉体的苦しみや心の苦しみに耐えられないようでは、どうしてすべての人々をして煩悩の大河を渡らせることができよう〉と。

502a

このような気持ちを持っているから求道の人は迫りくる身心の苦悩に黙って耐えているのである。耐えているので、彼らには汚れがまったく生じない。したがって求道の人にはどんな汚れもなくなっているのだ。これは私についてはなおのこと、汚れがない。したがってブッダに汚れがあることはない。

しかし私自身どうしていま無垢の状態ではないのかというと、いつも世間の汚れの中で修行しているからである。世間の汚れとは二十五種の生存のことである。これを見て修行中の聖者や俗人は私に汚れがあると思っているようだが、じつは私には汚れはもともとないのだ。このことから私は決まった姿を見せていないのである。だから戒律を犯している人、大乗の教えを謗る人、そして極悪人の一闡提という人たちを、どこまでも悪人と決め付けてみてはならない。みな不定なのである』

妙寂と大妙寂の違い

これまでの説法を聞いて光明遍照菩薩は次のように言った。

『そのとおりです。まったく教えのとおりです。すべてのものはみな不定だと思います。不定だから、ブッダも結局は妙寂にお入りにならないのでしょう。ブッダは先に、求道の人は大いなる妙寂の教えを修めて、聞かないで聞くという場合の教えの中で妙寂があり、大妙寂があると説かれました。この妙寂と大妙寂とはどのような違いがあるのでしょうか』

ブッダは光明遍照菩薩の質問を聞いて、讃えて言われた。

『菩薩、よし、よし。よくこれまでの説明を記憶し、思索してきたからこそそのような質問ができたのだ。すばらしいことだ。説明しよう。

菩薩、世間では海といい、大海という。また河といい、大河という。山といい、大山という。地といい、大地という。城といい、大城という。衆生といい、大衆生という。王といい、大王という。人といい、大人という。天といい、天中天という。道といい、大道という。これらと同じように妙寂に妙寂があり、大妙寂がある。

では妙寂とはなにか。たとえば腹が空（す）いた時にわずかでも飯を食べたら幸せを感じる。この幸せも妙寂といえる。病気が治ると幸せを感じる。この幸せも妙寂といえる。恐ろしくなって逃げ込んだら安堵する。その安堵も妙寂といえる。貧しい人が七宝を手に入れて幸せを感じた。その幸せも妙寂といえる。人の骨を見て貪欲を起こさなくなった時に安らぎの気持ちが得られる。その安らぎも妙寂といえる。

このような妙寂を大妙寂ということはできない。なぜなら、それぞれ、飢餓を癒すために、病を治すために、怖れから逃れるために、貧しさから抜けだすために、みなむさぼりの心を起こして得た幸せの妙寂だからである。

502b 俗人が世俗生活をしながら、修行者が出家生活をしながら、それぞれ欲望の塊を打ち砕き、安らぎを得たとしても、その安らぎは妙寂であって、大妙寂ではない。

種々の瞑想の段階を踏んで、ついにすべての記憶もなく、すべての意識的はたらきをまったく離れた境地の、煩悩を断ち切ったところで修行者は安らぎを得るが、その安らぎは妙寂であって、大妙寂ではない。なぜなら、その瞑想から醒めると、潜在的余力として残っている煩悩がまた起こるからである。

ではその煩悩の潜在的余力とはなにか。

未熟な修行者は、〈私の身体。私の衣。私が行く。私が来る。私が話している。私が聞いている。ブッダは妙寂に入っており、妙寂の本質は実在がなく、安楽がなく、ただ常住していて、清浄であるだけ〉と考えている。これは潜在的煩悩の余力の仕業である。

また、〈ブッダと教えと修行者の集まりの三つの柱はそれぞれ差別の特徴があり、ブッダは結局は妙寂に入り、そして未熟な修行者の妙寂とブッダが得る妙寂とは結局は同等で違いはない〉という考え方を持っているなら、それは煩悩の潜在的余力の仕業である。

その未熟な修行者が得る妙寂は決して大妙寂とはいえない。それは究極の常住・安楽・実在・清浄という境地がないからである。この究極の境地が大妙寂だからである。

たとえば多くの河水が流れこむところは大海といわれるように、未熟な修行者や求道の人やブッダたちが等しく入って行くところ、そこは大妙寂といわれる。四種の禅、三つの三昧、八つの解脱の境地、清浄と不浄の境地を八つに観察する修行、迷いの世界を十種に観察する修行など種々の善行をみな摂取する人の境地を大妙寂という。

たとえばもっとも大きい象でも河底に足が届かないならば、その河は大河といわれるが、そのように未熟な修行者が求道の人の十種の修行階梯にまできてもブッダになる可能性を見られないようであれば、彼らの妙寂は大妙寂とはいえない。もしはっきりとブッダになる可能性を見たら、それは大妙寂といえる。この大妙寂の底にはただ偉大な象王、つまりブッダだけが届くのである。

大象やプラスカンディとあだなされる力士などが幾時間かけても登りつくことができない山を大山というが、それと同じように未熟な修行者や求道の人などの大象や大力士たちが見ることができない境地を大妙寂という。

小国の王が住んでいる都を小都というが、世界を統治する転輪王が住む都を大都という。それと同じように、未熟な修行者が八万・六万・四万・二万・一万住んでいても、その境地は妙寂といい、ブッダの住む境地は大妙寂といわれる。

502c
四種の軍団（四兵）を見てもまったく恐れない人たちがいたら、その人たちは偉大な人々というべきである。煩悩と悪業が渦巻く三悪道にいても怖れず、その世界にいる者たちを救済する人がいたら、その人は大妙寂の境地を得るだろう。両親をよく扶養し、沙門やバラモンを敬い、自ら善行を修め、言動に偽りなく、誠実で、忍耐し、貧しくても布施するような生き方をする人がいたら、その人は大丈夫といわれよう。求道の人も同じである。求道の人は慈悲にあふれ、すべての生類を憐愍し、自分の両親に対するように人々を扶養して面倒を見る。そして生死の河を渡らせ、広く人々に唯一の真実の道を教える。これが大妙寂である。

また、次に大とは不可思議という意味でもある。ただブッダや求道の人だけが見ることができて、人々が見ることも信じることもできないことを不可思議というが、この不可思議が大妙寂である。ではなぜ大というのか。それは量り知れない因縁を経て得たものであるからだ。ちょうど世間ではいろいろの因縁を経て手に入れたものを大という言葉を付けて表わしているが、妙寂も量り知れない因縁を経て得られるものだから大妙寂といわれる。

ここで改めてどうして大妙寂といわれるかを説明しよう。

妙寂とは固定的実体を持たない、とてつもなく自在なもので、それは大いなるブッダである。ではなにがとてつもなく自在のものだろうか。それには次の八つの自在のはたらきがある。

一つは一身で多種の身体を現わす自在。身体の数や大小の形は目に見えない微塵のようで、十方の数えきれない数の世界に充満している。じつは私の身体は微塵ではないが、自在の力によって微塵の身体を現わしている。

二つは塵のような一身に三千大千世界を充たす自在。私の身体に実際は三千大千世界を充たすことはできないのだが、こだわりがなく、自在であるので三千大千世界を充たすことが可能である。

三つはこの三千大千世界を充たした身体で軽々と虚空を飛び、二十個のガンジス河にある砂の数ほどの仏国土を過ぎて行ってもまだ突き当たるものがない。私の身体にはもともと重いとか軽いという体重はないのだが、自在力によって軽重があることを見せているのだ。

503a
四つは自在に自在力を得るという自在。では自在とはどんなことなのか。私はただ一心に安住して乱れることがなく、しかも相手に応じて量り知れない姿を現わして、それぞれの心を現わしている。私は時には一つの事を作って、それだけで人々の求めを満足させている。私の身体はいつも同じところにありながら、しかも他の国土のことをすべて観察している。

五つは感覚器官のはたらきが自在。なぜなら、私は一つの器官で色を見たり、声を聞いたり、香りを嗅いだり、味を判別したり、感触を覚え、思念したりでき、また六つの感覚器官のどれも色を見たり、声を聞いたり、香りを嗅いだり、味を判別したり、感触を覚え、思念したりしないことがある。自在であるからできることである。

六つはあらゆる事象を知るという自在。私でさえ心を捉えたという思いがない。なぜなら、手に取れるようなものでないからだ。もしその心が存在するものであれば捉えることができようが、実際に手に取ることができないので、どうして手に入れることができよう。私が心を捉えたという思いを持ったとしたら、それこそ妙寂を得られないだろう。手に入れることがないからこそ妙寂を得たといえるのである。すべてのことにこだわりがなく、自在であるから、世間の事象を知ることができ、知ることができたからこそ大いなるブッダというのだ。

七つはあらゆることを説くことの自在。一つの詩偈の意味を数えきれない年数をかけて説いても、私はその意味を語り尽くすことはできない。いわゆる習慣・瞑想・布施、そして知慧などについてはいうまでもない。説き尽くせないとはいえ、私はその時に、〈私が説き、彼が聞いている〉ことを意識しているわけではない。また、一つの詩偈を説いている意識さえない。世間の人たちは四句の詩偈を作る時は世間の作法に従って作るので、その作品を詩偈というが、じつはすべての事象の本性はそのような形や意味のものだと、決めて説くことはできない。しかし私は自在の能力があるから、方便として説明しているだけである。このように自在であるから大いなるブッダというのだ。

八つは虚空のようにどんなところにも遍く存在する自在。虚空の本性を見ることはできない。如来である私をだれも見ることはできない。ところが私は自在であるから、人々が見られるようにしている。このように自在であるから大いなるブッダというのだ。

このような自在を持つ私、大いなるブッダを大いなる妙寂といったのである。

また、次にたとえば宝庫にめずらしい、種々の、そして無数の品物があると大いなる蔵といわれる。そのように私の深奥な宝庫もめずらしい、種々のものがあり、なに一つ不足しているものがないのであるから、大妙寂といわれる。つまり、無限の物は大といわれる。妙寂は限りがないから、したがって大妙寂といわれるのだ。

また、次に大安楽があるから大妙寂という。妙寂には快楽はないが、四つの大安楽があるから、大妙寂といわれる。では、その四つの大安楽とはなにか。

一つは世間の快楽を断っている安楽。快楽を断たなかったら苦しみがあり、もし苦しみがあったら、本
503b 当の大安楽はない。つまり快楽を断つことによって苦しみがなくなり、苦しみもなく、快楽もなくなった
時に大安楽がある。妙寂の本性は苦しみがなく、快楽がない境地である。したがって妙寂を大安楽といい、
この意味から大妙寂というのだ。

じつは楽しみに二つの種類がある。一つは俗人の楽しみ、二つはブッダの楽しみである。就中（なかんずく）、俗人の楽しみははかなく消え去る。その意味で俗人には楽しみはないといえる。一方、ブッダの楽しみは恒常で

あり、変わることがない。だから本当の楽しみといえる。

菩薩、じつは人の感受作用に三種類ある。一つは苦しみの感受。二つは楽しみの感受。三つは苦しまず、楽しまずという感受。就中（なかんずく）、苦しまず、楽しまずという感受はじつは苦しみの感受と考えていい。この苦しまず、楽しまずという感受は妙寂のような境地ではあるが、本当の楽しみではない。

二つは完全な静けさの安楽。妙寂の本性はまさしく完全な静けさである。それはすべての世間の喧騒を引き起こすものから離れているからである。

三つはあらゆることを知り尽くしている安楽。すべてを知り尽くしていないと安楽ではあり得ない。私はあらゆることを知り尽くしているから、大安楽の境地にあり、大安楽にいるから、大妙寂にあるといわれる。

四つは身体が壊れない安楽。身体が老衰し、死ねば本当の安らぎはない。私の身体はダイヤモンドのように堅固で壊れることがない。煩悩に染まった身体、はかない身体ではない。だから大安楽という。

菩薩、世間で使われる名称や文字には成り立ちに由来があるものもあれば、ないものもある。成り立ちに由来があるものといえば、たとえば舎利子尊者（しゃりしそんじゃ）の名前の場合、母のサーリ（舎利）の名前をもらって、舎利子・舎利弗（しゃりほつ）とあだ名されたように、マトゥラー・バラモンの呼び名はマトゥラー地方出身のバラモンというあだ名であり、目連尊者（もくれんそんじゃ）は母のモッガリヤーの名前をもらって、目連とあだ名された。私はゴータマ家に生まれたので、この姓をもって私の呼び名とされている。また、ビシャーカー・バラモンという呼び名はビシャーカー星、あるいは二月にあたるところからの呼び名である。六本の指を持っていると六指人と呼ばれる。仏奴（ぶつど）とか天奴（てんど）とかいう呼び名はそれぞれブッダに仕える人、神に仕える人であるから、その名を得ている。

湿気のあるところに生まれるものを湿生（しっしょう）といい、鳥にもさえずる声によってカーカーラ（大烏）とか、クックタ（鶏）とか、ティッティリ（雉）などの名を得ているものがある。

これらのようにそれぞれにはそれぞれの由来があって名称が付けられているが、他に由来がなく付けられているものもある。例を挙げれば蓮華・地・水・火・風・虚空などがそれに当たるだろう。

また、他の例としてマンダパという言葉があるが、この一語で二つの意味を表わす。一つは殿堂の意味、
503c 二つには乳飲料水の意味がある。殿堂は乳飲料水ではないがマンダパと呼ぶ。また、サルパチャトラ（蛇きのこ）という植物の名は直訳すれば蛇の傘という意味であるが、じつは蛇の傘ではない。また、タイラパーイカ（ごきぶり）という虫の名は直訳すれば油を飲むものという意味であるが、じつは油を飲むわけではない。これらはとくに由来がないのにこのような名前を付けている。

たとえば虚空がもし小さな空（そら）にあるとしたら、そこを大きな空とはいわないだろう。それと同じように妙寂も小さな特徴しかなかったら、大妙寂といわれることはない。

菩薩、また、あるものが量ることのできない、考えることのできないようなものであったら、それは大きいといわれるように、妙寂も量ることも、考えることもできないようなものであれば大妙寂といわれる。

次に純粋な清浄であるから大妙寂といわれる。では純粋な清浄とはなにか。

清浄に四種類ある。

一つは二十五種の迷いの生存は不浄であるが、この不浄を断ち切っているものを清浄という。清浄は妙

寂である。このような妙寂は世間に存在するが、じつは妙寂は世間に存在するのではない。ただ私が世間のあり方に合わせて妙寂があると説明したにすぎない。たとえば世間の人が父でない人を父といい、母でない人を母といった後で、じつは両親ではなかった人を両親だといってきたと白状するようなことと同じで、妙寂についても世間のあり方に合わせてブッダたちには大妙寂があると説いているのである。

二つは行ないが清浄であること。すべての俗人は行ないが不浄であるから、妙寂がないが、私は行ないが清浄であるから、純粋の清浄といわれる。純粋の清浄であるから大妙寂といわれる。

三つは身体が清浄であること。身体がはかないものであれば、不浄である。私の身体は常在であるから純粋の清浄である。だから大妙寂といわれる。

四つは心が清浄であること。心にもし汚れがあれば不浄といわれる。私の心は汚れがないので純粋の清浄といわれる。だから大妙寂といわれる。

菩薩、以上のように善男善女がこの大妙寂の教えを修学していくならば、十種功徳の中の最初の功徳を得ることになろう。

大妙寂の功徳について

504a また、次にどうすれば求道の人は大妙寂の教えを修学して第二の功徳を習得することができるだろうか。

求道の人は大妙寂の教えを修学して、昔習得しなかったところを現在習得し、皆見たことがなかったところを現在見ることができ、昔聞くことがなかったところを現在聞くことができ、昔達することがなかったところに現在達することができ、昔知らなかったところを現在知ることができたのである。

では昔習得しなかったところを現在習得したのはなんだろうか。それは神通力である。神通力に二種類ある。一つは仏道の神通力で、二つは外道の神通力である。

仏道の神通力にまた二つある。その一つは未熟な修行者たちの神通力で、二つは求道の人の神通力である。大妙寂の教えを修学している求道の人の神通力は未熟な修行者たちのそれとは比べものにならない。なぜなら、未熟な修行者たちの神通力の変化はある一つのことをしようと考えたら、一つの世界の生類だけにしか力は及ばないが、求道の人はある一つのことを考えたら、地獄・餓鬼・畜生・人・天のどの世界の生類にも神通力でわが身を化身させることができるからである。それは大妙寂の教えを修学したからである。これが昔習得しなかったところを現在習得したことである。

また、次に昔習得しなかったところを現在習得できたのはなんだろうか。それは肉体に自在力、心に自在力を得たことである。なぜなら、俗人たちの身心は自在力を持たないからである。心が肉体に左右されたり、肉体が心に左右されたりしている。

では心が肉体に左右されるとはどういうことだろうか。酔っ払いを喩えとすれば、彼の身体に酒が入ると、肉体がふらつけば心もふらつき、肉体がだらければ心も一緒にだらける。また、幼児を喩えとすれば、その身体は小さいので、したがって心も小さいが、反対に大人の身体は大きいので心も大きいようなことである。また、身体が乾燥してしわだらけになり、肌が荒れていると、油や軟膏を塗って艶や張りややわらかみをもどそうと心に思うようなことである。

これが心が肉体に左右されることである。

では肉体が心に左右されるとはどういうことだろうか。それは行ったり来たり、坐ったり寝たりなどし
504b ている間にも、布施をしたり、習慣を守ったり、忍耐したり、精励するなどの修行を行なうことをいう。悲しみ、悩んでいる人は全身が憔悴し、喜びにあふれている人は全身が生き生きしている。恐れおののいている人は身体がふるえている。一心に教えに耳を傾けている人は身体に喜びが溢れているが、悲しみに泣き崩れている人は涙が滝のように流れている。

これらのことが肉体が心に左右されることである。

求道の人はこのようなことがない。肉体も心もその中に自在力を備えているからである。これを昔習得しなかったところを現在習得できたという。

また、次に求道の人が現わすところの身体の特徴はちょうど目に見えない塵のようである。この塵のような身体で数えきれない数のガンジス河にある砂の数に等しい仏国土を自由自在に訪れることができ、しかもその時に心はつねに動揺がない。

これが心が肉体に左右されないことである。また、これを昔達したことがないところに現在達しているという。

では昔達したことがないところに現在達しているとはどういうことだろうか。

未熟な修行者たちが達することができなかったところに求道の人が達したからである。未熟な修行者たちは神通力でわが身を原子のような塵に変えても、数えきれない数のガンジス河にある仏国土を自由自在に訪れることはできない。彼らの身体が動けば心も一緒に動く。ところが心は動かなくても求道の人の肉体はどんなところにも達しないことはない。

これを求道の人の心は肉体に左右されないといったのである。

また、次に求道の人はちょうど三千大千世界のようにわが身を化身させることができる。三千大千世界のような巨大な身体で一個の塵くらいの身体のなかに入っても、その心は塵のように小さくはならない。未熟な修行者たちは三千大千世界のようにわが身を化身させるが、その身体を目に見えない塵のような身体のなかに入れることはできない。このことを自力ではできない。ましてやそれができたとしても心を動かさないでおくことなどできるわけはない。

また、次に求道の人は一声で三千大千世界の人々にその声を聞かせることができるが、その際求道の人には自分の声をすべての世界の人々に聞かせようという気持ちがまったくない。人々がこれまで聞いたことがなかったことをいま聞かせることができたとしても、求道の人は聞かせようという気持ちは持っていない。もし人々に聞かせてやろうという気持ちを持っていたら、求道の人はブッダの最高のさとりを得ることはできまい。なぜなら、人々が聞いていないから説いて聞かせようという気持ちは俗世の心である。本当の求道の人にはこのような気持ちがまったくない。この意味から求道の人の肉体と心は互いに左右されないのである。

俗人の肉体と心は互いに左右されるが、求道の人はこのように左右されない。人々を教化するためにわが身を小さくしてみせても心まで小さくはしない。求道の人の心の本性はつねに広大であるからだ。反対に大きな肉体を現わしても心は大きくなっていない。

ところで大身とは三千大千世界のようなものをいい、小心とは幼児のような振舞をすることをいう。この意味から心は肉体に左右されない。求道の人は数えきれない昔から禁酒しているが、心は躍動している。心に悲しみや苦しみはないが、肉体は涙を流す。心に恐れがないのに肉体は身震いしている。

このように求道の人の肉体と心は自在であって、互いに左右されない。求道の人はただ一つの姿を見せているだけであるのに、人々はそれぞれの立場から求道の人をさまざまな姿を持つものと見ている。

また、次に求道の人は大妙寂の教えを修学して、昔聞かなかったことを現在聞くことができたとはどういうことだろうか。

求道の人はまずさまざまなものの声や音の特徴を聞き取ることができる。たとえば象の声、馬の声、車の音、人の声、貝の声、鼓の音、簫や笛など楽器の音、歌声、泣く声などさまざまな声や音を学んだ。これらの音や声を学んだことによって、三千大千世界のあらゆる地獄の世界の音声を聞き分けることができた。このような音声を学んだことで、それまでとは異なる耳の感受能力が得られ、未熟な修行者たちの超能力的な耳のはたらきとは異なっていた。未熟な修行者たちの耳の神通力は一度に三千大千世界のあらゆる生類の声を聞くことはできるが、数えきれない数のガンジス河の砂の数ほどの世界に住む生類の声を聞くことはできない。この点で求道の人の耳の能力は未熟な修行者のそれとは異なることがわかるだろう。

この違いによって昔聞かなかったことを現在聞くことができたのである。

求道の人は種々の音声を聞いても、しかも心にはじめてそれらの音声を聞いたという思いがない。求道の人は、存在している思い、常在している思い、安楽の思い、実在の思い、清浄の思い、主たる思い、従属している思い、はたらきの思い、本源となる思い、決定した思い、作られた思いなど、これらの思いをまったく持たない。このようなことから求道の人は昔聞かなかったことを現在聞くことができたといったわけである』

固定したものはない

これまでのブッダの説明を聞いて光明遍照菩薩は次のような考えを述べた。
『ブッダはただいま、求道の人は固定した姿や作られた姿などの種々の姿を現わさないと説かれたが、その意味は正しくないと考えます。なぜなら、以前に「もしこの大妙寂の教えをたとえ一字一句でも聞いたら、その人はかならずブッダの最高のさとりを得ることだろう」と説かれました。ところがブッダはいま
505a 固定したものはない、作られたものはないと言われました。もしブッダの最高のさとりを得たら、これは固定的な姿であり、すなわち得られた、つまり作られた姿ではないでしょうか。それなのにどうして固定したものはない、作られたものはないと言われるのでしょうか。邪悪な言葉を聞いたら、邪悪な気持ちが

起こり、邪悪な気持ちが起こると地獄のような苦しみを受けます。この地獄のような苦しみを受けるのは必然の結果でしょう。どうしてブッダの言われるように固定的なものや作られたものはないと言えるのでしょうか』

これを聞いたブッダは光明遍照菩薩を讃えて言われた。

『光明遍照菩薩、その質問はすばらしい。その問いに答えることにしよう。

もし説法やその時の音声に固定したものや作られたものがあったら、それは私の本当の姿ではない。それは悪魔の姿であったり、俗世のものの姿であったり、妙寂から遠ざかった姿である。なぜなら、私の説法の姿に固定したもの、作られたものはないからである。

刀を喩えにして考えてみよう。刀の刃に顔を映した時、縦に見ると顔が長く見え、横に見ると広く見える。もし固定したものであれば、縦では長く、横では広く見えるだろうか。このことから解るように私の説法の姿に固定したもの、作られたものはない。

菩薩、妙寂とはじつは声によって得られたものではない。もし妙寂が声によって得られたものであれば、妙寂は常住のものではなくなる。原因から生じたものは、原因がなくなれば結果がなく、反対に原因があれば結果があるのだ。原因は無常であるから、したがって結果もまた無常である。原因もまた自身を生みだした原因の結果であり、結果も次のものを生みだす原因となるからである。このことからすべてのものは固定した姿を持っていない。

もし妙寂がなにかの原因から生じたのであれば、その原因が無常であるから、結果である妙寂も無常となろう。妙寂はなにかの原因から生じたのでもなく、その本体は作られたものでもない。だからこそ妙寂は常住といわれる。だから妙寂の本体には固定した姿がなく、また作られた姿がない。

菩薩、しかしながら妙寂は固定した姿といわなければならない。また取得された姿といわなければならない。

ではなぜ固定した姿というのだろうか。それはすべてのブッダたちが取得した妙寂の境地は究極の常住であり、安楽であり、実在であり、清浄であるからだ。そこでは生まれることも、老いることも、死ぬこともない。あらゆる罪障も本心から取りのぞくならばかならずや妙寂を得ることができる。このようなことから妙寂は固定している。

菩薩、君は先ほど大妙寂の教えの一字一句でも聞いたら、ブッダの最高のさとりを得るだろうと私が説いたことについて質問したが、その意味を十分に理解していないようだ。いまそれについて解るように説明するので、よく聞きたまえ。

菩薩、もしある人が大妙寂の教えの一字一句を聞いても、文字を聞いたとか、文句を聞いたとか、声を聞いたとか、ブッダの姿を想ったとか、説法している姿を想ったとか、これらのことをまったく行なわなかったならば、それはすべての特徴を離れた姿である。その姿をもって妙寂の教えを修学すれば、ブッダの最高のさとりを得ることができるだろう。

505b 君は邪悪な言葉を聞いたら、地獄のような苦しみを受けると言ったが、それは正しくない。なぜなら、邪悪な言葉を聞いたら、かならず地獄の苦しみを受けるのではない。邪悪な言葉からもたらされる結果は邪悪な気持ちである。ところが善男善女の場合は邪悪な言葉を聞いてもかならずしも邪悪な心を起こすわけではないから、それによって地獄のような苦しみをかならず受けることはない。

また、人々は煩悩によって悪心がますます多くなり、ついに三悪道に堕ちることになるが、それは邪悪な言葉に因るわけではない。もし邪悪な言葉に固定的な特徴があれば、それを聞いた人は、みなかならず邪悪な気持ちを起こすはずであろう。ところが実際は起こす人もいるし、起こさない人もいる。したがって言葉に固定的特徴はない。固定的特徴がないから、これによって邪悪な気持ちがかならず起こるとは限らないのだ』

『世尊、言葉にもし固定的特徴がないなら、どうして求道の人は昔聞かなかったことを現在聞くことができたのでしょうか』

『光明遍照菩薩、言葉に固定的特徴がないからこそ、昔聞かなかったことを現在聞くことができるのである。ところで次に、昔見なかったことを現在見ることができるとはどういうことだろうか。

求道の人は大いなる妙寂の教えを修学して、まず光の特徴を知る。たとえば太陽・月・星・かがり火・燭・火の玉などの光、そして薬草などからでる光などがある。これらの光の違いを学んだことによって、三千大千世界のあらゆる地獄の世界の光を見分けることもできた。このような光を学んだことで、それまでとは異なる眼の感受能力が得られ、未熟な修行者たちの超能力的な眼のはたらきとは違っていた。未熟な修行者たちの眼の神通力では自分の眼を見ることができない。また、一度に三千大千世界のあらゆる生類の姿を見ることはできるが、数えきれない数のガンジス河の砂の数ほどの世界に住む生類の姿を見ることはできない。求道の人は超能力的な眼を習得せず、ブッダの三十二種の瑞相を見て、その姿は骨の集まりであると観察する。

また、ガンジス河の砂の数に等しい世界にある肉体を見ても、それらに肉体の特徴、存在している姿、常在している姿、物質の特徴、名称や形で表わされている特徴、なにかを作り出す因縁となる特徴があるとは見ない。また、見られる特徴があるとは見ない。その眼が言葉に尽くせない清浄な特徴を持つとはいわない。ただ肉体は因縁によるものか、因縁によらないものかだけをこの眼は見る。

では因縁とはどんなことをいうのだろうか。肉体は眼が見る対象である。もし肉体が見る対象とならなかったら、肉体を見る行為は起きないだろう。この意味から肉体を見る対象とする。

では見る対象にならないとはどんなことをいうのだろうか。求道の人が肉体を見ても、それに肉体の姿を感じないのを見る対象にならないという。この意味から求道の人が習得した清浄な眼は未熟な修行者の眼とは異なる。求道の人はこの異なる眼で一度に十方世界にいま存在しているブッダたちを見て取ることができる。これを昔見なかったことを現在見ることができるといったわけである。

505c 求道の人はこの違った眼で、肉眼で見ることができない塵さえ見ることができる。これは未熟な修行者たちにはできない。また、自分の眼を見ることはできるが、見るという思いがない。その眼はすべてに無常の姿を見、俗人の身体には三十六種の不浄が充満しているのを、ちょうど掌にマンゴーの実を見るように、はっきりと見ることができる。

人々の肉体を見たら、すぐにすぐれた能力の持ち主か下劣な能力の持ち主かを判別でき、ちょっとでもその人の衣類に触れるだけで、その人の性分が善なのか悪なのかを判別できる。一度見るだけで、皆知らなかったことを現在知ることができる。

以上のことによって昔見たことがなかったことを現在見ることができるといったのである。また、昔知らなかったことを現在知ることができるとはどういうことだろうか。

求道の人は俗人のむさぼりやおごりや無知などにまみれた心を知り尽くしているが、どんな心とかどんな心のはたらきとか詮索することがなく、またなにが俗人であるとか、なにが物であるとか詮索することもなく、第一にすべてのものは結局は空であると観察する。求道の人は一切は空の性質のものだと修学しているからである。

一切は空だと学んでいるから昔知らなかったことを現在知ることができたのである。

では知るとはなにか。私というものはなく、私のものはないと知ることである。また、人々にはみなブッダになる可能性があり、その可能性があるから、たとえ極悪人の一闡提や重罪人でさえ、悪心を捨てればみな将来ブッダの最高のさとりを得られると知ることである。

また、大妙寂の深奥な教えを学び、過去世にさかのぼって人々の生まれたところ、血筋・両親・兄弟・妻子・親族・友人、恨みを持つ人などに思いを馳せ、知ることである。一つ一つの知ることのなかに他と異なる知識がある。それは未熟な修行者の知ることとは異なっている。

ではなにが異なるのだろうか。未熟な修行者たちの知ることは過去世の人々の生まれたところ、血筋・両親・兄弟・妻子・親族・友人、恨みを持つ人などに思いを馳せて、それぞれを区別し、差別してその姿を知るのだが、求道の人はそういうことをしない。過去世の人々の種々の姿を知るのだが、区別や差別をして、その姿を見ようとせず、つねにもののあり方として空と観察する。

また、求道の人は大妙寂の深奥な教えを学び、他人の心を読み取る神通力で未熟な修行者たちのそれとは異なっている。

ではなにが異なっているのだろうか。未熟な修行者たちの一瞬の心のはたらきは人の心を知ることはで
506a きても地獄や餓鬼や畜生や神などの世界の生類の心を知ることはできない。ところが求道の人は一瞬の心のはたらきで地獄など六種の世界の生類の心を知ることができる。

以上のことから求道の人は昔知らなかったことを現在知ることができたと言ったのである。このように求道の人は大妙寂の教えを学び、第二の功徳を完成したのである。

慈心を捨て慈心を起こす

次に求道の人は大妙寂の教えを学び、どのようにして第三の功徳を完成したのであろうか。求道の人は慈しみの心を捨てて慈しみの心を起こす。彼が慈しみの心を起こす時、なにかの因縁によって起こるのではない。

では慈しみの心を捨てて慈しみの心を起こすとはどういうことだろうか。

菩薩、いわゆる慈しみのはたらきは世間のあり方である。ここの意味は世間のあり方としての慈しみの心を捨てて、世間を超えた第一義の慈しみの心を起こすことである。第一義の慈しみの心は条件があって起こるのではない。

また、捨てなければならない慈しみの心は俗人が起こす慈しみの心である。そして起こさなければならない慈しみの心は条件のない慈しみの心である。極悪人の一闡提の慈しみの心、重罪を犯した者の慈しみの心、大乗の教えを謗（そし）る者の慈しみの心などを捨てて、憐愍の慈しみの心、ブッダの慈しみの心、尊敬される聖者（阿羅漢）の慈しみの心、無条件の慈しみの心などを起こすべきである。

また、性的不能者、性器を持たない者、男女の性器を併せて持っている者、そして女性などの慈しみの心は捨てるべきである。また、屠殺や狩猟や養豚や養鶏を生業とする者の慈しみの心は捨てるべきである。また、自らの慈しみの心を見ず、他人の慈しみの心を見ず、習慣を守っている姿を見ず、習慣を破っている姿を見ない。憐れみの心を起こしているのだが、相手の人々の姿を見ない。苦しみを受けている者がいるのだが、受けている者の姿を見ない。このように区別し差別しない心を起こすのである。なぜなら、求道の人は、すべてのものはみな空であるという第一義の道理を学んでいる身体であるからだ。

これを求道の人は第三の功徳を完成しているという。

また、次に求道の人は大妙寂を学び、どのようにして第四の功徳を完成したのだろうか。

菩薩、大妙寂を学び、第四の功徳を完成するにあたり、十種の事が完成された。その十種の事とはなにか。

一つは根が深く、抜き取ることができないこと。

二つは自ら確信のある心を持つこと。
三つは福を生む田、つまり福田（ふくでん）であるか、福田でないかを見ないこと。
四つはブッダの国土浄化を学ぶこと。
五つは余っているものを取り除くこと。
六つは悪業の条件を断つこと。
七つは身体の清浄化を学ぶこと。
八つは世間のあらゆる事象を熟知すること。
九つは恨みや憎しみの心を持つ人から離れること。
十は物事の両極端を避けること。
次にそれぞれについて説明しよう。

第二十五章　修学すべき十種

怠けないこと

根が深く、抜き取ることができないという「根」とは怠けがないことである。怠けがないとはどんな根
506b
なのだろうか。それはブッダの最高のさとりの根である。つまりブッダたちの善の根本は怠けがない。怠けがないから他の善根もますます増大し、成長するのだ。善根が増大し、成長するから、あらゆる善の中で怠けがないことを殊勝という。

ちょうどあらゆる足跡の中で象の足跡を最上というように怠けがない生き方をあらゆる善行のなかで殊勝とするのだ。

あらゆる明かりのなかで日光を最上とするように、あらゆる王の中で転輪王を第一とするように、あらゆる河のなかでガンジス河・シンドゥ河・ヴァクシュ河・シーター河の四つの河を最上とするように、あらゆる山の中でヒマラヤを第一とするように、水中に咲く花のなかで青蓮華を最上とするように、陸に咲く花のなかでヴァールシカ（マッリカ）を最上とするように、あらゆる動物のなかでライオンを最上とす

るように、あらゆる鳥のなかでガルダを最上とするように、大きな体格を持つ者の中でラーファスラ王を最上とするように、二本足・四本足・多数の足の生類、また、足を持たない生類などのあらゆる生類の中でブッダを最上とするように、そしてブッダの教えの中で妙寂の教えを最上とするように、怠けがない生き方をあらゆる善行のなかで殊勝とする。

このことから怠けがない心の根は深く、堅固であり、抜き取ることができない。では怠けがないとなにが増大し、成長するのだろうか。

506c
信じるという根、正しい習慣の根、与えるという根、正しく理解するという根、忍耐の根、聞くという根、努力の根、記憶の根、注意の根、知慧の根などは怠けがない心によって増大し、成長する。だからついには深く、堅固で抜き取ることができないようになる。

不動の心を持つこと

次に自ら確信のある心を持つとはどういうことだろうか。

わが身に確かな安定した心が生まれることである。つまりこの身体は将来かならずやブッダの最高のさとりを得る器となるだろうという確信である。これは心についても同じである。狭い、小さな考えを持たず、未熟な修行者たちのような気持ちを持たず、邪悪な心、自分だけ楽しもうという心、この世間に満足する心などを持たず、つねに人々のために慈しみと憐れみの心を起こすことを心がけているのである。

このようなことが自ら確信のある心を持つという意味である。

差別しないこと

次に福を生む田であるか生まない田であるかを見ないとはどういうことだろうか。

ところで福を生む田、つまり福田とはなにか。それは外道の者が正しい習慣を守る修行状態からブッダの状態までを含めて福田という。もしある人が外道の輩は本物の福田とはいえないといったら、それは心が狭い。求道の人はあらゆる人々を見て、みな福田でない者はいないと見ている。なぜなら未熟な修行者たちとは異なる広大な立場から知見する境地を学んでいるからである。このような境地を学んでいる人であれば、どんな人々にも正しい習慣を守る者も破る者もいないと観察し、つねにブッダの教えの立場から平等に見るようになる。

布施に四種ある。これらを行なえばいずれも同じように幸せな報いを受ける。では四種の布施について説明しよう。

一つは与える人には汚れがなく、受ける人に汚れがある場合の布施。

二つは与える人が汚れていて、受ける人が汚れていない場合の布施。

三つは与える人も受ける人も汚れがない場合の布施。
四つは与える人も受ける人も汚れている場合の布施。
これら四種の中で、与える人に汚れがなく、受ける人に汚れがある場合の布施とは、与える人は正しい習慣を守り、教えをよく聞き、そしてものの道理を正しく理解する人で、知慧をもって布施すればすぐれた果報を得ることを知っている人である。受ける人は正しい習慣を守らず、誤った考えに取りつかれており、布施されてもそれによって幸せを得ることができない人である。

次の与える人が汚れていて、受ける人が汚れていない場合の布施とは、与える人は正しい習慣を守らず、誤った考えに取りつかれており、知慧をもって布施することがなく、したがって幸せを得ることができない人である。受ける人は正しい習慣を守り、教えを多く聞き、そしてものの道理を正しく理解する人で、知慧をもって布施すればすぐれた果報を得られることを知っている人である。

次の与える人も受ける人も汚れがない場合の布施とは、両者は正しい習慣を守り、教えを多く聞き、そ
507a してものの道理を正しく理解する人たちで、知慧をもって布施すればすぐれた果報を得られることを知っている人たちである。

次に与える人も受ける人も汚れている場合の布施とは、両者は正しい習慣を守らず、誤った考えに取りつかれており、知慧をもって布施することがなく、したがって幸せを得ることができない人たちである。

ここで汚れがないといったのはどういうことだろうか。それは与える行為も果報も本来ないことをもって汚れがないといったのである。もし与える行為や与えたことで得る果報があると考えたら、その人は正

しい習慣を破り、誤った考えに取りつかれた人である。

もし未熟な修行者たちの考えをかりて、与える行為も果報も本来ないというなら、それは正しい習慣を破り、誤った考えに取りつかれているといわなければならない。もし大妙寂の教えをかりて、与える行為も果報も本来ないというなら、それは正しい習慣を破り、誤った考えに取りつかれているとはいうべきではない。

求道の人は未熟な修行者たちとは違った境地から見るので、人々が正しい習慣を守っているかいないか、布施をする人と受ける人、そして布施の果報などそれぞれの事象をまったく見ない。この意味から求道の人は福を生む田と生まない田を見ないのである。

生類の幸せを願うこと

次にブッダの国を浄めるとはどういうことだろうか。

求道の人は大妙寂の教えを学んで、ブッダの最高のさとりに人々を導こうとするために殺生の行ないをまったく捨てた。

生きものを殺さない気持ちから、あらゆる生類と共に生活しようと願い、人々の長寿を願い、人々が大いなる実力を得て、そして神通力を得るようにという願いが起こった。この願いがさらに、来世でブッダとなった時もその国土のあらゆる人々の長寿を願い、人々が大いなる実力と神通力を得ることを願うところにまでつづいている。

求道の人は大妙寂の教えを学んで、ブッダの最高のさとりに人々を導こうとするために盗みの行ないをまったく捨てた。

この盗みをしない気持ちから、あらゆる生類と共に生活しようと願い、ブッダの国土の七宝がそこに住む人々の求めを満足させられるようにと願っている。この願いがさらに、来世でブッダとなった時に、その国土の七宝で人々の求めを満足させられるようにと願っている。

求道の人は大妙寂の教えを学んで、ブッダの最高のさとりに人々を導こうとするために邪淫(じゃいん)の行ないをまったく捨てた。

邪淫をしない気持ちから、あらゆる生類と共に生活しようと願い、人々からむさぼりやおごりや無知などの煩悩がなくなり、飢えや渇きなどの苦悩がなくなることを願っている。この願いがさらに、来世で
507b ブッダとなった時に、その国土の人々がむさぼりや怒りや無知などの煩悩を除き、飢えや渇きなどの苦悩がなくなることを願っている。

求道の人は大妙寂の教えを学んで、ブッダの最高のさとりに人々を導こうとするためにうそをまったく吐(つ)かない。

虚偽の言葉を吐かない気持ちから、あらゆる生類と共に生活しようと願い、草花や果樹や香木などを植えて、さらに人々に妙なる音楽を聞かせようと願っている。この願いがさらに、来世でブッダとなった時、

その国土に草花や果樹や香木などを植えて、人々がさらにこの上もない妙なる音楽を聞けることを願っている。

求道の人は大妙寂の教えを学んで、ブッダの最高のさとりに人々を導こうとするために二枚舌を使うことがない。

二枚舌を使わない気持ちから、あらゆる生類と共に生活しようと願い、人々と和合し、人々に正法を講義しようと願っている。この願いがさらに、来世でブッダとなった時、その国土の人々が和合し、ブッダの教えについて学びあうことを願っている。

求道の人は大妙寂の教えを学んで、ブッダの最高のさとりに人々を導こうとするために悪口を言うことがない。

悪口を言わない気持ちから、あらゆる生類と共に生活しようと願い、その世界の土地が掌のように平らかで、砂利や瓦礫や、茨や刺などがないように、人々の心が平等であることを願っている。この誓願の力によって、来世でブッダとなった時、その世界の土地が掌のように平らかで、砂利や瓦礫や、茨や刺などがないように、人々の心が平等であることを願っている。

求道の人は大妙寂の教えを学んで、ブッダの最高のさとりに人々を導こうとするために意味のない言葉をまったく捨てた。

意味のない言葉を捨てた気持ちから、あらゆる生類と共に生活しようと願い、人々の苦悩がまったくなくなることを願っている。さらに、来世でブッダとなった時に、その国土の人々の苦悩がまったくなくなることを願っている。

507c
求道の人は大妙寂の教えを学んで、ブッダの最高のさとりに人々を導こうとするためにむさぼりやねたみの気持ちをまったく捨てた。

むさぼりやねたみを捨てた気持ちから、あらゆる生類と共に生活しようと願い、人々からむさぼりやねたみや、殺害の気持ちや誤った考えなどがまったくなくなることを願っている。この願いがさらに、来世でブッダとなった時に、その国土の人々からむさぼりやねたみや、殺害の気持ちや誤った考えなどがまったくなくなることを願っている。

求道の人は大妙寂の教えを学んで、ブッダの最高のさとりに人々を導こうとするために危害を加える気持ちをまったく捨てた。

危害を加えない気持ちから、あらゆる生類と共に生活しようと願い、人々がみな慈しみと憐れみの気持ちを学び、一人っ子を見るような境地を得ることを願っている。この願いがさらに、来世でブッダとなった時に、その世界の人々がみな慈しみと憐れみの気持ちを学び、一人っ子を見るような境地を得ることを願っている。

求道の人は大妙寂の教えを学んで、ブッダの最高のさとりに人々を導こうとするために誤った考えをまったく捨てた。

誤った考えを捨てた気持ちから、あらゆる生類と共に生活しようと願い、人々がみな完全な知慧を得ることを願っている。この願いがさらに、来世でブッダとなった時に、その世界の人々がみな完全な知慧を得ることを願っている。

以上のことがブッダの国土を浄めるということである。

余りを除くこと

次に求道の人が肉体から生じる余りを取り除くとはどういうことだろうか。

余りによるものが三つある。一つは煩悩の余りによる報い、二つは余りによる業、三つは余りによる生存である。

煩悩の余りによる報いとはなにか。それは貪欲に染まれば、その報いが熟して地獄に堕ち、地獄をでても、かささぎ・おしどり・おうむ・ジーヴァンジーヴァカ・シャーリカー（舎利伽鳥）・鶪（げき）・魚・亀・猿・鹿・のろなどの畜生に生まれ変わることをいう。もし人に生まれても性的不能者、女、両性器を持つ者、性器を持たない者、淫らな女となり、また、出家しても殺生の重罪を犯す者となる。これを余りによる報いという。

また心深くに思いつめて、いつも怒りを持っているならば、その報いが熟して地獄に堕ち、地獄をでて
508a
も、睨（にら）む、触れる、噛む、刺すなどの力を持つ毒蛇、ライオン・虎・狼・熊・猫・狸・鷹・鷂（はしたか）などに生まれる。もし人に生まれても十六種の悪行をいつも起こし、出家しても盗みの重罪を犯す者となる。これを

余りによる報いという。

　また、道理に無知な生き方を義とする人は、その生き方の報いが熟して地獄に堕ち、地獄をでても、象・猪・牛・羊・水牛・蚤・しらみ・蚊・虻・蟻などの畜生となって生まれる。もし人に生まれても、耳が不自由であったり、眼が見えなかったり、口がきけなかったり、瘤（こぶ）ができたり、拘僂病（くるびょう）になったり、諸器官が不全になったりして教育を受けられなくなる。もし出家しても能力が愚鈍であるためにいつも殺生などの重罪を犯し、母や父を殺すなどの重罪を犯すことになる。これを余りによる報いという。

　また、おごりや侮りの気持ちを持つ人は、その報いが熟して地獄に堕ち、地獄をでても、糞ころがし・駄馬・ろば・犬・馬などの畜生となって生まれる。もし人に生まれても召使となり、貧しくて物乞いの生活をすることになろう。また、出家しても人々に軽蔑され、嘘や悪口を言うなどの罪を犯すであろう。これを余りによる報いという。

　以上のような報いを煩悩の余りによる報いというが、これを余りによるものという。これらの余りによる報いは大いなる妙寂の教えを学ぶならば、除くことができる。

　次に余りによる業とはなにか。それはすべての俗人の行為、未熟な修行者たちの行為などをいう。これらの余りも妙寂の教えを学ぶならば、除くことができる。

　次に余りによる生存とはなにか。尊敬すべき最高の聖者（阿羅漢）が彼のさとりを得、孤独なブッダ（縁覚）が彼のさとりを得ていて、悪業がなく、煩悩がなく、二つのさとりを現わす。これを余りによる生存という。

以上の三つの例はみな肉体から生じる余りによるものである。この余りは大妙寂の教えを学ぶならば、取り除くことができる。

身体を浄めること

次に身体の清浄化を学ぶとはどういうことか。

十種の善行の一つ、殺生しないという習慣を実行する場合に五つの心の違いがある。つまり下位の心、中位の心、上位の心、上の中位の心、上の上位の心の五つである。（これは八正道の正しい見解も同じである。）他の九種の善行にも五つの心の違いがあるので、これらの五つの心は信仰に入る最初の発心を表わしている。十種の善行を実行して五つの心をすべて成就したら、これこそ満足という。

このようにして百種の心を得たら、これを百福徳といい、百福徳を得たら、それでブッダの瑞相のなかの一つの瑞相を成就したことになる。このように発展して三十二種の瑞相を成就した身体を清浄な身体という。

次に八十種の二次的瑞相を得ようとする理由はなにか。

世間の人々は八十の神を信仰している。すなわち十二の太陽神、十二の大天、五大星、北斗星、馬神、
508b 惑星の神、パーラドヴァージャ（火星）神、功徳天、二十八宿星の神、地の神、風の神、水の神、火の神、

梵天、ルドラ神、インドラ神、クマーラ神、マヘーシヴァラ神、八臂天、パンジャラ神、鬼子母神、四天王の神々、書を作る神、ヴァス神などである。とにかく生類のためにと思って、これらの八十種の神々を信仰して功徳を積み、八十種の二次的瑞相を備えたのが求道の人の身体である。

なぜか。つまりこれらの八十種の神々はあらゆる生類が心服するところの神であるからだ。このような神々の瑞相を受けた求道の人の身体は不動である。生類は彼らの信じる神々を礼拝することで、信じる神々をとおして求道の人を見ることができ、見ることができたら生類はブッダの最高のさとりを得たいという気持ちを起こすであろう。だから生類のために求道の人は自らの身体を浄める努力をするのである。

ある人が王を招待しようとすることを喩えにしてみよう。招待しようとするために家の隅々を飾り、きれいに掃除するだろう。そしてさまざまな種類の料理を用意することだろう。このようにして王を呼ぶことになろう。

求道の人の場合もこれと同じである。最高のさとりを説法される王（ブッダ）を招こうとするために、まずわが身を調え、汚れをなくすであろう。そしてこの上もない教えを説く王はこのような求道の人のもとに現われるはずである。このことから求道の人は身体を浄めることに努力するのである。

また、ある人が甘露を飲もうと思う時には、かならずわが身を浄めるように、求道の人がこの上もない甘露の教えである完全な知慧を得ようとする時は、まず八十種の二次的瑞相をもってわが身を浄め、飾らなければならない。

また、めずらしい金銀製の器に清浄な水を注ぐと、水が表面も中身もみな澄み切って見えるように、求道の人の身体が清浄であることもこれと同じで、この中にブッダの最高のさとりの水を注ぐとさとりの水は表面も中身もみな浄くなる。

また、ベナレス産の絹の衣類が色に染まりやすいのは、その生地が純白だからであるが、それと同じように求道の人も身体がまったく清浄であるから、すぐにブッダの最高のさとりに染まることができる。

以上述べたようなことから、求道の人はわが身を浄める努力をする。

世間の事象を熟知すること

次に求道の人が世間のあらゆる事象を熟知するとはどういうことだろうか。

求道の人は物質の形を見ない、物質という対象を見ない、物質の本体を見ない、物質が現われるところを見ない、物質がなくなるところを見ない、物質が一つであるとか複数であるとかの数を見ない、見る側の者を見ない、形を見ない、見られる側の者を見ない。なぜなら、物質が存在するための原因と条件がどのようなものかを十分に知っているからである。感覚されるものはすべて物質と同じである。

これが世間のあらゆる事象を熟知しているという意味である。

大乗を謗る人を避けること

508c
次に恨みや憎しみの心を持つ人から離れるとはどういうことだろうか。

煩悩は求道の人々にとって敵である。求道の人はこれから離れようとつねに思っているが、輪廻の世界に住んでいる求道の人には種々の煩悩を見ても敵とは考えられない。なぜなら、方便によって、そして煩悩にもよおされて求道の人はこの世間に生まれてきたからである。生まれてきたから、ここで流転しながらあらゆる人々を教化しているのである。この意味で求道の人は煩悩を敵とは考えていない。

ではなにを敵と考えているのだろうか。大乗の教えを謗る者を敵とする。求道の人は憐れみの余り地獄・餓鬼・畜生の世界に生まれることを怖れていない。ただ大乗の教えを謗る者を怖れるだけである。

求道の人にとって八種の悪魔（肉体という悪魔、煩悩という悪魔、死という悪魔、鬼神という悪魔の四種と、世間は無常であると説く悪魔、世間は苦であると説く悪魔、世間には不滅のものはないと説く悪魔、世間は不浄なものばかりと説く悪魔の四種と合わせて八種）がいる。これらは敵である。この八種の悪魔を離れれば敵から離れることができる。

これが世間の憎しみや恨みの心を持つ人から離れることである。

両極端を離れること

次に物事の両極端を離れるとはどういうことだろうか。

両極端とは二十五種の迷いの生存と喉の渇きに似た五欲の煩悩をいう。求道の人はこれらを離れている。これを両極端を離れるという。

以上をもって求道の人は妙寂の教えを修学して、第四の功徳を習得したという』

ここで光明遍照菩薩は次のように質問した。

『世尊が説かれたように、求道の人が妙寂の教えを修学するには、これらの十種の修学を成就すべきことはよく理解できました。世尊は十種の項目の中で、九種は修学されたが、ただブッダの国土を浄めることだけはどうして修学されなかったのでしょうか』

『光明遍照菩薩、私は昔これらの十種をすべて習得していた。求道の人であれ、他のブッダであれ、これらの十種を習得していない者はいないはずである。世界が不浄なもので満ちている時にそこにブッダが出現されることはあり得ない。菩薩、ブッダが不浄なもので満ちている世界に現われると言ってはならない。そのように考えること自体不善であり、下劣なことである。私は決して娑婆世界には出現しないことをよく知っておくべきである。

ある人が

「この世界だけに太陽があり、月があるのであって、他の世界にはそれらは存在しない」

と言ったとしよう。このような言葉は正しい道理を述べているとはいえない。これはある求道の人が

「このブッダの国土は汚れに満ち、不浄であるが、他のブッダの国土は清浄で美しい」

と述べることに等しい発言である。

菩薩、この娑婆世界から西の方角に三十二個のガンジス河にある砂の数に等しいブッダの国土を通り過
ぎたところに無勝（みな勝れている）という世界がある。その世界を無勝という理由は、その国土のあら
ゆるものがきれいで平等であり、差別がまったくないからである。この西方の安楽世界のように、東方の
509a 満月という世界も同じである。私はこの国土に出現したことがある。ただ私はこの娑婆世界の人々を教化
しようと思って、いまここに出現して説法したのである。これも私一人がここに現われて説法したのでは
なく、これまで多くのブッダが出現されて説法されている。

したがって、ブッダでこの十種の事を習得されていない方はおられないのである。弥勒菩薩は誓いを立てておられるので、きたるべき時代にこの世界に出現されて、ここを清浄にし、教えで満たされることであろう。このようなことから、すべてのブッダが現われる世界で浄められ、教えで満たされないところはない。

第二十六章　妙寂の功徳と布施の功徳

また、次に求道の人は大妙寂の深奥な教えを修学して、どのように第五の功徳を習得するのだろうか。この教えを修学して第五の功徳を習得する時、次の五つの事を得る。

一つは五体が完全である。二つは辺鄙な地域に生まれない。三つは神々に加護される。四つは鬼神や沙門やバラモンなどに敬われる。五つは自分の過去世を知る神通力を得る。

これらの功徳は妙寂の教えの力によって得られるのである』

『世尊、ブッダはかつて善男善女たちが布施をしたら、これらの五つの功徳を成就するだろうと説かれたことがありましたが、いまどうして妙寂の教えの力によって得るといわれたのでしょうか』

『よし、よし。これに関していえば、その意味にそれぞれ違いがあるのだ。これについて解るように説明しよう。

布施をして得る五つの功徳は、不定であり、常在でなく、不浄であり、勝れておらず、たくさんではなく、汚れがないのではないのだ。その功徳を得ても人々を安楽にさせることがなく、他を憐れむ気持ちを起こさせることができない。ところが妙寂の教えによって得る五つの功徳は確定しており、いつまでもあり、清浄であり、勝れており、たくさんあり、汚れがない。すべての人々に利益となり、すべての人々を安楽にし、憐れみの心を起こさせる。

布施は飢餓を癒やすが、妙寂の教えは二十五種の迷いの生存につきまとう五欲の病を癒やす。布施は生死輪廻を繰り返すが、妙寂の教えは生死輪廻を断ち切り、繰り返させない。

人々は布施によって俗人のあり方に染まるが、妙寂の教えによると求道の人となれる。布施はあらゆる貧乏の苦しみを断ってくれるが、妙寂の教えはあらゆる善なる教えに貧しい人々を繋ぐ。布施には変化の状態があり、果報があるが、妙寂の教えによると、ブッダの最高のさとりを得て、変化の状態もなく、果報もない。

509b 以上のことを大妙寂の深奥な教えを修学して、第五の功徳を習得するという。

第二十七章　金剛三昧の力

また、次に大妙寂の深奥な教えを修学して、求道の人はどのようにして第六の功徳を習得するのだろうか。

求道の人は大妙寂の教えを修学して落雷のような力を持つ金剛三昧を習得する。そしてその中に安住し、あらゆる世間の事象を破る。つまりあらゆる事象を観察したら、みなそれらは無常であり、みな運動して止まないものと観る。それらはみな恐怖のもとになり、条件となり、病苦となり、強盗となり、一瞬一瞬に滅んでいくものであり、真実ではない。すべて悪魔の境界にあり、肉眼で見ることができない姿である。

ところが求道の人は金剛三昧に入ると、布施をしていても一人として相手を見ることがない。人々のために完璧な習慣を修めていたり、ないし満足な知慧を修めたりしても、一人として相手を見ることがない。もしだれか一人でも見ることがあったら、布施であろうと、知慧であろうと、満足すべき修行を成就することはできないであろう。

菩薩、ダイヤモンドを喩えにして説明しよう。ダイヤモンドは遮るものはなんでも破壊し、しかもダイヤモンド自体は少しも損傷しない。このダイヤモンドのように、金剛三昧を妨害するものはなんでも破り、しかも三昧自体まったく挫けることがない。あらゆる宝石のなかでダイヤモンドに勝る宝石がないように、求道の人が習得している金剛三昧もあらゆる三昧のなかで第一である。なぜなら、この三昧を修めれば、すべての三昧がこの三昧に収まってしまうからである。ちょうど転輪王のもとにもろもろの小国の王が服従するようにである。

たとえばある人が国賊となり、迫害されていたとしよう。別の人がその国賊を殺害したら、世間の人たちでその殺害した人のはたらきを称賛しない者はいないだろう。この殺害した人と同じように、金剛三昧も人々の敵を破るので、すべての三昧に崇敬される。

たとえばだれもかなう人がいないほど剛勇な人がいたとしよう。ところが彼よりさらに強い人が降伏させたら、世間の人たちはその人を称賛するであろう。金剛三昧の力も同じように降伏しがたいものを降伏させるので、すべての三昧が金剛三昧に従属する。

たとえば海で沐浴している人がいたとしよう。じつはその人は海だけでなく、それまで川や泉でも沐浴していたことはいうまでもない。求道の人も同じで金剛三昧を習得しただけでなく、それまでにこれ以外のあらゆる三昧を習得していたことはいうまでもない。

509c たとえば娑婆世界の北方に位置する香山（こうせん）にアナヴァタプタという池がある。この池から八種の味を含んだ水が流れ、これを飲んだ人たちの病は癒やされるという。これと同じように、金剛三昧は八正道を具足しており、これを実践した求道の人はあらゆる煩悩や病を断つことができる。

菩薩、マヘーシヴァラ神を供養すればすべての神々を供養したのと同じように、金剛三昧を修行すれば、これ以外の三昧を修行したのと同じである。

もしこの金剛三昧に安住したら、世間のあらゆる事象に遭ってもなんの障害も受けないだろう。掌の中でマンゴーの実を見るように世間の事象を見ることができても、求道の人はものを見たという思いがまったく起きない。

たとえば町の十字路に坐っていると、人々が往来したり、坐ったり、寝たりしている姿をはっきりと見られるように、金剛三昧を習得すると世間の事象の生滅や出没をはっきりと見ることができる。

たとえば高山に登って四方を遠く望むと下界がはっきりと見えるように、金剛三昧の山に登ってあらゆる世間の事象を遠く望むと、はっきりと洞察できる。

たとえば春、ほどよいころに降る春雨の水滴は微妙につながって隙間なく降っているように見えるが、見る人が見れば一滴一滴をはっきりと見ることができる。そのように求道の人も金剛三昧の清浄な眼で、遠く東方のあらゆる世界にある国土が成立しては滅ぶ状況のすべてを難なくはっきりと見ることができる。東方だけでなく、他の方角の世界でも同じである。

菩薩、二つの稜線を持つとあだなされるユガンダラという山に七つの太陽が一緒に昇ったら、その山のすべての草木が即刻焼き尽くされるように、金剛三昧を習得したら、あらゆる煩悩の森林は一瞬に消滅してしまう。

菩薩、たとえば落雷は世間にあるものはなんでも破壊するが、自分が破壊しているという意識を持たないように、求道の人は金剛三昧によって煩悩を断つが、求道の人自身は煩悩を断つという意識を持たない。

たとえば大地は万物を支えているが、自らの力によって物を支えているという意識がないように、また、火が物を焼くという意識を持たないように、水が物を潤すという意識を持たないように、風が物を動かすという意識を持たないように、空（そら）が物をすべて包み込んでいるという意識を持たないように、妙寂の教えが人々の迷いを取り除いているという意識を持たないように、金剛三昧によって求道の人はあらゆる煩悩を取り除くが、自分自身取り除いているという意識をまったく持たない。

もし求道の人がこのような金剛三昧に安住したら、ブッダのように一瞬の間に種々に変身することができ
510a
き、数えきれないほどの十方のガンジス河にある砂の数に等しいブッダの世界に生まれることができるだろう。このように変身できても、求道の人にはおごりや侮りの気持ちが微塵もない。それは求道の人が〈だれがこの金剛三昧によって変身できるだろうか。ただ私だけがこの三昧に安住して、変身できるのだ〉と思っているからである。

菩薩、この金剛三昧に安住して、一瞬の間に十方世界にあるガンジス河の砂の数に等しいブッダの世界に行き、そして再びもとの場所に戻ってこられる力があっても求道の人はそれができる力を持っていると思うわけでなく、いうこともない。それはこの金剛三昧の故ある力に負うからである。

菩薩、この金剛三昧に安住して、一瞬の間に十方世界にあるガンジス河の砂の数に等しい世界の人々の煩悩を断っても、求道の人の心に人々の煩悩を断ったという気持ちはまったくない。それはこの金剛三昧の故ある力に負うからである。

菩薩、この金剛三昧に安住して一声だけで説法しても、どんな種類の人々にも解るように伝わる。一つの肉体を見せても、どんな種類の人々にも識別できる姿を見せる。一ヶ所にいて、まったく移動していな

くても、人々はそれぞれいる場所で見ることができる。ただ一つの教えを説いていても、どんな感覚器官を通しても各人の理解する能力にしたがって、これを聞くことができる。

求道の人は、この金剛三昧に安住して人々を見てもその姿が心になく、男女を見ていてもその識別がなく、肉体を見ていてもその形を見ることがない。心を見るがその姿を見ることがない。日々昼夜の繰り返しを見ているがその繰り返しを見ない。あらゆる事象を見るがそれらの形を見ない。すべての煩悩の塊を見るが煩悩という姿を見ない。八正道を見ても正道という特徴がない。さとりを見るが、その特徴がなく、妙寂を見るがその特徴がない。

なぜか。すべての事象は本来特徴とか、形相を持たないからである。求道の人はこの金剛三昧の力によって世間のすべての事象は本来特徴がなく、形相がないことを見る。

ところでどうして金剛三昧というのだろうか。たとえばダイヤモンドを太陽光のもとにさらすと色がはっきりしないように、金剛三昧も大衆のなかでは特色がはっきりしない。だから金剛三昧という。

また、世間の人たちの間ではダイヤモンドの価値がつけにくいように、金剛三昧の力を人間界や神々の世界では評価することができない。だから金剛三昧という。

510b また、貧乏人がダイヤモンドを手に入れると貧困の苦しさや鬼神・病気などと無縁になれるように、この金剛三昧を習得したら、煩悩の苦しみや悪魔の誘惑から解放される。だから金剛三昧という。

以上のことから求道の人は大妙寂の教えを修学して第六の功徳を習得するという』

第二十八章＝妙寂を得る近道―四事

また、次に求道の人は大妙寂の深奥な教えを修学して、どのようにして第七の功徳を習得したのだろうか。

四つの近道と喩え

求道の人は妙寂の教えを修学してから、〈大妙寂の教えを得るための最短の道はなんだろうか〉と考えた。そうして求道の人は次の四つのことがもっとも近道であることに気付いた。世間では苦行を修めることが妙寂への近道だと教えているが、これは間違っている。それは次の四つのことをしないで妙寂を得ようとしているからであり、道理を無視しているからである。ではその四つのこととはなにか。

一つは善友と親しくなること。二つは一心にブッダの教えを聞くこと。三つは教えられたことを記憶し、よく考えること。四つは教えのとおりに実行すること。

菩薩、これら四つを喩えによって説くと次のようになる。

たとえばある人が病に罹り、熱がでたり、寒気がしたり、衰弱したり、下痢をしたり、また毒気に当たったりして医者にかかったとしよう。その医者は病状にしたがって薬を教える。病人は医者の教えを聞いて、薬を処方箋にしたがって飲む。そうすると病は癒え、身体は楽になる。

ここの病人は求道の人を喩え、医者は勝れた智者を喩え、医者の教えは大乗の教えを喩え、教えを受けることは大乗の教えの意味を考えることを喩え、教えにしたがって薬を合わせて飲むのは三十七種のさとりへの道を修行することを喩え、病が癒えることは煩悩がなくなることを喩え、楽になることは妙寂の究極の常住・安楽・実在・清浄の四つの徳を喩えている。

510c
また、たとえばある王が法にしたがって国民を治め、安楽にさせようと思ったとしよう。そこで王は多くの臣下にどのような法がよいかと諮問した。臣下たちは先の王が設けた旧い法を詳しく進講した。王はこれを聞き、その法を心から信じて、国を治めた。そのおかげでまったく歯向かう者はなく、国民は安楽に、そして悩みもなく過ごすことができた。

ここの王は求道の人を喩え、臣下たちは勝れた智者を喩え、臣下が進講した法は十二種の説法集を喩え、心から王が信じ実行したことは求道の人が心から十二種の説法集の深奥な意味を考えることを喩え、旧い法にしたがって国を治めることは六つの完璧な修行項目（六波羅蜜）を実践することを喩えている。歯向かう者がないとは一切の煩悩の悪党を離れていることを喩え、安楽に、そして悩みもなく過ごすとは妙寂の究極の常住・安楽・実在・清浄の四つの徳を喩えている。

ある人が癩（らい）病に罹ったとしよう。勝れた智者がこの病人に

「ヒマラヤの麓に行きなさい。そうすればこの病気は治ります。なぜなら、そこに甘露のような味がする妙薬があるからです。これを飲んだ人で治らなかった人はこれまでいません」

と告げた。病人はこれを心から信じて、ヒマラヤに行き、甘露の味がする薬草を見付け、飲んだので、その病気は治り、楽になることができた。

ここの癩病の人は俗人を喩え、勝れた智者は求道の人を喩え、心から信じたことは慈しみ、憐れみ、共に喜ぶ、平等の四つの心を喩え、ヒマラヤは正しい見解などの八正道を喩え、甘露の味はブッダになる可能性を喩え、病が治ることは煩悩がなくなることを喩え、楽になることは妙寂の究極の常住・安楽・実在・清浄の四つの徳を喩えている。

たとえばある人が多くの弟子を抱えていた。その人は聡明で該博な知識を持っていた。そして彼は昼夜をいとわず多くの弟子の教育に飽くことはなかった。このような人と求道の人も同じである。求道の人はすべての人々のなかに教えを信じない者がいようと、だれ彼なくつねに教化することに飽きず精進するのである。

菩薩、勝れた智者とはいわゆるブッダ、求道の人、未熟な修行者、大乗の教えを信じる者などをいう。

智者と親しくなること

ではなぜ勝れた智者というのだろうか。

勝れた智者とは人々に殺し・盗み・不倫・嘘・二枚舌・悪口・おべんちゃら・むさぼり・怒り・誤った見解などの十種悪行を止めるように教える人をいう。

また、勝れた智者とは教えのように説き、説いたように実行する人である。では教えのように説き、説いたように実行するとはどういうことだろうか。

それはまず自ら殺生しない、そして人に殺生してはならないことを教える。このようにして自ら誤った見解を捨て、ものをありのままに見ることを実行し、そして人にものをありのままに見ることを実行する
511a ように教える。このように行なう人を勝れた智者という。

自らよく理解し、また人々にもよく理解できるように教える。自らよく信仰し、正しい習慣を守り、布施を行ない、教えを多く聞き、真理を正しく理解すると同時に、他人にもよく信仰し、正しい習慣を守り、布施を行ない、教えを多く聞き、真理を正しく理解することを教える。このように行なう人を勝れた智者という。

また勝れた智者とは善を行なう人である。ではどのような善を行なうのだろうか。

彼はなすことすべてに自分の楽しみを求めず、いつも人々が楽しむことだけを求めている。他人の過ちを見ても決してその短所をあげつらうことがなく、いつも長所をあげて話す。

また、空に懸かる月が一日から十五日にかけて少しずつ明るさを増していくように、勝れた智者は徐々に学ぶ人たちの迷いを除き、正しい理解を深めさせる。

また、勝れた智者と親しくなれば、それまで正しい行動の規律、正しい心の保ち方、真理についての正しい理解などをとおして得る、迷いからの解放と解放したという確信がなかったのが、教えられてこれらを得るのである。十分に具足していなかったら、もっと倍して得ることができるだろう。勝れた智者に親しくしていればこそである。

親しくしていれば、さらに十二種の説法集の深奥な意味をはっきり理解できるであろう。

ブッダの教えを聞くこと

十二種の説法集の深奥な意味を聞くこと、これを教えを聞くという。

教えを聞くとは大乗の教えを聞くことである。これが真の教えを聞くことである。また、真の教えを聞くとは大妙寂の教えを聞くことである。この妙寂の教えのなかにブッダになる可能性についての教えがある。ブッダは結局は妙寂に入らないと聞くこと、これを心を専らにして教えを聞くというのだ。心を専らにして教えを聞くとは正しい見解などの八正道を実践することをいう。八正道を実践することでむさぼり・怒り・おごりを断ち切ることができる。これを教えを聞くといったのである。

教えを聞くとは十一の空について聞くことである。これら空の見方や考え方によって世間の事象はみなその姿や形を本来持たないことを聞くのである。

教えを聞くとははじめて信心を起こしてから、最後のブッダの最高のさとりを得るまでのすべての心をいう。はじめて信心を起こしたからこそ妙寂を得られる。聞いたから妙寂を得るのではない。修学したから妙寂を得るのである。

つまり病人は医者の指示や薬の名前を聞いただけでは病を癒やせない。薬を指示どおりに飲むことによって病が治ることと同じである。十二種の説法集の深遠な教えを聞いても、それだけでは煩悩を断ち切ることはできない。教えを記憶し、その意味を考えて実行した時に煩悩を断ち切ることができる。

教えを記憶し理解すること

では教えを記憶し、その意味を考えるとはどういうことだろうか。

世間のあらゆる事象は空であり、それ自身特徴がなく、したがって願望が起こらないと観察する三つの三昧を実践することをいう。就中（なかんずく）、事象が空であるとは、二十五種の迷いの生存はどれ一つとってもその
511b 実体を見ないと観察することをいう。願望が起こらないとは二十五種の迷いの生存になに一つとして願って求めたいものはないことをいう。特徴がないとはいわゆる色・光・声・音・香り・匂い・味・触りなど

の感覚される特徴とか、誕生・生成・変化・消滅などの特徴とか、男性・女性などの特徴とか、これらの十種の特徴が事象には本来見られないことをいう。

このように世間の事象を三つの三昧をとおして修学する教えを記憶し、その意味を考えるといったのである。

教えられたように行なうこと

では教えのように実践するとはどういうことだろうか。

満足すべき布施を実行すること、確実に習慣を守ること、徹底的に忍耐すること、つねに努力しつづけること、つねに心を一つ一つに集中すること、そして道理を完全に正しく理解することなどの六つの修行をいう。そして自分の身体と身体を取り巻く環境との関わりをありのままに知り、未熟な修行者であれ、ブッダであれ、みな唯一の仏道に処していて、しかも将来かならず妙寂を得る人たちと知ることである。

その教えとはなにか。それはブッダが常住であり、安楽であり、実在であり、清浄であり、生まれた人でなく、老いる人でなく、病む人でなく、死ぬ人でなく、飢えや渇きがある人でなく、苦しんだり悩んだりする人でなく、衰えたり消えたりする人でないという教えである。このようにブッダの大妙寂の深奥な教えを理解すれば、多くのブッダは結局は妙寂に入っていないのだと知るだろう。

勝れた智者とは

菩薩、次に真実の勝れた智者について説明しよう。

この智者とはブッダや求道の人のことをいう。なぜなら三つの方法で人々を調教するからである。三つの方法とは、一つは徹底的に優しい言葉を使う、二つは徹底的に叱る、三つは優しい言葉で叱るである。この三つの方法で人々を調教するから真実の勝れた智者という。

また、次にブッダや求道の人は偉大なる医者のようであるから真実の勝れた智者と呼ばれる。病についての知識があり、薬についての知識があり、病に応じて薬を与えるからである。たとえば名医は、八種類の薬の調合ができるという。まず病状を診る。それが風によるものか、熱によるものか、水によるものかを診察する。風による病には乳酪から得た蘇油を与え、熱による病には氷砂糖を与え、水による病には生姜湯（しょうがゆ）を与えるなど、病気の原因を調べて薬を与えて病を癒やす。

この名医のようにブッダや求道の人は俗人の病に三種あることを知っている。一つにはむさぼり、二つには怒り、三つには道理への無知である。むさぼりの病人には人の白骨体を観察させ、怒りの病人には慈悲に満ちた人の姿を観察させ、無知の病人には老と死の苦しみは十二項目の因縁関係から生じることを観察させる。求道の人はこのようなことをするから真実の勝れた智者と呼ばれる。

たとえば勝れた船頭は多くの人たちをうまく向こう岸に渡してやれるので、偉大なる船頭といわれるように、ブッダや求道の人は多くの人々を苦悩の大海から救いだすことができる。だから真実の勝れた智者といわれる。

また、ブッダや求道の人の導きによって多くの人々は善行の根を植えることができる。たとえばヒマラヤは不思議な、そして種々の薬草の根が張っているところであるが、ブッダと求道の人はヒマラヤと同じように、すべての善行の根を持っている。だから真実の勝れた智者と呼ばれる。

511c
菩薩、ヒマラヤのなかにシャーカという香り高い薬草がある。これを見るだけで、無病息災で長生きできる。どんな毒にも当たることがない。もしこの薬草に触れると、百二十歳までも長生きできる。もしこの薬草を念じていたら、自分の過去世を見る神通力を得る。これらはみなこの薬草の勢力による。

ブッダや求道の人はこの薬草と同じである。もしブッダや求道の人を見たら、自分の煩悩をすべて取り除くことができる。見た人の心を悪魔でさえ攪乱することはできない。もしブッダや求道の人に触れたら、短命であることはない。生死に浮沈することがなく、楽しみのところから苦しみのところに落ちることがない。ここにいう触れるとは、ブッダのもとで深遠な教えを聞くことをいう。もしブッダや求道の人をつねに思っているならば、ブッダの最高のさとりを得るであろう。だからブッダや求道の人をつねに思っていれば、ブッダの最高のさとりを得るであろう。このようなことからブッダや求道の人は真実の勝れた智者と呼ばれる。

菩薩、ヒマラヤの北側にある香山にアナヴァタプタという池があり、この池からガンジス河・シンドゥ河・シーター河・ヴァクス河という四つの大河が流出している。人々はみな、「もし罪があっても、この四つの大河のいずれかで沐浴したら、みな罪は洗い流される」

と言い伝えている。よいか、このような言い伝えは嘘であり、真実ではない。罪を除いたとして、そのあとなにを真実とするのだろうか。銘記すべきだ、ブッダや求道の人こそが真実であると。なぜなら、この人たちに親しく近付けば、一切の罪を取りのぞいてくれるからだ。このようなことからブッダや求道の人は真実の勝れた智者と呼ばれる。

菩薩、たとえば大地に生える薬草、さまざまな樹木・穀物・サトウキビ・草花などが旱魃（かんばつ）で枯れそうになった時に、ナンダとウパナンダの兄弟の龍王が生類を憐れんで大海から現われて雨を降らすと、みな生き返るようなことと同じで、人々もあらゆる善根を潰してしまい、枯れようとしている時に、ブッダや求道の人が慈悲の気持ちを起こして知慧の海から現われて甘露の雨を降らすと、人々はみなもとどおり行なうようになる。このようなことからブッダや求道の人は真実の勝れた智者と呼ばれる。

菩薩、たとえば八種の医術を習得している名医がいたとしよう。彼はどんな病人を診る時にも、その病人の生まれ・素行・好み・懐具合・経済状態とは関わりなく、病を治療し、完治させる。だからその名医は偉大なる名医といわれる。この名医のようにブッダや求道の人も人々の煩悩の病を診る時に、その病人の生まれ・素行・好み・懐具合・経済状態とは関わりなく、憐れみの心を起こして差別なく説法する。人々は聞きおわるとみな煩悩の病から癒やされている。このようなことからブッダや求道の人は真実の勝れた智者と呼ばれる。

この真実の勝れた智者に親しく近付くことで人々はみな大妙寂の境地に近付けるのだ。

教えを聞くとは

512a

では、次にどうすれば教えを聞くことによって大妙寂の境地に近付けるのだろうか。

人々はまず教えを聞くと、信じる力を得る。信じる力を得ると布施しよう、習慣を守ろう、忍耐しよう、努力しよう、心を静めよう、道理を理解しようという気持ちをすすんで持つようになり、最後にはブッダのさとりを得るまでに進む。だからこれらの善行を修めるようになるのはみな、教えを聞く行ないに導かれている。

喩えをもって説明しよう。ある長者に一人の子供がいた。長者は息子に他国で品物を売ってくるように頼んだ。他国に行くまでの行き止まりの道や近道を教え、その他注意事項を与えた。

もし淫らな女に出会ったら、つつしんで近付いてはならない。もし近付いたら、身の破滅を招き、果ては命も金も奪われるだろうと。また、悪人と交わってはならないと。子供は父が言ったことを忠実に聞き、守ると、身心とも心配事もなく、巧く商売ができ、多くの利益を得るだろうと。

このようにブッダや求道の人も、人々及び出家者や在家信者に種々の行き止まりの道や正しい道を示しながら、教えを説く。人々及び出家者や在家信者は教えを聞くことで、悪を離れ、善行を行なうようになる。このことから教えを聞いて大妙寂の境地に近付くことができるのだ。

また、たとえば曇りのない鏡に顔を映すとはっきりと見えるように、教えを聞くという曇りのない鏡も同じである。もしこの鏡に映してみると、善悪の区別をなんの陰りもなく見られるのだ。このことから教えを聞いて大妙寂の境地に近付くことができるのだ。

菩薩、ある見知らぬ人がめずらしい石がでる川の中洲を探していたが、道に不案内だったので、ある人に教えてもらった。その人が教えてくれたように行き、ついにその中洲に辿り着き、めずらしい石を数えきれないほど手に入れることができた。人々についても同じである。善が行なわれているところに行き、ブッダの道という宝を得たいと思って歩いていたが、行き止まりの道かそうでない道かに不案内であった。求道の人に道を案内されて、教示されたとおりに行き、善が行なわれているところに辿り着いた。そこで彼はこの上もない妙寂の宝を獲得した。このことから教えを聞いて大妙寂の境地に近付くことができるのだ。

菩薩、象が腹を立て目に映った生き物をみな殺害しようと荒れ狂ったが、調教師が大きな鉄の鉤（かぎ）を象の頭に立てると、すぐにおとなしくなり、殺害しようという気持ちがなくなった。これと同じで、人々はむさぼり・怒り・無知などに晦（くら）まされて数多くの悪事をするが、求道の人は教えを聞くという鉤をもって彼らの悪事を叩くので、ついには悪を作らなくなった。このことから教えを聞いて大妙寂の境地に近付くことができるのだ。

だから私は至る所で行なった説法の中で、弟子にひたすら十二種の説法集を聞き、記憶すればむさぼり・憎しみ・眠り・躁鬱（そううつ）・疑いという五つの心を覆う煩悩を離れることができ、そして次にはさとりを得るための七つの修行（七覚支）を実行すべきだと説いてきた。このさとりを得るための七つの修行を実行すれば、大妙寂の境地に近付くことができるのだ。

出家したばかりの人は、教えを聞くことによってもろもろの恐れから解放される。その理由について説

512b 明しよう。熱心な仏教信者であるスダッタ長者が重病に罹り、内心憂鬱（ゆううつ）であった。その長者に「はじめて信者になったばかりの人は四つの功徳（一つは善友と親しくなること。二つは一心にブッダの教えを聞くこと。三つは教えられたことを記憶し、よく考えること。四つは教えのとおりに実行すること）と十種の比喩（八種の医術を知る名医の喩え二例。船頭の喩え。シャーカという薬草の喩え。アナヴァタプタ池の喩え。ナンダ龍王兄弟の喩え。長者の息子の喩え。鏡の喩え。宝石を探す人の喩え）を聞くべきだ」と言って舎利子尊者が説いてくれたのを聞き、恐れや憂鬱の気持ちがすっきりと消えた。このことから教えを聞いて大妙寂の境地に近付くことができるのだ。

　とにかく教えを聞いてその教えに開眼するのである。世間には眼がない人、一眼しかない人、そして二眼ある人の三種の人がいる。

　就中（なかんずく）、眼がない人とはまったく教えを聞かない人をいい、一眼の人は教えを暫時聞いても、それを心に留めない人をいい、二眼ある人とは教えを真剣に聞き、聞いたことを実行する人をいう。教えを聞くことだけでも、世間にこのように三種の人がいることを知らなければならない。このことから教えを聞いて大妙寂の境地に近付くことができるのだ。

　菩薩、私は昔クシナーラの町にいたことがある。その頃、舎利子が重病に罹ったことがあった。その時、アーナンダ尊者に出し抜けに、

「アーナンダ、広く人々のために教えを説きたまえ」

と命じた。ところがこのことを舎利子尊者が聞きおよび、四人の弟子にむかって、

「君たち、私を寝具ごと担いでブッダのところに連れていってくれ。私は説法を聞きたい」
と告げたのである。四人の弟子は舎利子尊者を寝具ごと担いで行き、おかげで尊者は説法を聞くことができた。説法を聞いたおかげで舎利子尊者は苦しみがなくなり、身体が楽になった。このことから教えを聞いて大妙寂の境地に近付くことができるのだ。

記憶し熟考するとは

次に教えられたことを記憶し、よく考えることで大妙寂の境地に近付けるとはどういうことだろうか。よく考えることで心が煩悩から解放されるのだ。人々はいつも五欲に縛られているが、教えられたことを記憶し、それについてよく考えるならば、五欲から解脱できるのだ。このことから教えをよく考えることで大妙寂の境地に近付くことができるのだ。

また、人々はいつも常住・安楽・実在・清浄の四つのことに誤った考えを持っている。これらについてもよく考えてみると、世間のあらゆる事象は無常であり、楽がなく、実体がなく、不浄であることに気付くであろう。このように世間を見たら、四つの誤った考えを断つことができるであろう。このことから教えをよく考えることで大妙寂の境地に近付くことができるのだ。

また、世間の事象に四種の姿が見られる。一つは生まれるという姿、二つは老いるという姿、三つは病むという姿、四つは滅するという姿である。俗人から出家者の仲間に入ったばかりの人たちは、これら四つに大いに悩まされている。もし教えを記憶し、その意味をよく考えている人がいたら、その人はこれらの四つに出会ってもまったく苦しみを感じないであろう。このことから教えをよく考えることで大妙寂の境地に近付くことができるのだ。

また、どんな善いことも熟考して得られる。人が数えきれないほどの時間をかけて、しかも心を集中し
512c て教えを聞いたとしても、その教えを記憶し、その意味についてよく考えなかったら、最後までブッダの最高のさとりを得られないだろう。このことから教えをよく考えることで大妙寂の境地に近付くことができるのだ。

また、ブッダとブッダの教えと修行者の集まりという三つの柱は永久に滅びず、不変であると信じて、尊敬の気持ちを持つならば、その信じるという気持ちと教えをつねに考えている功徳によって、あらゆる煩悩を断つことができる。このことから教えをよく考えることで大妙寂の境地に近付くことができるのだ。

教えのような実践とは

次に教えのとおりに実行することで大妙寂の境地に近付けるとはどういうことだろうか。

菩薩、悪いことをしないで、善いことをする、これが教えのとおりに実行することである。また、世間

のすべての事象は空であって、自分の物として所有できるものなどなく、みな無常であり、楽がなく、実体がなく、不浄であると観察して、自分の身命を捨てても禁じられた規律を守り通すという姿勢を教えのとおりに実行することである。

実行することに、真実の実行と不真実の実行がある。まず不真実の実行とは妙寂とか、ブッダになる可能性とか、如来とか、修行者の集まりとか、ありのままの様相とか、虚空とか、これらの真相をまったく知らないで実行していることを不真実の実行という。では真実の実行とはなにか。妙寂とか、ブッダになる可能性とか、如来とか、修行者の集まりとか、ありのままの様相とか、虚空とか、これらの真相を知って実行していることを真実の実行という。

では、次に妙寂の特徴を知るとはどういうことだろうか。

妙寂の特徴に八つある。その八つとはなにか。一つは尽きていること、二つは善の性質であること、三つは実であること、四つは真であること、五つは常住であること、六つは安楽であること、七つは実在であること、八つは清浄であること、これら八つの特徴を持つのが妙寂である。

妙寂はまた八つの特徴を持っている。その八つとはなにか。一つは解脱そのものであること、二つは善の性質であること、三つは中身がないこと、四つは本物でないこと、五つは無常であること、六つは安楽がないこと、七つは実体がないこと、八つは不浄であること。

また、妙寂は六つの特徴を持っている。一つは解脱そのものであること、二つは善の性質であること、三つは中身がないこと、四つは本物でないこと、五つは安楽であること、六つは清浄であること。

右の妙寂の八つの特徴が意味することはなにか。もし人々が世俗のやり方で煩悩を断ったとしても、その解脱は本物ではない。なぜなら、その解脱は無常だからである。無常であるから中身がない。中身がないから、本物ではない。

たしかに煩悩を断ったとしても、本物でないからまた煩悩が起こることになる。だから本物の常住・安楽・実在・清浄がないのである。これを妙寂解脱の八つの特徴という。

では先の六つの特徴が意味することはなにか。

未熟な修行者は煩悩を断っているから解脱を得ているといわれる。しかしブッダの最高のさとりを得ていないので、中身がないといわれる。中身がないから、本物ではないことになる。しかし来世でブッダの最高のさとりを得るであろうと予想されるから、不定といわれる。汚れがない八正道を修めているから、身心共に清浄であり、安楽であるということができよう。

513a
このように理解することを妙寂を知るというのだ。ただ、それはブッダになる可能性・如来・教え・修行者の集まり・ありのままの様相・虚空を知っているとはいわない。

では、ブッダになる可能性の特徴を知るとはどういうことか。

ブッダになる可能性の特徴に六つある。一つは常在であること、二つは清浄であること、三つは中身があること、四つは善であること、五つはかならず見られること、六つは本物であること。また、七つある。一つは証明できること、あとの六つは右に挙げたことと同じである。

これがブッダになる可能性を知ることである。

次にブッダの特徴を知るとはどういうことか。

ブッダには真理に目覚めたという特徴があり、善そのものという特徴がある。また、究極の常住であり、安楽であり、実在であり、清浄であり、ブッダの解脱は真実そのものである。ブッダは真理への道を示す方であり、仰ぎ見ることができる方である。

これがブッダの特徴を知ることである。

次に教えの特徴を知るとはどういうことか。

教えには、善なるものと不善なるもの、常住のものと無常のもの、安楽のものと苦なるもの、実在のものと実在でないもの、清浄のものと清浄でないもの、知られるものと知られないもの、理解できるものと理解できないもの、本物と偽物、実行できるものと実行できないもの、先生が伝えたものと先生が伝えていないもの、中身があるものと中身がないものなどがある。

このように見ることを教えの特徴を知るという。

次に修行者の集まりの特徴を知るとはどういうことか。

修行者の集まりとは常住・安楽・実在・清浄であり、ブッダの弟子という特徴があり、見ることができる特徴を持っている。そして善にして本物の集まりであるが、中身がない。なぜなら、彼らはブッダへの道を正しく実践しているからである。ではなぜ本物というのか。教えの本性をよく理解しているからである。

このように見ることを修行者の集まり（僧）の特徴を知るという。

次にありのままの様相を知るとはどういうことか。

世間の事象には常住と無常があり、安楽と苦悩があり、実在と実在でないものがあり、清浄と不浄があり、善と不善があり、有と無があり、妙寂と妙寂でないものがあり、解脱と解脱でないものがあり、知られるものと知られないものがあり、断たれるものと断たれないものがあり、証明できるものと証明できないものがあり、実行できるものと実行できないものがあり、見られるものと見られないものがある。これをありのままの様相という。これは妙寂でもなく、ブッダになる可能性でもなく、如来でもなく、教えでもなく、修行者の集まりでもなく、虚空でもない。

このように大妙寂の教えを理解して、妙寂・ブッダになる可能性・如来・教え・修行者の集まり・ありのままの様相・虚空などの違いをはじめて知ることができる。

菩薩、求道の人は大妙寂の教えを実行するなかで虚空を見ない。なぜなら、ブッダや求道の人は肉眼・超自然の眼（天眼）・知慧の眼（慧眼）・教えの眼（法眼）・ブッダの眼（仏眼）などの五つの眼を持っているが、就中（なかんずく）、知慧の眼だけは虚空を見ることができて、他の眼は見ることができないからである。知慧の眼が見るものを教えの眼は見ない。だからこれを見るといったのである。

もし物がないところを虚空といったら、この虚空こそ中身がある虚空という。中身があるから〈つねに無〉という。〈つねに無〉であるからそこには安楽も、実在も、清浄もない。

513b 菩薩、空（から）とはものがないことをいい、ものがないことを空という。たとえばなにか物がなくなっていると、世間で空っぽというように、虚空の本性もこれと同じで、なにも所有するものがないから虚空というのである。

生類の本性と虚空の本性とは共に中身の性質がまったくない。それはちょうどそこにあったものを取り除いた後、空っぽになったということと同じである。しかし虚空の内容を作り出すことはできない。それは虚空自体がなにも所有しないからである。また、〈有る〉ことがないからである。しかし空っぽではないことを知っておくべきだ。この虚空の性質はもしいうとすれば、無常というべきだろう。しかしもし無常であれば、虚空といえなくなる。

菩薩、世間の人たちは「虚空は色がなく、遮ることがない、つねに変わらないもの」という。そこで世間では地・水・火・風に次ぐ、第五番目の世界の構成要素に虚空を挙げている。しかしこの虚空にはじつは本性がない。光を通すから虚空があるというが、じつは虚空はない。それはちょうど人々のために説いた世間の道理の本性はじつはないのだが、人々が理解できるようにと思って世間の道理があると説いていることと同じである。

妙寂の本体もじつは実在するところがない。ただブッダが煩悩を断ったところ、そこを妙寂といったのである。妙寂はすなわち究極の常住であり、安楽であり、実在であり、清浄である。妙寂は安楽であるといっても安楽を感受するわけではない。それは一切の煩悩が断たれたこの上もない、静寂の安楽である。

ブッダには二種類の安楽がある。一つは煩悩を滅した静寂の安楽、二つは一切を理解した覚悟の安楽である。

ありのままの様相自体に三種の安楽がある。一つはありのままに感受する安楽、二つは煩悩を滅した静寂の安楽、三つは一切を理解した覚悟の安楽である。

ブッダになる可能性には唯一の安楽がある。それは、将来見ることができた時に、それによって得るブッダの最高のさとりという、さとりの安楽である』

第二十九章　妙寂の真意はなにか

これまでの説法を聞いて、光明遍照菩薩はさらにブッダに訊ねた。

『世尊、煩悩を断ったら、その場で妙寂を得るのはおかしいと思います。なぜなら、ブッダは昔、さとりを開かれてから尼連禅河(にれんぜんが)の辺に行かれました。その時、魔王と従者たちがブッダのところにきて、

「世尊、妙寂に入る時がきました。どうして入らないのですか」

と詰問しました。これ対して、ブッダは、

「まだ弟子たちの中に、よく習慣を守り、聡明で知慧に富み、人々を正しく教化できる者が見当らないので、入ることができないのだ」

と答えられました。


ところでもし煩悩を断っていたら、それを妙寂といわれるならば、多くの求道の人たちはすでにはるか昔に煩悩を断っています。その人たちが妙寂を得たとどうしていえないのでしょうか。共に煩悩を断っていることではブッダと同じであるのに、ブッダだけに妙寂があり、これらの求道の人たちにはそれがないといわれるのでしょうか。もし煩悩を断つことが妙寂でないのであれば、かつてブッダはあるバラモンに、

「今、私のこの身は妙寂そのものである」

と言われたことを、どのように理解したらいいのでしょうか。

昔、ブッダはヴァイシャーリーの都におられたことがあります。そのおり、かの魔王がきて、

513c

「世尊、あなたは昔、まだ弟子たちの中に、よく習慣を守り、聡明で知慧に富み、人々を正しく教化できる者が見当らないので、妙寂に入れないのだといわれました。考えるに、弟子たちは現在ではみな修行を完成しています。それなのにどうして妙寂に入られないのですか」

と質問しました。その時、ブッダは、

「君、そんな心配をしなくてもいい。というのはこれから三ヶ月後に私は妙寂に入るからだ」

と即座に告げられました。

このことを考えると、世尊、もし煩悩を断つことが妙寂でなければ、どうしてブッダは自ら三ヶ月後に妙寂に入るだろうと予告されたのですか。もし煩悩を断つことを妙寂というのであれば、ブッダが昔、はじめて菩提樹の下で煩悩を断たれた時、どうして妙寂にお入りにならなかったのでしょうか。どうして三ヶ月後に妙寂に入ると予告されたのでしょうか。

世尊、もし三ヶ月後に自ら妙寂に入られるのであったら、どうしてクシナーラのマッラ族の人たちに今日の夜半から明け方の間に妙寂に入るだろうと告げられたのでしょうか。ブッダは誠実な方であるのに、どうしてこのようなちぐはぐなことを発言されたのですか』

ブッダに反抗する弟子たち

『菩薩、私の特徴の一つは偽りのない説法をすることである。したがって私は量り知れない昔から、まったく偽りの言葉を持たない。あらゆるブッダや求道の人たちの発言は誠実で、まったく偽りがない。

かつて魔王が私に妙寂に入ることを願ったと君は言ったが、じつはこの魔王は本当の妙寂がどんなものかはっきりと知らない。なぜなら、魔王は、人々を教化しないで黙っていることが妙寂の姿であるといったからだ。

たとえば世間の人たちはなにもいわず、まったくなにもしない状態を見て、死んだ状態と同じというように、魔王も私が人々を教化しないで黙って、なにも説いていない状態を見て、私が妙寂に入ったというだろう。

光明遍照菩薩、ブッダと教えと修行者の三つの柱には差別すべき特徴はないと私は説いたことはない。ただ、三つの柱が常在であり、不変であることで差別がないと説いているにすぎない。私はまた、ブッダ、及びブッダになる可能性と妙寂の三つに差別すべき特徴はないと説いたことはないが、ただ、三つは常在であり、不変であることで差別がないと説いているにすぎない。私はまた、妙寂と実相とは差別すべき特徴はないと説いたことはないが、ただ、二つはつねに実在であり、不変であるという点で差別はないと説いているにすぎない。

光明遍照菩薩、ある時、弟子たちの間で争いが起きたことがある。その原因はコーサーンビー国の悪い修行者にあった。私の教えに背き、禁じられている規則を犯し、出家者が手にしてはならない物を受け取ったり、利益をむさぼったり、信者に向かって、

「自分は一切の煩悩を滅し、聖者の位にある、最高の阿羅漢のさとりを得ている」

と自慢するような始末である。他の者を侮辱し、ブッダや教えや修行者の集まりを敬わず、正しい習慣を厳守している長老を尊敬しない。公の場所で

「ブッダはこのような物を蓄えることを許され、このような物は許されていない」

と言い触らす始末である。それも私のいる前で言っている。私が即座に、

514a

「そんな物を許した覚えはない」

と言うと、彼は私に向かって、

「これは確かにブッダが許されました」

と言い張った。

このような悪人は私の言葉をまったく信じない。このようなことがあったから、私は魔王に、

「君、そんな心配をしなくてもいい。これから三ヶ月後に私は妙寂に入るからだ」

と言ったわけである。こんな悪い修行者がいるために、説法を聞いて修行している弟子たちのなかに、私自身を見ることも、私の教えを聞くこともしないで、私が妙寂に入るという者がいるようである。未熟な弟子たちは私が妙寂に入ると言っているようだが、私は本当のところ妙寂に入ることはない。

ブッダは妙寂に入らない

私と共に修行している弟子たちの中に私が妙寂に入るという人がいれば、彼は私の弟子ではない。おそらく悪魔の仲間で、誤った考えを持つ悪人であり、正しいものの見方や考え方ができないであろう。もし「ブッダは妙寂に入らない」と言う人がいたら、彼は私の本当の弟子であり、悪魔の仲間ではない。正しいものの見方や考え方ができる人である。

光明遍照菩薩、はじめのころ私の弟子の中に、ブッダが人々を教化しないで、説法もせず、黙っている状態を妙寂だと考えている者はまったくいなかった。たとえば多くの子持ちの長者のことを考えてみよう。ある時、彼が子供たちを捨てて他国に行った。しばらくの間帰ってこないので、子供たちは長者が死んだと思った。しかし実際にはその長者は死んではいなかったのだが、子供たちは誤って死んでいるとばかり思い込んだ。

未熟な弟子たちもこの子供たちと同じである。私をしっかりと見ていないために、

「ブッダはすでにクシナーラの町のシャーラ樹林で妙寂に入られる」

と言う。本当は妙寂に入るわけではないが、弟子たちは妙寂に入るという考えを起こしている。

たとえばある人が明かりを覆ってしまったとしよう。そうとは知らない人は明かりが消えと思う。じつは明かりは消えてはいないのに、知らない人は消えたという考えを起こす。弟子たちもこの知らない人と同じである。目があっても煩悩で晦(くら)まされて、誤ってブッダの本当の姿を見ることができない。そして妄

りにブッダは妙寂に入るという考えを起こすことになる。私は実は妙寂に入るわけではない。

たとえば生まれつき目が見えない人は太陽や月を見ていない。見ていないので昼や夜、明るいとか暗いとかの特徴を知らない。知らないために太陽や月は実際にないという。目が不自由な人は太陽や月を見ることはないから、太陽や月は存在しないという考えを起こす。未熟な弟子たちも生まれつき目が見えない
514b 人のように、ブッダを見ていないのでブッダは妙寂に入るという。しかし私はじつは妙寂に入るわけではない。間違ってこのような考えを起こしている。

たとえば雲や霧が太陽や月を覆うと、愚か者は太陽や月がなくなったというが、じつはなくなったわけではない。ただちに覆ってしまっただけで、愚か者には見えなくなっただけである。未熟な弟子たちも煩悩のために知慧の眼が覆われてブッダをはっきりと見られなくなって、ブッダは妙寂に入るという。これは私が幼児のような所行を見せているだけで、妙寂に入るのではない。

中インドで太陽が沈むのを見られないのは黒山が邪魔しているからである。実際に太陽そのものは埋没していくわけではないが、人々は見えないので埋没するという考えを起こす。未熟な弟子たちも同じで、煩悩の山に邪魔されているので、私の身体をはっきりと見ることができない。見ていないので、ブッダは妙寂に入るという考えを起こす。しかし私自身は妙寂に入るのではない。

このような意味で、私はヴァイシャーリの都で、「三ヶ月後に私は妙寂に入るだろう」と魔王に言ったのである。

菩薩、私は静かにカッサパ菩薩の善根が三ヶ月後に熟するであろうことを見たり、また、スバドラ尊者

が雨期中香酔山に住して修行を終え、私のところにやって来るのを見ることができる。だから私は魔王に「三ヶ月後に私は妙寂に入るだろう」と言ったのである。

　鍛治屋のチュンダ青年やその仲間たち、及び五百人のリッチャヴィ族の人々やアンバパーリーという女が三ヶ月後にブッダのさとりを求める心を起こし、善根が熟するであろうことさえ見ることができる。だから私は魔王に「三ヶ月後に私は妙寂に入るだろう」と言ったのである。

　リッチャヴィ族のスナクシャトラは外道のジャイナ教などに近付いていた。私は十二年の間正しい教えを説き続けてきたが、彼は誤った考え方にとらわれ、私の教えに耳を傾けず、信じなかった。しかし私は彼の間違った考えの根も三ヶ月後には伐採されるだろうと確信した。だから私は魔王に「三ヶ月後に私は妙寂に入るだろう」と言ったのである。

　ところで光明遍照菩薩、かつて尼連禅河のほとりで、どういう理由で魔王に「私はまだ知慧のある弟子をもたない。だから妙寂に入ることができない」と告げたと思うか。それはその時、かつて五人の修行仲間であった者たちのためにベナレスの町ではじめ
514c て説法をしようと決心したからである。また、富豪の子たち五人、ヤサ、プンナ・マンターニプッタ、ヴィマラ、ガヴァンパティ、そしてスバーフのために説法しようと決心したからである。また舎衛城のウッガ長者など五十人のために、またマガダ国のビンビサーラ王をはじめとする数えきれない多くの人々や神々のために、また長男のウルヴェーラ・カッサパとその門徒五百人、次男のナディ・カッサパと三男のガヤー・カッサパとその門徒五百人のために、また舎利子と目連とその仲間二百五十人のために説法しよ

うと決心したからである。だから私は魔王に「三ヶ月後に私は妙寂に入るだろう」と言ったのである。

「涅槃」の語意を説く

光明遍照菩薩、妙寂といっても優れた妙寂とはかぎらない。どうして妙寂であってもすぐれた妙寂とはいわれないのだろうか。

ブッダになる可能性を見ないで煩悩を断つ。これは妙寂であるが、すぐれた妙寂とはいわない。ブッダになる可能性を見ないために、無常であり、実在ではなく、ただ安楽と清浄しかない。この意味で煩悩を断っているが、すぐれた妙寂というわけにはいかない。

もしブッダになる可能性を見て、そして煩悩を断ったのであればそれこそすぐれた妙寂ということができる。ブッダになる可能性を見たのであるから、その妙寂は常住であり、安楽であり、実在であり、そして清浄であるといえる。その意味で煩悩を断つことをすぐれた妙寂という。

妙寂の原語ニルヴァーナのニル（涅）とは「……を欠いた、……がない」（不）という意味で、ヴァーナ（槃）とは「織ること」（織）という意味である。織ることがないという意味で妙寂である。

また、ヴァーナは覆うことをいい、覆うことがないという意味で妙寂である。

また、ヴァーナは去来という意味で、去ることも来ることもないという意味で妙寂である。

また、ヴァーナは執着という意味で、執着しないという意味で妙寂である。

また、ヴァーナは不定という意味で、確かなことで、不確定なことがないという意味で妙寂である。

また、ヴァーナは新しいものと古いものとの二つの意味をいい、新しいもの・古いものがないという意味で妙寂である。

また、ヴァーナは障害という意味で、障害がないという意味で妙寂である。

また、ヴァイシェーシカ学派の開祖ウルーカ、そしてサーンキヤ学派の開祖カピラなどの弟子たちは、ヴァーナは形相という意味であって、ニルヴァーナは形相がないという意味で妙寂と説く。

よいか、菩薩、ヴァーナはあるという意味である。あることがないという意味で妙寂である。

また、ヴァーナは和合という意味である。和合がないという意味で妙寂である。

また、ヴァーナは苦しみという意味である。苦しみがないという意味で妙寂である。

菩薩、煩悩を断つことを妙寂とはいわない。煩悩を起こさないことが妙寂である。ブッダには煩悩が起こらない。それが妙寂である。あらゆる知慧は教えについてはまったく自在に知り、理解し、説くことができる。これがブッダである。ブッダは俗人でもなく、未熟な修行者でもなく、求道の人でもない。ブッダはブッダになる可能性と言い換えることができる。ブッダの身心に溢れる知慧は無量で無数の世界に満
515a ちて、自在である。これはまさしく虚空と同じである。常住で変化がないこと、これがブッダの実相、つまりありのままの姿である。この意味でブッダである私は結局は妙寂に入らない。

このように大妙寂の教えを修学して、第七の功徳を成就する。

第三十章　妙寂に近づくための諸行

また、次に光明遍照菩薩、どのようにして大いなる妙寂の教えを修学して、第八の功徳を成就することができるだろうか。

菩薩、大妙寂を修学すれば、五つの事を断ち、五つの事を離れ、六つの事を成就し、五つの事を修め、一つの事を守り、四つの事に親しみ、一つの真実を信じ従順となり、心の上でも解脱し、教えの理解の上でも解脱できる。

では、五つの事を断つという五つの事とはなにをいうのだろうか。いわゆる五蘊（五つの集まり）――肉体と感受・表象・意志・認識の四つの作用との、五事である。蘊とは生類をいつまでも輪廻させ、生類の重荷となって離れず、分散したり集合したり、過去・現在・未来にわたって相続し、その道理を知ろうとしても理解できないものをいう。このような意味を持つのが蘊である。

求道の人は肉体という集まりを見ているが、実のところその特徴を見ることはできない。なぜなら、物質的要素、つまり眼・耳・鼻・舌・身の五官とそれぞれが感覚する対象である色・声・香・味・感触の五つはみな、それらの特質を求めても把握することはできない。ただ世間のあり方にしたがって言葉でもって蘊（集まり）といったにすぎないからである。

また、感受作用についても同じである。感受作用に百八種ある。じつは感受作用を見ることができるが、その特徴を把握することはできない。なぜなら、感受作用は百八種あるといっても道理としてその実体はない。表象作用も意志作用も認識作用も同じである。

求道の人は五蘊が煩悩を起こす根本であると見るべきである。だから方便を駆使して五蘊から起こる煩悩を断つようにしなければならない。

ではどのようにして五つの事を離れることができるだろうか。

五つの誤った見解を取らないことである。五つとは身体に実体的自我が存在し、そしてすべての事物を自分のものであると執着する考え方、すべては断絶するとか常住であるとか極端に執着する考え方、因果はないという考え方、自分の考えに固執する考え方、他の宗教の戒律や誓いを守れば解脱できるとする考え方などをいう。これらの五つの誤った見解によって人々はさらに六十二種の見解を生じ、それら六十二種の見解に執着して迷い、輪廻を繰り返す始末である。だから求道の人はこれらの五つの誤った見解を起こさないようにし、それらの考え方に親しまないようにしなければならない。

では、次に六つの事を成就するという六つとはなにか。それは六念処（ろくねんじょ）である。一つはブッダを忘れずに念じること、二つは教えを忘れずに念じること、三つは修行者の集まりを忘れずに念じること、四つは天を忘れずに念じること、五つは施しを忘れずに念じること、六つは正しい習慣を忘れずに念じること。求道の人はつねに記憶しておくべきこれら六つを成就する。

では、次に五つの事を修めるという五つとはなにか。それは五定（五つの三昧）である。一つはすべてを知り尽くす三昧、二つは煩悩がまったく消え去った静かな三昧、三つは身心が快い安楽を感受する三昧、四つはまったく楽しむという感覚がなくなった三昧、五つはどのような煩悩でも打ち砕く力を持つ三昧。このような五種の三昧を習得したら、大妙寂に近付くことができる。

515b

では、次に求道の人は一つのことを守護するという一つとはなにか。それは菩提心、つまりブッダのさとりを求める心である。求道の人がこの心を守護する気持ちは一人っ子を大事に守るような気持ちと同じである。また、片目が見えない人が片方の眼を大事にする気持ちと同じである。また、荒野を旅する時に案内人を大事にする気持ちと同じである。求道の人はこの菩提心を守護するので、ブッダの最高のさとりを得ることができる。そしてそのさとりを得ると、究極の常住・安楽・実在・清浄を自然と備えることになる。すなわちこの上もない大妙寂を得ることになる。このようなわけで求道の人はこの菩提心の一つを大事に守護する。

では、次に四つの事に親しく近付くという四事とはなにか。それは四無量心をいう。一つは大いなる慈しみ、二つは大いなる憐れみ、三つは大いなる喜び、四つは大いなる公平。これらの四つの心を起こして、求道の人はあらゆる人々に菩提心を起こすように仕向ける。

では、次に一つの言葉を信じ、従順になるという一つとはなにか。求道の人はすべての人々はみな一つの道に寄って来ることを知っている。その一つの道とは大乗、つまり大いなる教えをいう。私は人々が理解できるように、これを三つに分けて説く。求道の人はこの教えに従って理解する。

では、次に心がよく解脱しているとはなにか。それはむさぼり・怒り・おごりの三つの心がまったくなくなっていることをいう。

では、次に教えを理解して解脱しているとはなにか。それはすべてのことを知り、まったく自在の境地にあることをいう。求道の人は教えを理解し解脱しているので、昔聞いたことがないことをいま聞くことができ、皆見たことがなかったことをいま見ることができ、皆達することができなかった所にいま達することができたのである』

第三十一章　心の解脱について説く

心は本来束縛されていない

その時、光明遍照菩薩はブッダに次のように申し上げた。

『世尊、ブッダがお説きになられた心の解脱について同意しかねます。なぜなら、心は本来束縛されていないと考えるからです。つまり心の本性はむさぼりや怒りやおごりなどの煩悩に束縛されていないはずです。もともとが束縛されていなければ、どうして心がよく解脱したといえるでしょうか。

世尊、もし心の本性がむさぼりなどの煩悩のために束縛されていなければ、どのような原因で束縛されるのでしょうか。たとえば角を切ってみても、そこに乳がでる特徴がなければいくら努力しても乳がでるわけがありませんが、乳首をしぼればちょっと力を加えるだけで乳がでてきます。これと同じで、心も本来むさぼりがなければ、どうしていまになってむさぼりが起こるのでしょうか。もし本来むさぼりがないのに後になって起こるのであれば、ブッダにも本来むさぼりがなかったのに、いまそのむさぼりが起こることがあるのでしょうか。

世尊、喩えていうと石女（うまずめ）には子を生む能力がありません。どんなに努力していろんな条件を加えてみても子を生むことはできません。これと同じで、心には本来むさぼりの特徴がまったくありません。どんな
515c 条件を与えたとしてもむさぼりを生じる理由は見当らないのです。

また、湿った木をどんなに錐揉（きりも）みしても火を起こせないように、心をどんなに錐揉みしてむさぼりを求めても、それを求めることはできません。

また、砂をどんなに絞っても油を得られないように、心をどんなに絞ってもむさぼりを絞りだすことはできません。とにかくむさぼりと心とはそれぞれ異なるものです。むさぼりというものがあっても心を汚すことは本来あるわけがありません。

また、世尊、ある人が杭を空中に打ち込んでも、家を建て住むことはできません。そのように心にむさぼりの杭を打ち込むことはできません。どんな条件をもってしてもむさぼりで心を束縛することはできません。

世尊、むさぼりがない心のあり方を解脱というなら、ブッダはどうして空中に刺さった棘を抜かれないのでしょうか。過ぎ去った心を解脱というのでもありません。いまだ起きない心を解脱というのでもありません。今の心も道理と合致していません。ではいつの心が解脱しているのでしょうか。それはちょうど過ぎ去った明かりは闇をなくすことはできず、まだ生じない明かりも闇をなくすことはできず、現在の明かりも闇をなくすことはできないようなことと同じです。なぜなら、明かりと闇の二つは同時にあることができないからです。心とむさぼりとの関係も同じです。どうして心が解脱することがあるでしょうか。

しかしながら世尊、むさぼりはじつにあるといわなければなりません。もしむさぼりがなければ、女の姿を見た時にむさぼりの気持ちを起こすことがありません。女の姿を見てむさぼりの気持ちが起こるのですから、そのことからむさぼりは確かにあると判ります。むさぼりがあるから三悪道に堕ちることがあると知るべきです。

世尊、たとえばある人が絵に描いた女を見てむさぼりの気持ちを起こして、種々の罪を犯したとしましょう。この場合、もし本来むさぼりという煩悩がなかったら、絵を見てもむさぼりの気持ちは起きなかったでしょう。もし心にむさぼりがなかったら、どうしてブッダは心の解脱を得たと説かれるのでしょうか。もし心にもともとむさぼりがあるならば、どうして姿を見てから、後でむさぼりの気持ちを起こしたり、姿を見ない人がどうしてむさぼりの気持ちを起こさないのでしょうか。私は今、現に悪の報いを受けていることを自覚しています。したがってむさぼりの煩悩があると認識します。このようなことは怒りやおごりの煩悩についてもいえることです。

これは喩えていうと、人々の今ある身体は実際は「私のもの」ではないのに、人々は「私のもの」とか「私というもの」があると考えています。そのように考えているのですから、いずれ三悪道に堕ちるはずなのに三悪道に堕ちないでいるようなことです。どうしてむさぼりを起こす人は女の姿がない所に女の姿を思い起こして、ついには三悪道に堕ちるのでしょうか。

世尊、それは木を錐揉みして火を起こすようなことと同じと考えます。火の性質はどの条件にも見当らないのに、どのような因縁で火が起こるのでしょうか。これはむさぼりについても同じです。色のなかにむさぼりは見当たりません。香りや味や感触のなかにもむさぼりは見当たりません。したがって色や香りや味や感触にどうしてむさぼりが起こるでしょうか。もしそれぞれの条件のなかにむさぼりがなければ、どうして俗人がむさぼりを起こし、ブッダはむさぼりを起こされないことになるのでしょうか。

世尊、心もまた不定です。もし心が定まっているならばむさぼりや怒りやおごりなどの煩悩はないとい
516a うべきでしょう。もし不定であれば、どうして心の解脱を得たといえるでしょうか。

むさぼりの煩悩も不定です。不定であればどうしてこれによって三悪道に生まれることがあるでしょうか。むさぼりとその対象との二つは共に不定です。なぜなら、たとえば一つの色を求めてむさぼりの煩悩が起こり、怒りの煩悩が起こり、おごりの煩悩が起こるからです。だからむさぼりとその対象との二つは不定です。もし不定であれば、どうしてブッダは「求道の人は大妙寂の教えを修得すれば心の解脱を得る」と説かれるのでしょうか』

心は束縛されず、また束縛される―ブッダの答え

これを聞いてブッダは光明遍照菩薩に次のように言われた。

『よし、よし。菩薩、心もむさぼりの煩悩に束縛されることはないし、また束縛されないのでもない。心が解脱するのでもなく、解脱しないのでもない。心はあるのでもなく、ないのでもない。心は今あるので

もなく、過ぎ去ったものでもなく、まだ生じていないものでもない。なぜなら、すべての事象はそれ自身の本性を持たないからである。

外道の人たちはこんなことを言う。

「原因と条件が融合すれば結果を生じることがある。あらゆる条件の中にもともと生じる性質がないのに生じることがあれば、生じることがない虚空が結果を生じることになる。生じることがない虚空はじつは原因とならない。ただ条件の中にもともと結果の性質があるから種々のものが集合して結果を生むことになる。その理由はこうである。提婆達多（だいばだった）が土壁（つちかべ）を作ろうとすれば、絵の具を使わず、泥を使うであろう。家を造ろうとすれば繊維を使わず、泥を使うであろう。このように人がなにを使うかによって、その使うものの中に結果を見ることができる。結果を見ることができるから原因の中にすでに結果の性質があると知ることができる。もし原因の中に結果の性質がなければ、一つの物からいろんな物を生みだすことになってしまうだろう。使うべき物、作るべき物、生みだすべき物があるから、条件の中にすでに結果があるのだ。もし結果の性質がすでになかったら、なにを使い、なにを作り、なにを生みだすのか判らなくなってしまう。ただ空を掴むようで使うこともなく、作ることもなくなる。したがってあらゆる物を出生するのはかならずその原因がすでにあるからだ。ニグローダ樹の種子にニグローダ樹があり、乳に醍醐があり、糸に布があり、泥の中に瓶がすでにあるようなことと同じである」と。

人々は道理について無知であるために、決まって次のようなことを言う。

「色という語に付着という意味がある。心にむさぼりの性質がある」と。

また、

「俗人の心にはむさぼりの性質と解脱できる性質がある。むさぼりの煩悩になにか条件を与えると心にむさぼりが起こり、解脱できる条件を与えると心は解脱する」と。

　このような考え方は間違っている。また、次のようなことを言う人々もいる。

「原因には結果は存在しない。ところで原因に二種類ある。一つは微細な原因、二つは粗大な原因。微細
516b な原因は常在のものであるが、粗大な原因は無常である。微細な原因から転じて粗大な原因が生成され、この粗大な原因から転じてまた結果が生成される。粗大な原因が無常であるから結果も無常である」と。

　また、次のようなことを言う人々もいる。

「心にも原因がなく、むさぼりにも原因がない。時節を待ってすなわちむさぼりや心が起こる」と。

　いま紹介したようなことを言う輩は心が起こる因縁についてなにも知っていないから、いずれ彼らは六道に輪廻して生まれ変わり死に変わりの苦しみを受け続けるであろう。たとえば犬に首輪を付けて柱につないでおけば、彼はその柱の回りを一日中めぐって離れることができない。その犬のように俗人も道理にくらい無知の首枷（くびかせ）を付けて生まれ変わり死に変わりの柱に縛られて、二十五種の迷いの生存を輪廻して離れることができない。

　また、厠（かわや）に落ちて、やっとの思いでそこから抜けだして、また落ちるように、病が癒えて、また、病の原因を作るように、道を歩いているうちに道なき荒野に出会い、その荒野をやっとの思いで通り過ぎて、また道なき荒野に出会うように、洗い流した後に、また泥で汚れるように、俗人も一切の煩悩をなくして、

まったく執着するものがなくなった境地になっても、まだ一切の意識のはたらきがない境地に達することができず、ついにまた三悪道に後戻りしてしまう。

なぜなら、俗人は物事の結果だけを考えていて、物事の起こる原因と条件がなにかを観察しない。ちょうど犬が動く塊を追いかけて人を追いかけない習性のように、俗人もただ結果の境地だけを気にして、そこに至るための原因と条件がなにかを観察しようとしない。原因と条件を観察しないために三悪道に後戻りしてしまう。

菩薩、私は原因の中に結果があるとか、原因の中には結果はないとか、原因の中にあるとないとの結果があるとか、あるのでもないとないのでもないという結果があるとかの説を決して説くことはない。もし原因の中にすでに結果があるとか、結果がないとか、あるとないとの結果があるとか、あるでもなくないでもないという結果があるとか述べる人がいたら、この人は悪魔の仲間であると知っておくべきである。悪魔とつながりがあり、悪魔の愛人である。このような愛人は永久に生死輪廻の束縛を断つことができないであろう。心の特徴やむさぼりの特徴がどんなものかを知らない輩である。

私はこれまで中道を示してきた。なぜなら、すべての事象はあるのでもなく、ないのでもないと説いてきたが、決定した言い方をしなかったからである。理由はこうである。眼という器官によって、色によって、明かりによって、心によって、記憶によって意識が生じる。この意識は決して眼の中、色の中、明かりの中、心の中、記憶の中にはない。また、中間にあるのでもない。あるのでもなく、ないのでもない。条件によって生じたのであるから、この場合、あるという。そしてそれらにはそれ自身の特徴となる本性がないのだから、この場合、ないという。だから私はすべての事象はあるのでもなく、ないのでもないと説いたのである。

私は心には清浄な性質及び不浄な性質があると説くことはない。清浄と不浄の二つの性質を心のなかに見出すことはできないからである。条件によってむさぼりの煩悩が起こる。だからないのではないというのだ。もともとむさぼりという性質は存在しない。だからあるのでもないというのだ。原因と条件によっ
516c て心はむさぼりの煩悩を起こすのであって、原因と条件によって心は解脱する。

心とむさぼりとの関わり

菩薩、原因と条件、つまり因縁に二つある。一つは生死に従う因縁、二つは妙寂に従う因縁である。とにかく因縁によって心はむさぼりと一緒に生じ、むさぼりと一緒に滅ぶこともある。むさぼりと一緒に生じ、むさぼりと一緒に滅ばないこともある。むさぼりと一緒に生じないで、むさぼりと一緒に滅ぶこともある。むさぼりと一緒に生じないで、むさぼりと一緒に滅ばないこともある。

ところで心がむさぼりと一緒に生じ、心がむさぼりと一緒に滅ぶとはどういうことだろうか。俗人がむさぼりの心を断たずにむさぼりを起こし続けるならば、彼の場合は心とむさぼりとが一緒に生じ、心とむさぼりが一緒に滅ぶことになる。生類はむさぼりの心を断たないので、心とむさぼりとが一緒に生じ、心

とむさぼりとが一緒に滅ぶのである。

では心がむさぼりと一緒に生じ、むさぼりと一緒に滅ばないとはどういうことだろうか。

因縁あってむさぼりを起こしたが、むさぼりの心に恐れを感じたので身体が白骨化するのを観察する修行を行なうのは、心とむさぼりとが一緒に生じ、一緒に滅ばないことに当たる。また、まだ四種の聖者のさとりを取得していなかったのが、因縁あってむさぼりの心を起こし、四種の聖者のさとりを取得することができたような場合は、むさぼりの心を滅ぼしたことと同じである。これは心とむさぼりとが、一緒に生じ、一緒に滅ばないことである。求道の人が不動の境地に到った時は、心はむさぼりと一緒に生じ、むさぼりと一緒に滅びない。

次に心がむさぼりと一緒に生じないで、むさぼりと一緒に滅ぶとはどういうことだろうか。

むさぼりの心を断ってから、人々のためにと思ってわざとむさぼりがあるように見せて、数えきれない数の人々に利益になる教えを受けさせ、理解させ、実行させる。これは心がむさぼりと一緒に生じないで、むさぼりと一緒に滅ぶ。

次に心がむさぼりと一緒に生じないで、むさぼりと一緒に滅ばないとはどういうことだろうか。

聖者（阿羅漢）や孤独なブッダ（縁覚）たちや不動の境地（不動地）に到った求道の人以外の求道者、それに私などの心境をいう。したがって私や求道の人たちは決して心の本性は本来清浄であるとか、不浄であるとか説くことはない。

菩薩、この心はむさぼりと融合しない。また、怒りやおごりの煩悩とも融合しない。たとえば太陽や月

が煙や塵、雲や霧、ラーフという星などに覆われると、人々は太陽や月を見ることができない。見えない
517a からといっても、太陽や月そのものが煙などの五つの覆っているものと融合したわけではない。これと同じように、心も因縁によってむさぼりの煩悩を起こす。人々はこれを心とむさぼりが融合しているというが、心そのものは実際はむさぼりと融合しているわけではない。もしむさぼりを起こした心にむさぼりの本性があれば、もしむさぼらないことがむさぼらないという性質のものであれば、むさぼらない心はむさぼりを起こすことはできないはずである。むさぼりの煩悩を起こした心はむさぼらないでいることはできないはずである。

　この意味からむさぼりが心を汚すことはできない。私は永くむさぼりの煩悩を断っている。だからこれを心の解脱を得たという。人々は因縁によってむさぼりの煩悩を起こし、因縁によって心の解脱を得る。たとえばヒマラヤのけわしい絶壁に作られた狭い道は人と猿が並んで通ることはできない。場所によっては猿だけが通れて、人が通ることができない所もある。また、人と猿が並んで通ることができる所もある。人と猿が並んで通れるところで猟師が猿を捕えるために膳の上に鳥黐（とりもち）と膠（にかわ）を載せて置くと、愚かな猿はそれを手で取ろうとする。握ると手が粘（ねば）ついて、離そうと鳥黐や膠を足で踏む。すると足も粘ついてしまう。足を離そうとするために口でこれらを噛むと口も粘ついてしまう。このようにして五つのところがみな粘ついて離れることができなくなってしまう。この状態になった猿を杖で担いで猟師は帰宅する。

　この喩えでは、ヒマラヤのけわしい場所はブッダが得た正道を喩えとしており、猿は俗人のことで、猟師は悪魔のことで、鳥黐と膠はむさぼりのことである。人と猿とが並んで歩けないというのは俗人と悪魔

が一緒にいられないことを喩えている。猿が通り、人が通れないとは、外道の智者を悪魔たちが五欲で誘惑しても束縛できないことを喩えている。人と猿が並んで通れるとは、俗人及び悪魔が煩悩に迷い、修行ができないことを喩えている。俗人は五欲に縛られていて、悪魔に勝手気ままにさせている。ちょうど猟師が猿を鳥黐で捕えて担いで帰宅する様子に似ている。

光明遍照菩薩、たとえば国王は自分が統治する領域に住んでいれば身心共に安楽にしていられるが、もしそうでない領域に住んだら、苦しみを味わうことになる。人々もこれと同じで、自分の境界に住んでいれば幸せに暮らすことができるが、他人の境界に住むと、邪魔者に出会い苦しみを味わうことになる。ここでいう自分の境界とは四つのつねに憶念しておくべきこと、つまり四念処をいい、他人の境界とは五欲をいう。

では悪魔に縛られるとはどういうことだろうか。

それは無常なものを常在すると見たり、常在するものを無常と見たり、苦を楽と見たり、楽を苦と見た
517b り、不浄なものを清浄と見たり、清浄なものを不浄なものと見たり、実在でないものを実在と見たり、実在のものを実在でないと見たり、真実の解脱でないものを無理やり解脱と考えたり、真実の解脱を解脱でないと考えたり、本当の乗物でないのを乗物と見たり、本当の乗物を乗物でないと見たりするような人は悪魔に縛られている。悪魔に縛られている人の心はなにかにとらわれている。

光明遍照菩薩、世間の事象は嘘いつわりがなく、総体・個別の両面で決まった特徴があると見る人は、物質を見たら物質の特徴を作り上げ、感覚し、意識したら意識したものの特徴を作り上げる。また男を見

たら男の特徴を、女を見たら女の特徴を、太陽を見たら太陽の特徴を、月を見たら月の特徴を、年齢を聞いたら年齢の特徴を、身体を構成する要素を見たらその要素の特徴を、五官を見たらその特徴を、身体を取り巻く環境を見たらその環境の特徴を作り上げる。このようにして世間の事象を見る人は悪魔に縛られている。

また霊魂は肉体であり、肉体の中に霊魂があり、霊魂の中に肉体があり、肉体は霊魂に付属すると見たり、霊魂は感覚のはたらきであり、感覚のはたらきの中に霊魂があり、霊魂の中に感覚のはたらきがあり、感覚のはたらきは霊魂に付属すると見るような人は悪魔に縛られている。

今まで述べてきたような人は私の弟子ではない。

私の教えを聞いて修行している弟子たちには私がかつて説いた十二種の説法集から離れ、外道の典籍に親しみ、世俗から離れた静寂の出家修行を修めず、在家の生活と同じ営みをしている者がいる。では彼らの在家の生活を説明しておこう。

それは召使、田畑や家、象や馬、車、ラクダ、鶏や犬、猿、猪や羊、種々の穀物などを所有し、師匠や先輩と疎遠になり、在家者と親しくなり、教えに違反して生活する。時には「ブッダは我々修行者にこれまで所有してはならない物を所有してよいと許された」と言いだす始末。こんなことをしている者を在家の営みをしている弟子という。

弟子の中に解脱のためでなく、自分の利養のために私がかつて説いた十二種の説法集を読んだり、聞いたりして、信者たちが平等に施してくれた食べ物や衣類などをわが物のように扱ったり、食べたりしている者がいる。他の人たちの様子を妬んだり、他人が称賛されるのを嬉しく思わなかったり、国王や王子たちと親しくなったり、吉凶を占ったり、月の満ち欠けで占ったり、囲碁や双六や博打や矢投げ遊び（投壺）などをしたり、尼僧や処女に近付いたり、未成年の出家者を付け人にしたり、肉料理を作ったり、飲み屋に出入りしたり、不可蝕民が住んでいるところで遊んだり、いろいろな物を販売したり、自分で食事を用意したり、使いの者を使って伝言したり、返事を受けてこさせたりするような人は悪魔に縛られている。私の弟子ではない。

　このようなことを考えて見ると、心はむさぼりと一緒に起こり、心はむさぼりと一緒に滅ぶということになる。同じように無知という煩悩は心と一緒に起こり、心と一緒に滅ぶことになる。このことから心の本性は不浄であり、また不浄でないともいえる。だから私は心の解脱を得たと説いたのである。

517c
　もしすべての所有してはならない物を蓄えず、受け取らず、妙寂に入るために十二種の説法集を記憶し、読み、唱え、書写し、人々に解説するならば、その人こそ私の本当の弟子である。この人は悪魔の領域をさまようことはなく、つねにブッダのさとりへの三十七種の修行を修めるであろう。これを修行するならば、その人の心はむさぼりの煩悩を起こさず、その心はむさぼりと一緒に滅ぶことはなくなる。

　以上のことをもって求道の人は大いなる妙寂の教えを修めて第八の功徳を具え、完成するという。

第三十二章　妙寂へ近づくための五事

光明遍照菩薩、次に求道の人はどのようにして妙寂の教えを修めて第九の功徳を具え、成就するのだろうか。

求道の人は妙寂の教えを修めて、最初に五つの事を成就する。この五つとは、一つは信心、二つは素直な心、三つは習慣、四つは善良な友人と付き合うこと、五つは教えを多く聞くことである。

信心を起こすこと――五事の一

では、信心とはどういうものだろうか。

それはまず三つの柱（三宝）を信じること、施せば果報があることを信じることである。次に二諦、つまり真実の見方と世俗の見方があることを信じること、そしてブッダの教えは種々あるのでなく、唯一であり、人々が早く解脱を得ることができるようにとブッダが用意した三つの教えの乗物（三乗）を信じることである。

簡単にいえば、聖者（阿羅漢）が見る第一義の見方と人々を導くために設けられた方便の見方があることを信じる。これが信心の意味である。

このように信心を確実にした人をどんな沙門・バラモン・魔・梵天、あるいは生類（しょうるい）でも悪に誘惑することはできない。この人はこの信心を持つことで聖者（阿羅漢）としての素質を獲得するようになる。

また、施しを繰り返すならば、施し物の量の多少にかかわらず、妙寂に近付き、生死輪廻（しょうじりんね）を繰り返すことがなくなる。これは正しい習慣を身に付け、教えを多く聞き、知慧を得ることによっても同じである。

これを信心という。

この信心はあるといっても外見できることではない。

素直な心を持つこと——五事の二

では、素直な心とはどういうものだろうか。

それは悪を質（ただ）した、素直な心をいう。人々は事に遇えばすぐへつらいの心を起こすが、求道の人にはそれがない。なぜなら、世間に起こる事象はみな因縁によって生じることをよく理解しているからである。

518a 求道の人は人々のさまざまな悪行や過ちを目の前で見ても、これについてとやかくいうことがない。とやかくいうと種々の煩悩が自らの心に生ずる恐れがあるからである。煩悩を起こしたら、それこそ三悪道に堕ちる。

このように考える求道の人は人々が彼ら自身にわずかでも善なるものを見ることがあれば、それを心から称える。その善なるものとはブッダになる可能性である。ブッダになる可能性を称えてやると、それによって人々はブッダの最高のさとりを求める気持ちを起こす』

光明遍照菩薩の意見と質問

ここまでブッダが説明するのを聞いた光明遍照菩薩は次のような考えを申し上げた。

『世尊、ブッダは今、求道の人たちは人々の中にブッダになる可能性があることを称えてやると、ブッダの最高のさとりを求める気持ちを起こすとお説きになりましたが、それには賛成できません。その理由はこういうことです。

ブッダははじめて妙寂の教えを説かれた時に、これを聞く人が三種ある、と喩えを使って言われました。

一つはある病人が名医や良薬、あるいは看病してくれる者などに出会うと病は早く治り易いが、もし出会わなかったら、治ることがない。二つは出会っても出会わなくても治らない病もある。三つは出会っても出会わなくても自然にかならず治る病もある。

教えを聞く人の場合もこれに似ている。もし善良な友人やブッダや求道の人たちに出会い、すぐれた教えを聞いたら、すぐにブッダの最高の悟りを求めようという気持ちを起こすだろうが、出会わなかったら、そんな気持ちは起こらないだろう。たとえば未熟な修行者たちがこの部類に入る人たちである。もし善良な友人やブッダや求道の人たちに出会い、教えを聞いたとしてもさとりを求める気持ちを起こすことがなく、出会うことがなくても起こすことがない人がいる。その人を極悪人の一闡提という。次に出会っても出会わなくてもかならずブッダの最高のさとりを求める気持ちを起こす人がいる。その人は求道の人である」と。

このようにお説きになりました。

ところで出会う出会わないにかかわらずかならずブッダの最高のさとりを求める気持ちを起こすと説かれたのですが、ブッダは先ほど

「ブッダになる可能性があることを教え、称えてやると、人々はブッダの最高のさとりを求める気持ちを起こす」

と言われたのをどのように理解したらよいのでしょうか。

世尊、もし善良な友人やブッダや求道の人たちに出会って、すぐれた教えを聞いても、また出会うことがなくても、ブッダの最高のさとりを求める気持ちを起こすことができないならば、この考えも矛盾すると考えられます。なぜなら、この人の場合は将来ブッダのさとりを得ることができると思われるからです。極悪人の一闡提の場合でも、ブッダになる可能性があるという理由で、教えを聞かないにもかかわらずか

ならず将来のさとりを得ることが可能です。

世尊、ブッダがお説きなる極悪人の一闡提とはどんな人をさしておられるのでしょうか。もし善根を断ち切ってしまっている者と言われるのであれば、これも問題となります。なぜなら、彼はブッダになる可能性を断ち切っていないという矛盾があるからです。ブッダになる可能性は道理として断つことができないものだからです。どうしてブッダは極悪人の一闡提はあらゆる善根を断ち切っていると言われたのでしょうか。

518b

昔、ブッダには十二種の説法集がありました。その中で善に二種あると説かれました。一つは常在の善、二つは無常の善と。ここで常在の善とは断ち切れない善をいい、無常の善とは断ち切れる善をいうと説かれました。無常の善は断ち切れるので、いずれ地獄に堕ちることになります。常在の善は断ち切れないから、どうして地獄に堕ちないようにできないのでしょうか。ブッダになる可能性を断ち切ることはできないのだから極悪人の一闡提とは異なります。このようなことを考えてみると、極悪人の一闡提をどのように考えておられるのか疑問です。

世尊、ブッダになる可能性があるだけでブッダの最高のさとりを求めようという気持ちを起こすのであれば、なぜブッダは人々のためにわざわざ十二種の説法集をお説きになったのでしょうか。

たとえば四つの大河がアナヴァタプタ池から流れでているのに、これらの川は大海に流れ込むのではなく、アナヴァタプタ池に逆流するといったら、こんな道理は考えられません。これと同じように、ブッダになる可能性を持つ人は教えを聞いても聞かなくても、守るべき習慣を修めていてもいなくても、施しをしてもしていなくても、修行をしていてもいなくても、知慧があってもなくても、みなかならずブッダの最高のさとりを得るはずです。

また、ウダヤナ山を喩えにして考えてみます。この山から昇り、真南にきた時に太陽が西に行かず、また東に戻ろうと考えたとしたら、こんな道理はあり得ません。同じようにブッダになる可能性があるならば、教えを聞かなくても、守るべき習慣を修めなくても、施しをしなくても、修行をしなくても、知慧を得なくても最高のさとりを得ることは当然であるはずです。

世尊、ブッダは因果の本性はあるのでもなく、ないのでもないと説かれましたが、これも疑問です。なぜなら、喩えていえば、乳の中にヨーグルトの性質がなければ、ヨーグルトは生じないのです。ニグローダ樹の種子に十五メートルの高さになる性質がなかったら、十五メートルの高さのニグローダ樹になれません。このようにブッダになる可能性の中にブッダの最高のさとりの樹になる性質がなかったら、どうしてブッダのさとりの樹を生じることができましょう。この意味から考えて、因果はあるのでもなく、ないのでもないとお説きになったことと併せてみると、どのように符合するのでしょうか』

いろいろの人がいる

これに答えてブッダは次のように言われた。

『よし、よし。菩薩、世間に優曇華（うどんげ）のようにめずらしい二種類の人がいる。一つは悪いことを一切しない人、二つは罪を犯したら、すぐに懺悔する人。このような人はめずらしい。

また、同じように二種類の人がいる。一つは恩をなす人、二つは恩をいつも忘れない人。

また、二種類の人がいる。一つは新しい教えを訊ねて受け入れる人、二つは古い教えを求めて忘れない人。

また、二種類の人がいる。一つは新しい事を生みだす人、二つは古い事を修める人。

また、二種類の人がいる。一つは教えを楽しみにして聞く人、二つは教えを楽しんで説く人。

また、二種類の人がいる。一つはむずかしいことをよく訊ねる人、二つはどんな問題にもよく答えられる人。

むずかしいことをよく訊ねる人とは君のことをいう。どんな問題にもよく答えられる人とは私のことである。

518c むずかしいことを訊ねられることでこの上もない教えを説くことになる。このことによって結局は十二項目の因縁関係の大樹を枯らし、限りない生死の苦海を渡り、悪魔たちと戦い、彼らが立てている旗を打ち砕くことができる。

寿命と病気の関係

私は先に三種の病人について説いた。ここで名医と看病してくれる人と良薬に出会っても出会わなくても病が治る場合とはどういうことかを説こう。

ここの出会うことができてもできなくてもというのは寿命が決まっている人の場合のことである。この人はすでに量り知れない昔の世に上と中と下の三つの善行を修めていた。そしてこの三つの善行を修めていたので寿命が決まっていた。その寿命はヒマラヤの北に位置するウッタラクル洲の人の一千年の寿命のようであった。その寿命がある間は病に罹っても名医や良薬や看病人がいるいないに関係なく、その人の病は治る。それは寿命が決まっているからである。

私が「病人が名医や良薬や看病人に出会ったら病を治すことができるが、出会わなかったら治らない」と言ったのはどういう意味かを説こう。

この場合、この人の寿命は不定である。寿命は尽きてなくても九つの因縁によって寿命をなくすことになる。では九つとはなにか。

一つは食べ物が悪くなりかけていると知っていながら、欲をだして食べること。

二つは食べ過ぎること。

三つは胃がもたれていること。消化していないのにさらに食べること。

四つは大便・小便が規則正しく行なわれないこと。

五つは病に罹っても医者の言うことを聞かないこと。

六つは看病人の言うことを聞かないこと。

七つは吐くべきものをわざと吐かないこと。

八つは夜更かしをすること。夜更かしをすると悪鬼に襲われる。

九つは閨（ねや）の中に居過ぎること。

これが病人は名医や良薬や看病人に出会えば病は治るが、出会わなかったらこれら九つの因縁によって治ることがないと私が説いたことである。

次に、私が先に「出会っても出会わなくても病は治らない」と説いたことの意味について説明しよう。人の寿命が尽きれば、出会っても出会わなくても病は治らない。寿命がないのだからいうまでもない。このことを意味している。人々の場合も同じである。ブッダのさとりを求めたい気持ちを起こした人は、善良な友人やブッダや求道の人たちから教えを受けたり、その人たちに出会うことがなくてもみなかならず願いを成就することができる。なぜなら、ブッダのさとりを求める気持ちを起こしたからである。それはウッタラクル洲の人たちが一千年という決まった寿命を得るようなことと同じである。

　未熟な修行者たちがブッダの教えを聞いたらブッダのさとりを求める気持ちを起こすが、教えを聞かなかったらその気持ちを起こさないと私が言ったのは、先に述べた九つの因縁によって寿命を失うようなこ
519a とと同じに考えてよい。病人が名医や良薬や看病人に出会うと病が治り、出会わないと治らないということと同じである。これが先ほどの「出会っても出会わなくても病は治らない」ということの意味である。

極悪人の一闡提について

次に、私が先に「善良な友人やブッダや求道の人たちに会って教えを聞いても、また会わなくても、いずれの場合にもブッダのさとりを求める気持ちを起こさない」と言った意味について説明しよう。

極悪人の一闡提は善良な友人やブッダや求道の人たちに会って教えを聞いても、また会わなくてもいずれの場合にも一闡提の心を捨てることができない。彼は善というものをすべて断ち切っているからである。しかし極悪人の一闡提でもブッダのさとりをいつかは得るだろうというのはどういう理由であろうか。

それは彼がブッダのさとりを求めようという気持ちを起こしたら、その時、彼は極悪人の一闡提ではなくなるのだから、一闡提もブッダのさとりを得ると説いたのである。しかし本当の一闡提がブッダのさとりを得ることはできない。それはちょうど寿命が尽きた人が名医や看病人に出会っても病が治ることがありえないのと同じである。寿命が尽きている（善根を断ち切っている）ことと同じである。

菩薩、一闡提の一闡とは信心のことで、提とは持たないということである。信心を持たない者を一闡提という。ブッダになる可能性は信心ではない。生類とは信心を持っていない者をいう。したがって持っていないので、どうして断つことができよう。

一闡提の一闡とは巧みな方便のことで、提とはそれを持たないことをいう。巧みな方便を修めるがそれを自らのものにできないから一闡提といわれる。ブッダになる可能性は巧みな方便を修めることではない。生類はそれを持つ者ではない。持っていないからどうして断つことができよう。

一闡提の一闡とは精進のことで、提とはそれを持たないことをいう。精進するがそれを自らのものにできないから一闡提といわれる。ブッダになる可能性は精進するはたらきではない。生類はそれを持つ者ではない。持っていないのでどうして断つことができよう。

一闡提の一闡とは記憶のことで、提とはそれを持っていないことである。記憶するが自らのものにできない者が一闡提である。ブッダになる可能性は記憶されるものではない。生類はそれを自らのものにできない。記憶を正しく持つことがないからどうして断つことができよう。

一闡提の一闡とは注意のことで、提とはそれを具えていないことをいう。注意をしているが自らのものにできないから一闡提といわれる。ブッダになる可能性は注意するはたらきではない。生類はそれを具えている者ではない。注意するが自らのものとしていないからどうして断つことができよう。

一闡提の一闡とは理解のことで、提とはそれを持たないことをいう。理解があってもそれを自らのものにできない者が一闡提といわれる。ブッダになる可能性は理解するはたらきではない。生類はそれを持たない者をいう。理解するはたらきを持たないのでどうして断つことができよう。

一闡提の一闡とは無常の善のことで、提とはそれを持たないことをいう。無常の善を持たないから一闡提といわれる。ブッダになる可能性は常住であるから善でもなく不善でもない。なぜなら、善なるものはかならず方便によって行なわれ、しかも成就するからである。しかしブッダになる可能性は方便によらなくても得るから、その意味で善なるものではない。

519b また、どうして不善ではないといえよう。それはかならず善の果報が得られるからである。つまりブッダの最高のさとりを得られるからである。

また、善なるものとは生じてから得るものである。ところがブッダになる可能性は生じるものではなく、すでに得ているものであるから、善なるものではない。極悪人の一闡提はあらゆる善なるものが生じる可能性を断ち切っている。

菩薩、君が先ほど「一闡提にもしブッダになる可能性があれば、地獄に堕ちる罪を除くことができないのでしょうか」と言ったことだが、じつは極悪人の一闡提にはブッダになる可能性はないのだ。

ある王が琴の音を聞いたことを喩えにして説明しよう。その音色は清々（すがすが）しく、心にしみわたり、王はその音色で楽しくなり、気に入り、忘れることができなくなってしまった。そこで大臣に、

「この妙なる音色はどこから流れているのか」

と訊ねた。大臣は、

「その音色は琴の音色です」

と答えた。王は、

「その音色を持って参れ」

と言った。すぐに大臣は王の前に琴を持参して、

「大王、これから音色はでています」

と言うと、王は琴に向かって、

「琴、音をだせ、音をだせ」

と告げた。しかし琴からはなんの音もでなかった。

そこで音色を求めて琴の糸を切ったが音はでなかった。張ってある皮を剥ぎ、木を折り、裂いたが音はでてこなかった。王は、

「音なんかでないではないか。どうして嘘を吐いた」

と大臣を叱り付けた。大臣は即座に、

「音をだすには、大王がなさったような方法では無理です。いろいろと条件が整い、巧みな技術をもって弾かなければ美しい音色はでません」

と答えた。

この喩えのように、人々の中にあるブッダになる可能性もある場所が見当たらない。ただ巧みな方便をもってすれば見ることができる。見ることができたらブッダのさとりを得ることになる。ところが極悪人の一闡提はブッダになる可能性を見ることができない。どうして三悪道に堕ちる罪を除くことができようか。

もし極悪人の一闡提がブッダになる可能性があることを信じたら、その時、彼は三悪道に往くことはないだろう。同時に彼は極悪人の一闡提でなくなっている。ところがブッダになる可能性があることを自ら信じなければ三悪道に堕ちる。言ってみれば、三悪道に堕ちるから一闡提といわれる。

先に君は「乳の中にヨーグルトの性質がなかったらヨーグルトは生じないはずだとか、ニグローダ樹の種子に十五メートルの高さに成長する性質がなかったら十五メートルの高さのニグローダの樹木があるはずはない」と述べた。これは愚者がよく考えることである。乳の中にヨーグルトの性質があれば、特に

ヨーグルトを作りだす要素の助けを借りなくてもいいことになろう。

菩薩、水と乳と混ぜ合わせておいて一ヶ月経ったらヨーグルトができるだろうか。もし一滴の樹液を乳の中に入れるとヨーグルトを得ることができる。このようにもしもともとヨーグルトの性質があれば、わざわざ他の条件を必要とするだろうか。

人々とブッダになる可能性との関係も同じである。種々の条件が重なってブッダになる可能性が見られるのだ。種々の条件が集まってブッダのさとりを完成することができるのである。種々の条件が合して、
519c 集まって後に成就するならばもともと不変の性質はないことになる。もともと不変の性質がないのだからブッダのさとりを得ることができる。

この意味から私は人の善行だけを称賛し、人の過ちや咎をとがめようとしない。このような気持ちを悪を質した、素直な心という。

再び素直な心とは

また、求道の人の悪を質した、素直な心とはどのような心をいうのだろうか。

それはつねに悪を犯さず、過失があったらすぐに懺悔し、先生と同じように学び、隠すことなく慚愧し、自責の念から再び犯すことがなく、軽い罪を犯しても極めて重い罪を犯したように思う気持ちを持つこと

である。だれかが詰問すると確かに犯しましたと告白し、また、その罪の意識はいい気分かどうかと訊ねられると、いい気分ではないと答える。また、その罪は自分にとって徳なのか徳でないのかと訊ねられると、徳でないと答える。その罪は自分にとって徳のある果報を得るのか、それとも徳にならない果報を得るのかと訊ねられると、

「この罪は本当は自分に徳になる果報を与えてはくれない」

と答える。さらに

「その罪はだれが作ったものか。はたまた、教団のせいなのか」

と問われると、

「教団のせいではなくて、私自身が作った罪である」

と答える。

罪は煩悩が集まって作り上げた代物である。素直な心を持っているとブッダになる可能性を信じることができ、ブッダになる可能性を信じると極悪人の一闡提とはいわれなくなる。素直な心があればブッダの弟子といわれる。人々からの衣服や飲食や寝具や薬などの施しを十分に受けなくても、それを多いと意識する。これを求道の人の素直な心という。

習慣を身に付けること―五事の三

習慣を身に付けるとはどういうことだろうか。

求道の人が守るべき習慣を誓い、正しく身に付けるのは天に生まれるためではなく、なにか恐怖を感じたためでなく、犬の行動の習慣や鶏の行動の習慣や牛の行動の習慣や雉の行動の習慣などに馴染むためでもない。そして守るべき習慣を破らず、守るべき習慣を見落とすことなく、習慣を汚すことなく、それぞれの習慣をめりはりを付けて守り、未熟な修行者の習慣を学ばない。いつも求道の人は完璧な習慣を身に付けており、出家者がみな身に付けるべき習慣を習得しているのでおごりの気持ちを起こさない。これが習慣を具足していることである。

善友と親しむこと―五事の四

善良な友人と親しくするとはどういうことだろうか。

求道の人はつねに人々のために正しい道を説き、悪の道を説かず、悪の道には善の果報はないと説く人である。

菩薩、私の身体はすべての人々のために真の善友となる。だから人は他の生類とは異なり、すぐれた生き物であると主張するバラモンの偏見を私は断つのである。もし私に親しく近付く者がいたら、たとえ地獄に堕ちるような因縁を持っていても、天に生まれることができる。

かつて私の弟子であったスナカッタをはじめとする悪弟子たちは本来地獄に堕ちなければならないところだったが、私のもとでかつて修行した因縁で地獄に堕ちることなく、天に生まれることができたようにである。舎利子尊者や目連尊者などでも人々にとっては真の善友とはいえない。なぜなら、極悪人の一闡提の心を起こす原因があるからだ。

520a
昔、私がベナレスの町で修行していた時、舎利子尊者が二人の弟子を教えたことがある。その時、一人には人が白骨になっていく過程を観察する修行を教え、一人には呼吸を数えながら修行することを教えた。二人は長年修行をしたが、ついに心に究極の静寂を得ることができなかった。

その時、彼らは

〈煩悩を滅した妙寂の境地はない。もしあるとすれば、自分は種々の守るべき習慣を習得し、修行してきたのだから、その境地を得るはずである〉

という邪な考えを持った。私は彼らにそのような気持ちが起こったことを感知し、まず舎利子尊者を呼び、叱った。

「舎利子尊者、彼らにしっかり教えていなかったようだ。彼ら二人にどうして誤った教えを授けたのだ。君の二人の弟子はそれぞれ性質が違う。一人は洗濯を生業とする者で、もう一人は金細工を生業とする者である。金細工を生業とする者には呼吸を数える修行をさせるべきで、洗濯を生業とする者には白骨を観察する修行をさせるべきである。君が逆な修行法をそれぞれに教えてしまったから、彼らは邪な考えを起こしたのだ」と。

そこで私は二人の者にそれぞれにふさわしい教えを説き、阿羅漢のさとりを得させた。このように私はあらゆる人々にとって、真の善友である。舎利子尊者や目連尊者などとは違う。人々の中で煩悩に縛られて身動きができないような状態になった者がいたら、私はその者にも巧みな方便をもって接し、その煩悩を取り除くことができる。

私の弟ナンダは欲張りであったが、巧みな方便で彼の悪欲を取り除いてやった。指を集めて首飾りにした殺人鬼アングリマーラはどうしようもない男で、心は怒りで満ちていたが、私に出会って怒りの気持ちが治まった。阿闍世王はとんでもないわがままな人であったが、私に会ってわがままな心がなくなった。ヴァンギーサ長者は昔からさまざまな呪術に凝って迷っていたが、私に出会い、それまでの迷いが晴れた。たとえ虐げられた人であっても私に近付き弟子になれば、このことだけですべての人々や神々に敬われ、愛されるようになる。

シュリグプタ長者は大変な誤解をして私を殺そうとまでしたが、私に会って誤解が解け、地獄に堕ちるはずであったのが天に生まれる縁を得た。気嘘という不可蝕民は臨終の時に私を見て寿命が延びた。インドラ神のような凶暴な神も私を見ると我に返っておとなしくなった。肉屋の痩せたゴーダミの子は殺生を生業としていたが、私と会ってからはその生業を止めた。弟子のチャンナ比丘は私に会ってからむしろ身命を賭して守るべき習慣を守り通したが、彼は草の命と引き換えに自らの命を絶つとあだ名された比丘のような生き方をした。

以上のようなことから、アーナンダ尊者は禁欲行を半分でも行なったら、それでも善友だといっているが、私は賛成できない。禁欲行をすべて具足している人こそ善友というのだ。これを善友と親しむことという。

教えを多く聞くこと—五事の五

520b 求道の人が妙寂を得るために十二種の説法集を書写し、暗唱し、解釈し、そして説明したら、教えを多く聞くことを成就したという。

また、十二種のうち十一種を除いて、ただヴァイプルヤの説法集だけを暗記し、暗唱し、書写し、説明しただけでも、教えを多く聞くことを成就したという。

また、十二種の説法集を除き、妙寂の深奥な教えだけを暗記し、書写し、暗唱し、解釈し、そして説明しただけでも、教えを多く聞くことを成就したという。

また、この妙寂の教えを除くすべての教えを具足し、もしその中の十四句の詩偈を暗記しただけでも、また、この十四句の詩偈を除いた、ブッダが常住であり、不変であるという教えだけを記憶し、伝えただけでも、教えを多く聞くことを成就したという。なぜなら、教えにはそれ特有の本質がないからである。

私はあらゆる教えを説いているけれども、じつはいつも説法しているものはない。これを妙寂の境地を修めているという。

これを教えを多く聞くことを成就したという。

五事を成就した意義

菩薩、善男善女が妙寂を得るためにこれらの五事を具え、成就したら、それこそ実行しにくいことを実行し、耐えがたいことを耐え、そして施しにくいことを施したというべきである。

では、実行しにくいことを実行したとはどういうことだろうか。

ここにある人が一粒の胡麻（ごま）を食べてブッダの最高のさとりを得たという噂を聞いて、その後ずっといつも胡麻一粒を食べ続けた人がいる。また、火のなかに入ってブッダの最高のさとりを得た人がいるという話を聞いて、その後ずっと阿鼻地獄で燃え盛る火の中に居続けた人がいる。これが実行しにくいことを実行したという例である。

では、耐えがたいことを耐えたとはどういうことだろうか。

それは、ある人が手や杖や刀や石で殴られたり、切られたりして苦しんだおかげで妙寂を得たという話を聞いて、数えきれない年月の間、身体にこれらの苦しみを受け続けても苦しみと思わないでいることをいう。

では、施しにくいことを施したというのはどういうことだろうか。

それは、ある人が国や町や、妻子や、頭や目や、脳髄までも、欲しがっている人に与えた功徳でブッダの最高のさとりを得たという話を聞いて、数えきれない年月の間、これらのものを与え続けることをいう。

求道の人は実行しにくいことを実行し、耐えがたいことを耐え、そして施しにくいことを施しても、そのようなことをしたという思いがなく、そのようなことをしたと口にだすこともない。喩えてみれば、母や父が一人っ子を無性（むしょう）に可愛がり、好きな着物を買いあたえ、好みの旨い物を食べさせ、随時過不足なく満足させてやるが、子はそのようにしてくれる両親に不満をぶちまけ、軽蔑したり、侮辱したり、悪口を
520c 言ったりする。そんな子を母や父は愛しているために叱らない。また、母や父は子に衣服や飲食をあたえてやっているのにという気持ちさえ持たないし、言葉さえいうこともない。

私も子を持つ親の気持ちと同じである。私も人々をちょうど一人っ子のように思い、見ている。

子が病に罹ると母や父も病に罹る。医者を呼び、薬を求めて治療に務める。病が治ったあと治療の苦労について愚癡ることがない。私も同じである。人々が煩悩の病に罹ると、哀れに思って説法する。聞いた者はみな煩悩を断つことができるのだ。煩悩を断った後に私は人々のために煩悩を断ってやったという意識も、そのようにいうこともない。もしそのようなことを意識したり、言ったりしたら、結局はブッダの最高のさとりを得ることはできないだろう。説法して煩悩を取り除いてやった人は一人もいないという気持ちが私にはあるだけである。

私は人々に対して怒りの気持ちも喜びの気持ちも持たない。なぜなら、私はすべてのものは皆空であると観察する注意をしているからである。求道の人が空と観察し、注意をすると、だれに怒りや喜びの気持ちを起こすだろうか。

喩えで説明しよう。山林が猛火で焼かれている時、ある人が木を切り倒し、水を掛けたら、山林の木々が怒ったり喜んだりするだろうか。これと同じように人々に対して私は怒ったり喜んだりしない。空と観察し、注意をしているからだ』

第三十三章　世間は空である

ここで光明遍照菩薩は次のことを申し上げた。

『世尊、世間の事象はみなその本質において空なのでしょうか。空が空であるから空です。もし本質がそれ自身空であれば、空と観察してから後に空を見ることはあり得ないはずです。それなのにどうしてブッダは空と観察して、しかも空を見るといわれるのですか。もし本質がそれ自身空でなければ、空と観察しても空と見ることはできないでしょう』

そこでブッダは言われた。

『光明遍照菩薩、すべての事象はもともと空である。事象の本質は捉えることができないからだ。物質的要素の本質は捉えることはできない。

では、物質的要素の本質とはなにか。それは地・水・火・風ではないが、地・水・火・風と無関係ではない。青・黄・赤・白の色ではないが青・黄・赤・白と無関係ではない。あるのでもなく、ないのでもない。したがってどうして物質的要素にそれ自身の本質があるといえるだろうか。その本質は捉えられないのであるから空である。すべての事象も同じである。みな前後が似ていて、同じように続いているので、人々はこれを見て「すべてのものの本質は空ではない」という。
世間の事象の本質は空ではないと観察する沙門やバラモンがいたら、その人たちは沙門でもバラモンでもない。円満な知慧を習得していない人たちである。彼らは妙寂を得ることができない。生きているうちにブッダに見えることがない。そのような人たちは悪魔の仲間である。

521a
菩薩、世間の事象の本質はもともとそれ自身空である。空と観察することで事象の本質は空であると見ることができる。世間の事象は無常であるから滅し、滅すること自身をも滅するのである。もし無常でなかったら滅し、滅すること自身を滅することもない。このように世間の有様は生成の有様があるから生成が生成を成り立たせている。消滅の有様があるから消滅が消滅を成り立たせている。すべての事象は思うようにならないという特徴を持つのであるから、思うようにならないという特徴が思うようにならないようにしている。

菩薩、塩の性質は塩辛い。それによってさまざまな物を塩辛くしている。砂糖の性質は甘い。それによってさまざまな物を甘くしている。まずい酒の性質は酸っぱい。それによってさまざまな物を酸っぱくしている。生姜の性質は辛い。それによってさまざまな物を辛くしている。ハリータキーの実は苦い。それによってさまざまな物を苦くする。アンマロク（菴摩勒）の果実は酸っぱい。それによってさまざまな物を酸っぱくする。毒物の性質は生き物に害を与える。それによってさまざまな物を害する。甘露の性質は人に不死を与える。それによってさまざまな物に不死を与える。

以上のような例に見るように求道の人がすべての事象を空であると観察すると、すべてのものの本質はみな空であり、静寂であると知ることができる』

そこで光明遍照菩薩が申し上げた。

『世尊、もし塩が塩辛くない物を塩辛くするように、空と注意して観察したことで空でないものを空と観察することになれば、それは善でもなく、妙なるものでもなく、その性質は逆さまになっただけにすぎません。もしものを空と観察する時にただ空と見るならば、それはものではないのだから、一体その時なにが見られているのでしょうか』

『光明遍照菩薩、空と注意して観察するのは空ではないものを空だと見ているのであり、決して逆さまに見ているのではない。塩が塩辛くないものを塩辛くするように空と注意して観察するのも同じである。空でないものを空と観察するのである。

むさぼりの煩悩は存在そのものであり、空そのものではない。むさぼりが空であれば人々はそのむさぼりによって地獄に堕ちることがない。地獄に堕ちることがあるから、むさぼりそのものを空とすることはできまい。

欲そのものは存在する。ではなにが欲の性質だろうか。

それは逆さまにものを見ることである。逆さまにものを見るから人々はむさぼりの心を起こす。もし欲そのものが逆さまにものを見なければ、どうして人々にむさぼりの心が起こるだろうか。むさぼりの心を起こすから欲そのものが存在しないとはいえない。この意味で空と注意して観察をすることは逆さまにものを見ないことになる。

人は女を見ると女を意識する。ところが私は女を見ても女と意識しない。意識しないので欲しいという気持ちが起こらない。欲しいという気持ちが起こらないから逆さまに見るような心が起きない。世間の人が女の姿と見ているから、私は、したがって

「この人は女だ」

と言っているのである。もし男を見た時に、私が

「この人は女だ」

と言ったら、それこそこれは逆さまな見方をしたことになる。

私はある時、極悪人の一闡提に、

「バラモンが昼を夜だと言ったら、それは逆さまな見方である。夜を昼だと言ったら、これも逆さまな見
521b 方である。ところが昼を昼と言い、夜を夜と言ったら、これは逆さまな見方であろうか」

と問うたことがある。

菩薩、求道の人たちは菩薩修行の第九段階に至ったら、事象の本質がなにかを観察するが、しかし彼らはそれを見ることにとらわれているためにブッダになる可能性を見ることができない。もしブッダになる可能性を見たら、またすべての事象の本質を見なくなる。このように空と観察する三昧を修めることで事象の本質を見ない。見ないと彼はブッダになる可能性を見ることができる。

私は二つの面から説明しようとしている。一つは本質の面から、二つは本質のない面から。人々のためにと思って事象の本質はあると説くが、賢者や聖者（阿羅漢）のためには事象の本質はないと説く。もの

の本質は空ではないと考える人がものの本質は空であると観察するようにと思って、空と観察する三昧を修めて空と見ることを教える。ものの本質はないと考える人も結局は本質は空であると観察することになる。これが空を修め、空を見るという意味である。

菩薩、ものをみな空と観察したら、その空はものがないことであるから、その場合、なにが見られているのでしょうかと君は質問した。それはまったくそのとおりである。確かに見られるものはない。見られるものがないとは存在するものがない。存在するものがないことがいわゆる世間の事象の実相である。

妙寂の教えを修めると、世間のあらゆる事象を見られる対象として見なくなる。ものを見ることではブッダになる可能性を見ることはできない。円満な知慧を修めることもできない。

菩薩、私はただ三昧をとおして見ないで空と見る。円満な知慧もまた空である。完璧な注意もまた空である。不断の努力もまた空である。一貫した忍耐もまた空である。完全な習慣もまた空である。そして満足な施しもまた空である。肉体もまた空である。眼という感覚器官もまた空である。乃至(ないし)認識作用もまた空である。ブッダもまた空である。妙寂もまた空である。したがって私は世間の事象はみな空だと見る。

私はかつて故郷のカピラ都で従兄弟のアーナンダに告げたことがある。

「君、そのように憂い悩むでない。悲しみ泣いてはならない。涙を流し号泣してはならない」と。

するとアーナンダ尊者は、

「世尊、私の親族はみな死に絶えました。どうして泣かずにおれましょう。ブッダは私と同じようにこの都に生まれ、同じ王族の出身で親戚関係ではありませんか。どうしてブッダだけ一人悲しまず、つやつやした明るい顔をしておられるのですか」

と言った。私は彼に次のように告げた。

「アーナンダ、君はカピラ都は本当に存在していると見るが、私はその都は空っぽであってなんにもないところと見ている。君は釈迦族は我々の親族と見ているが、私はものを空と見ているので君のように釈迦族を見ない。君はそのように見ているから、憂い悲しみの気持ちが起こるのだ。私はすべてを空と見るから、私の容貌はますます晴れやかになるのだ」と。

ブッダや求道の人たちはこのようにものを空と観察するからまったく憂いや悲しみの気持ちを起こさない。これが妙寂の教えを修めて第九の功徳を成就するという。

第三十四章　悪徳弟子を説く

521c

次に妙寂の教えを修めて、最後の第十の功徳を具足するとはどういうことだろうか。

求道の人はブッダのさとりへの三十七種の修行を修めて、妙寂の徳である究極の常住と安楽と実在と清浄の四つを身に付けて、人々のために妙寂の教えを解釈し、説明してブッダになる可能性を開示する。もし聖者や求道の人でこの言葉を信じる人がいたら、その人は妙寂に入ることができよう。もし信じない人がいたら、その人は生死を繰り返すことになろう』

ここで光明遍照菩薩はブッダに申し上げた。

『世尊、どんな人がこの妙寂の教えを敬うのでしょうか』

『光明遍照菩薩、私が妙寂に入った後で未熟な弟子の中で道理を理解せず、守るべき習慣を捨てて、争い事をよく起こす者がでてくるであろう。十二種の説法集を捨てて外道(げどう)の典籍を読み、暗唱し、文書を書いたり、詩偈を作ったり、所有してはならない物を貯えたりして、これらのことはみなブッダが許可されていると触れまわる者がでてくるだろう。

こんな者は素晴らしい栴檀という香木を普通の木と交換したり、金を質のよい銅と交換したり、銀を鉛とスズの合金と交換したり、絹を目の粗い麻布と交換したり、甘露味の物を毒物と交換したりする。

　では、梅檀の香木を普通の木と交換するとはなにを喩えたかというと、私の弟子は施しをしてくれた信者に説法するが、信者の中にはそれを聞くのを喜ばない者がいる。信者が上座に坐る、弟子が下座に坐る。種々のご馳走を提供してくれるが、説法を聞こうとしないような信者と弟子との関係を梅檀の香木を普通の木と交換するという。

　では、金を質のよい銅と交換するとはなにを喩えたかというと、質のよい銅は色（しき）・声（しょう）・香・味・触（そく）という感覚の対象を喩え、金は守るべき習慣を喩えていて、弟子の中には色形にとらわれて守るべき習慣を破る者がいるようなことを金を質のよい銅と交換するという。

　では、銀を鉛とスズの合金と交換するとはなにを喩えたかというと、銀は十種の善行を喩え、鉛とスズの合金は十種の悪行を喩えていて、弟子の中に十種の善行を捨てて、十種の悪行に浸っている者がいるようなことを銀を鉛とスズの合金と交換するという。

　では、絹を目の粗い麻布と交換するとはなにを喩えたかというと、目の粗い麻布は慚愧の心がないことを喩え、絹は慚愧の心を喩えていて、弟子の中に慚愧の心を捨てて、慚愧の心を持たないで行動している者がいるようなことを絹を目の粗い麻布と交換するという。

　では、甘露味の物を毒物と交換するとはなにを喩えたかというと、毒物は種々の自分の利益や名誉などを喩え、甘露味は汚れがないものを喩えていて、弟子の中に自分の利益や名誉のために信者に向かって、あるいは自分に向かって自慢して自分は一切の汚れを取り去った境地に至ったという者がいるようなことを甘露味の物を交換するという。

このような悪い修行者が横行している時代には、妙寂の深奥な教えがインド国内に広く布教されても、この教えを正しく記憶し、伝え、読み、唱え、書写し、説明して歩く弟子がいたら、悪い修行者たちに殺害される事件が起きるだろう。これら悪徳修行者たちは結託して、次のようなとんでもないいきまりを言いだすことだろう。

522a
「もし妙寂の教えを記憶し、書写し、読み、唱え、解釈し、人々に説明する時は、多くの人たちと共同生活したり、一緒に坐ったり、語り合ったりしてはならない。なぜなら、妙寂の教えはブッダが説法されたことではなく、誤った考えから生まれた教えであるからだ。誤った考えを持つ人たちは六人の思想家（六師）である。六人の思想家の教えはブッダの教えではない。なぜなら、ブッダの教えは世間の事象はみな無常であり、実在がなく、苦であり、不浄であると説いているからだ。もし世間の事象はみな常住であり、実在であり、安楽であり、清浄であると説くならば、それがどうしてブッダの説いた教えといえようか。

ブッダは修行者たちに種々の物を所持し、貯えることを許されている。六人の思想家の教えでは彼らの弟子にはすべての物を所持し、貯えることを許していない。このような教えはわがブッダの教えにはないことだ。

ブッダは弟子に乳製品や肉を食べることを禁じられていないが、六人の思想家は五種の塩、五種の乳製品、及び肉を食べることを許していない。これらの物を断つことはブッダの正しい規則に反することである。

ブッダは三つの乗物、つまり三種の修行のあり方を説いている。しかし説法の中では一つの乗物、つまり一つの修行のあり方だけを説き、それを妙寂の教えとしている。このような意見がどうしてブッダの正しい教えであり得ようか。

ブッダは最後には妙寂に入られる。妙寂の教えではブッダは究極の常住と安楽と実在と清浄であって、妙寂に入ることはないと述べられている。この教えはブッダの十二種の説法集の中にもなく、悪魔の説である。ブッダの説ではない」と。

こんなことをいう人は私の弟子であったとしても妙寂の教えを信じることができないだろう。このような時代に人々のなかに、あるいは言葉半分でもこの妙寂の教えを信じる人がでてきたら、この人こそ私の本当の弟子である。この人はその信心によってブッダになる可能性を見るだろうし、妙寂に入ることができるだろう。これが妙寂の教えを修めて、第十の功徳を具足し、成就したという意味である』

ここで光明遍照菩薩はブッダに申し上げた。

『世尊、ブッダは今日はっきりと妙寂の教えを開示してくださいました。おかげでその教えの一句、あるいは半句くらいを理解することができました。これによって私も妙寂に入ることができるでしょう』

第三十五章〓ブッダになる可能性を説く

522b

ブッダは集まった大衆に告げられた。

『善男善女、本当にブッダはおられるのだろうか。真実の教えはあるのだろうか。本物の修行者の集まりはあるのだろうか。

世間に思うようにならないことが本当にあるのだろうか。世間の種々の苦しみをもたらす根本の原因が本当にあるのだろうか。永遠の安らぎの境地はあるのだろうか。永遠の安らぎの境地に至るための道はあるのだろうか。

真実はあるのかないのか。究極の実在はあるのかないのか。究極の安楽はあるのかないのか。究極の清浄はあるのかないのか。究極の常住はあるのかないのか。

教えの乗物はあるのかないのか。

物の本性はあるのかないのか。生き物という存在はあるのかないのか。根源的存在はあるのかないのか。本物はあるのかないのか。

ものの原因はあるのかないのか。その結果はあるのかないのか。ものを作るというはたらきはあるのかないのか。業はあるのかないのか。果報はあるのかないのか。

　これらの疑問があったら、いま訊ねなさい。一つ一つについて解るように説明して上げよう。これまで神々・人類・鬼神・梵天・沙門・バラモンなどがきて種々の質問をしたが、一つとして答えることができなかったことはない』

師子吼（ししく）菩薩への敬礼を説く

　これを聞いた大衆の中に師子吼と呼ばれる求道の人がいた。この求道の人は座より立ち上がって、姿勢をただし、衣服を整え、ブッダの前に進んで足下に伏して敬礼し、跪（ひざま）ずいて合掌して申し上げた。

「世尊、お訊ねしたいことがあります。世尊、どうか質問させていただきたく、お許しくださいますようお願い致します」

　そこでブッダは大衆に向かって告げられた。

『ここに居合わせている大衆はみなこの師子吼菩薩を深く敬い、尊重し、彼の行ないを称賛しなければならない。種々の香油や花、音楽、飾り、傘や旗、衣服、飲食、寝具、薬、住まい、道場などを施し、彼が近付く時は迎え、立ち去る時は見送らなければならない。なぜなら、彼はすでに過去世の多くのブッダのもとで多くの善根を植えて種々の福徳を積んでいる人だからである。そのような人だから、私の前でいま質問することができるのだ。

ライオンの王は自分の力量を知り、牙や爪は刃のようで、四本の足は大地をしっかりと踏み、岩穴に安住し、尾を振って大声をだす。このような特徴を持っているならば、この者はライオンのような声をだすことができる。本物のライオンは朝早くに穴をでて、背伸びし、あくびをし、四方を見渡し、そして声を出して辺りに響かせて、次の十一の事をする。そしてその十一の事をするのはなぜか。

一つはライオンでないのにライオンであろうとする者を懲らしめようとするためである。

二つは自分の力量を試すためである。

三つは住んでいるところを清らかにするためである。

四つは自分の子たちがいる場所を知りたいためである。

五つは仲間の者たちの恐怖心を取り除くためである。

六つは眠っている者たちを覚まさせるためである。

七つは怠けている獣たちを怠けないようにさせるためである。

八つは獣たちがそばにきて頼りにするようにさせるためである。

九つは発情期で気が荒い象をおとなしくさせるためである。

十は子供たちに教えを告げるためである。

十一は自分の親族を発展させるためである。

どんな獣もライオンの吠える声を聞いたら、水の中にすむ生き物は深い淵に潜み、陸に住む生き物は洞穴に隠れ、空を飛ぶ生き物は墜落し、象どもは恐れて走りだし、糞を垂れ流す。野狐はライオンの後を百年追っかけてもライオンの声をだすことはできないが、ライオンの雄の子は三年も経つとライオンの王のような声で吠えることができるようになる。

このライオンの王とおなじように、私は正しいさとりと知慧の牙と爪、四つの自在力の足、六つの完璧な修行の身体を持ち、十種の力という勇気と大いなる慈悲の尾を持ち、四つの段階の瞑想の境地というきれいな家に安住して、人々のために説法して悪魔を退散させ、人々にブッダ特有の十種の力を示して私の行状を見せる。

私は誤った見解に迷う人たちの拠り所となり、生まれ変わり死に変わりの繰り返しを恐れている人たちを安心させ、道理に暗く、怠けて眠っている人々を目覚めさせ、悪行をなす人を改心させる。

誤った見解を持つ人々に六人の思想家の説は正しい説でないことを教えるために、プーラナ・カッサパなどの驕慢心(きょうまんしん)を取り除くために、未熟な教えで修行している仏弟子たちを改心させるために、世間の煩悩に染まっている求道の人たちに大いなる奮起力を起こさせるために、正しい見方をしている弟子や信者に間違った考え方をしている弟子や信者に誘惑されないようにするために、高潔な修行、禁欲の修行、そして天然の修行の洞窟からでて背伸びする。人々の驕慢心を取り除くためにあくびをする。人々に善行をさせるために四方を見渡す。人々に四つの自在力を取得させるために四本の脚で大地を踏む。人々が完璧な習慣を身に付けて、心が安住するために吠える。人々にはみなブッダになる可能性があり、ブッダは常住不変であると私は吠えている。

未熟な修行者たちは数えきれない年月の間いつも私のそばについて修行してきたが、私のような説法ができない。ところが菩薩修行の十段階にある求道の人は高潔な修行、禁欲の修行、そして天然の修行の三つの行を修めると私のような説法ができる。いま、この師子吼菩薩は私の前で質問して意見を述べようとしている。だからこの求道の人に対して君たちは心から施し、敬い、尊重し、称賛しなければならない』

さらにブッダは師子吼菩薩に告げられた。

523a 『師子吼菩薩、質問があったら、遠慮なく聞いてよろしい』と。

『世尊、まず、ブッダになる可能性とはなんですか。どういう意味からブッダになる可能性といわれるのですか。また、それをなぜ究極の常住・安楽・実在・清浄といわれるのですか。次にもし人々にみなブッダになる可能性があるなら、なぜ人々は自分が所有するブッダになる可能性を見ることができないのですか。ところが十段階の修行中にある求道の人はどんな教えを習得したから、それをはっきりと見ることができるのでしょうか。また、ブッダはどのような教えを習得しておられるからはっきりと見られるのでしょうか。十段階の修行中にある求道の人はどんな眼でブッダになる可能性をはっきりと見ることができるのでしょうか。また、ブッダはどんな眼でブッダになる可能性をはっきりと見られるのでしょうか』

ブッダになる可能性とはなにか

　ブッダは言われた。

『もし教えについて訊ねて理解を深めるならば、二つの飾りを持つことになる。一つは知慧で、二つは福徳である。この二つの飾りを具えるならばブッダになる可能性を知り、それは同時にブッダになる可能性そのものになったことを知るだろう。また、十段階の修行中にある求道の人はどのような眼でブッダになる可能性を見て、ブッダはどのような眼でブッダになる可能性を見られるかを知ることができる』

『世尊、では、知慧の飾りとはなんでしょうか。また、福徳の飾りとはなんでしょうか』

『師子吼菩薩、知慧の飾りは菩薩修行の第一段階から第十段階までの境地をいい、福徳の飾りは満足すべき施し、完璧に守るべき習慣、一貫した忍耐、精進努力、不乱の注意の五つが完璧であることと知慧の六つである。前の五つは完璧なものだが、知慧は完璧な知慧を意味したものではない。

　また、知慧の飾りはブッダや完成した求道の人のもので、福徳の飾りは未熟な修行者のものである。福徳の飾りはまた、作られたもの、汚れがあるもの、世間のもの、報いを受けるもの、障りがあるもの、無常のもので、俗人の関わるものである。これに対して知慧の飾りは作られないもの、汚れがないもの、世間を離れたもの、報いを受けないもの、障りがないもの、常住のものである。

　菩薩、君はこの二つの飾りを具足して深奥な教えの意味を問い、私はこの二つの飾りを具足して、君の質問に答えることになるのだ』

『世尊、求道の人がこの二つの飾りを具足した境地に至ったら、一つのこと、二つのことという分別した質問をすることはできないと考えます。それなのに世尊は一つのこと、二つのことというように分別して答えられていますが、どういうことでしょうか。というのは世間の事象は一つとか二つとか分けてみることができないからです。そのように一つ、二つと分けるのは俗人のやり方です』

523b
『師子吼菩薩、たしかに求道の人がもし二つの飾りを具えていなければ、一つ、二つと分別して理解することはできない。もし二つの飾りを具えていたら、一つ、二つと分別して理解することができよう。もし事象は一つとか二つとか分けられるものでないというなら、それは正しい考え方ではない。なぜなら、一つとか二つとか分けられないのならば、どうして事象は一つとか二つとか分けられるものではないといえるのだろうか。一つとか二つとか分別するのが俗人のやり方というが、それは十段階の修行中の求道の人のやり方である。俗人のやり方ではない。つまり一とは妙寂のことであり、二とは生死の苦のことである。一を妙寂というのは妙寂が常住であるからだ。二を生死というのは生死の苦が五欲や無知から生じるからだ。したがって常住の妙寂は俗人の特徴を持たない。生死はこれもまた俗人の特徴を持つものではない。このように二つの飾りを具えるならば教えについて正しく質問ができるし、答えることができる。

そこで君が「ブッダになる可能性とはなんですか」と質問したことに答えよう。よく聞きたまえ。君のために解るように解釈し、説明しよう。

ブッダになる可能性とは第一義の空である。第一義の空とは知慧である。ここでいう空とはものが空であるとか空でないとかの見方ではない。

知慧とはものは空であるという見方と、ものは空でないという見方と、ものは常在であるという見方と、ものは無常であるという見方と、ものは思うようにならないという見方と、ものは思うようになるという見方と、ものには実在があるという見方と、ものには実在がないという見方があることを知ることである。ものが空であるという見方はすべての事象はみな生死の繰り返しだと観察することである。ものが空でないという見方は妙寂があるという見方をいう。ものには実在がないという見方はすべての事象はみな生死の繰り返しだと観察することである。ものには実在があるという見方は妙寂があるという見方をいう。

事象をみな空と見るだけで、不変常住の妙寂という、空でないものがあることを知らなければ、バランスのある見方ではない。同じようにものには実在がないという見方だけをして、実在があることを知らなければその見方はバランスのある見方ではない。

バランスのある見方とはブッダになる可能性である。この意味でブッダになる可能性は常在であって、不変である。道理に対する無知のために人々はブッダになる可能性を見ることができない。未熟な修行者は事象は空であるという見方だけをして空でないものがあることを知らない。同じように事象には実在がないという見方だけをして実在があることを知らない。したがって彼らは第一義の空を理解できない。第一義の空を理解できないからバランスのある見方ができない。バランスのある見方ができないからブッダになる可能性を理解できない。

バランスのある見方ができない人に三つのタイプがある。一つは一応心が安らいで生きている人、二つはいつも苦悩に満ちた生き方をしている人、三つは苦と楽を兼ねて生きている人。

一応心が安らいで生きている人は求道の人、つまり菩薩である。彼らは人々を憐憫するあまり地獄に堕ちることもあるが、それでも楽だけを感じる三昧の境地にある人である。いつも苦悩に満ちた生き方をする人とは俗人のことである。苦と楽を兼ねて生きている人とは未熟な修行者をいい、苦と楽とを適当に兼ねて生きていることを彼らはバランスのある生き方と錯覚している。これら三タイプの人たちは自分の中にブッダになる可能性があっても、それを見ることができない。

次に「どういう意味でブッダになる可能性といわれるのですか」という質問に答えよう。

523c

ブッダになる可能性とはブッダの最高のさとりであるバランスのとれた見方・生き方（中道）を生みだす種子である。

菩薩、見方に下（げ）の見方、上（じょう）の見方、中（ちゅう）の見方の三つがある。下の見方は創造神ブラフマンが無常であるのを誤って常住とする見方である。上の見方は生死（しょうじ）の人生が無常であるのを誤って無常でないとする見方であり、また、ブッダ・教え・修行者の集まりの三つの柱が常在であるのを無理に無常とする見方である。中の見方は第一義の空の見方をいう。それは無常のものを無常と見、常在のものを常在と見ることである。第一義の空を下の見方といわないのは、俗人ができない見方であるから。上の見方といわないのは、これが下の見方であるからだ。ブッダや求道の人たちの採る見方は上の見方でもなく、下の見方でもない、中の見方である。

また、次に生死流転の原因として二つが考えられる。一つは道理についての無知、二つは五欲である。この二つに絡まれて生まれ・老い・病・死の四つの苦しみが生じると観察すること、これを中の見方という。このように観察することで生まれ変わり死に変わりの流転をとめることができる。これを中の見方という。

この意味で中の見方を教える法をブッダになる可能性という。したがってブッダになる可能性は究極の常住であり、安楽であり、実在であり、清浄である。人々はこれが解らないので、彼らには常住がなく、安楽がなく、実在がなく、清浄がない。

菩薩、喩えで説明しよう。ある貧しい家に宝が埋蔵されていることを家人が気付かないところに、物知りの人がきて、

「お宅の家には宝が埋蔵されています。それなのにどうしてそんなに貧乏をしているのですか」と教えた。そして彼は手を尽くしてその宝を見つけだし、家人に見せた。これを見た家人は本当に喜び、幸せになった。

ブッダになる可能性も同じで、人々はこれを見ていない。見ていないから究極の常住・安楽・実在・清浄の境地を得ることができない。私が種々の方便を尽くし、教えてはじめて彼らが見られるようにさせているのだ。見ることができたら、人々は究極の常住・安楽・実在・清浄の境地を得られるのだ。

また、次に人々の考え方に二種類ある。一つは来世があるという常在を主張する考え方、二つは現世のみ、来世はないという断絶を主張する考え方。これら二つの考え方は極端であるので中の見方とはいわない。常在の見方でもなく、断絶の見方でもないのが中の見方であり、十二項目の因果関係をもって見る智である。このように見る知慧をブッダになる可能性という。

ブッダになる可能性は常在であるが、人々は十二項目の因果関係のあり方の道理に暗いために見ること

ができない。この因果関係の法則の河を渡りきることができない。ちょうど兎や馬が渡ることができないように。

524a
菩薩、この十二項目の因果関係をもって世間を観察する知慧こそ、ブッダの最高のさとりの種子である。その意味で十二項目の因果関係の道理をブッダになる可能性ということもできる。これは喩えればきゅうりを熱病というのと同じ考え方である。つまりきゅうりが熱病の原因とも条件ともなるからである。

菩薩、ブッダになる可能性は原因となり、原因の原因となり、結果となり、結果の結果となることがある。原因となるとは十二項目の因果関係のことである。原因の原因となるとは知慧をいう。結果となるとはブッダの最高のさとりをいう。結果の結果となるのは無上の妙寂のことをいう。

これを詳しく説明しよう。道理についての無知（無明）を原因とし、これから派生する種々の形成作用（行）を結果とする。次にこの形成作用が原因となってものを識別するはたらき（識）が結果する。このように考えてゆくと無知そのものが原因となり、原因の原因となり、識別するはたらきも結果となり、結果の結果となる。これとブッダになる可能性は同じである。十二項目の因果関係は出現するのでもなく、なくなるのでもなく、常在するのでもなく、断絶するのでもなく、一でもなく、多でもなく、来るのでもなく、去るのでもなく、原因でもなく、結果でもない。

原因であって結果でないものはブッダになる可能性のようなもので、結果であって原因でないものは大妙寂のようなもので、原因であると同時に結果であるのは十二項目の因果関係のようなものである。そして原因でもなく結果でもないものをブッダになる可能性という。つまり原因でも結果でもないのだから常在にして不変である。

私はかつて「十二項目の因果関係の意義は深奥である。その真意を理解すること、見ること、考えることはなかなかできない。それはブッダの理解の範囲であって未熟な修行者たちの及ぶところではない」と言ったことがある。なぜその意義が深奥なのだろうか。

人々の種々の業は常在するものでもなく、断絶するものでもないが、それぞれに果報を受けなければならない。一瞬一瞬にその果報は消化されているが決して永久になくなるものではない。業を作るはっきりした主体はないが業を作るはたらきは行なわれている。果報を受けるはっきりした受け手はいないが果報は確かにある。果報の受け手はなくなっても果報がなくなるわけではない。はっきりとこれが果報であると知覚することはできないが集合することがある。

あらゆる生類はみな十二項目の因果関係のなかで生活しているのだが、それを具体的に知見していない。知見していないので、どれが始めでどれが終わりであるかを知らない。十段階の修行中の求道の人は終わりを見ているが始めがなにかを見ない。私はその始めも終わりも見ている。したがって私はブッダになる可能性をはっきりと見ることができる。

菩薩、人々は十二項目の因果関係の道理を理解しないので生死流転を繰り返す。ちょうど蚕が繭を作ってその中で死ぬように、人々はブッダになる可能性を見ることがないので自ら煩悩を起こし、悪業を作り、生死流転する。それはまた撞いた毬が上下するような状況と同じである。

私が至る所で説法したように、十二項目の因果関係の道理を見る人は法を見る。法を見る人はブッダを

524b
見る。このブッダとはブッダになる可能性のことである。なぜならブッダはこれを本性としているからだ。十二項目の因果関係の道理を観察する認識に四種類ある。一つは下の認識、二つは中の認識、三つは上の認識、四つは上の上の認識である。

下の認識をする人はブッダになる可能性を見ない。見ないので教えを聞くだけの修行者の理解しかできない。中の認識をする人はブッダになる可能性を見ない。見ないので孤独なブッダ（縁覚）の理解しかできない。上の認識をする人はブッダになる可能性を見ることはできるが、はっきりと見ることができない。はっきりと見ることがないので十段階の修行中の求道の人の理解しかできない。上の上の認識をする人はブッダになる可能性をはっきりと見るのでブッダの最高のさとりを得ることができる。

要するに十二項目の因果関係の道理はブッダになる可能性そのものである。ブッダになる可能性は第一義の空である。第一義の空を見ること、これをバランスのとれた見方といい、これがブッダの見方であり、生き方である。ブッダとは妙寂そのものである』

なぜ修行が必要か

ここで師子吼菩薩はまた次のような質問をした。

『世尊、もしブッダとブッダになる可能性とが同じであるなら、どうして教えにしたがって修行する必要があるのでしょうか』

ブッダは言われた。

『師子吼菩薩、君の質問は正しくない。ブッダとブッダになる可能性とが同じだといっても、人々は実際にはまだ具足していないのだ。

喩えを使って説明しよう。ある人が母を殺害した後、後悔の気持ちを持った。後悔してからは善行に励み、言葉遣いもやさしく、柔和な心をもって過ごしたが、この人は地獄の人といわれた。なぜなら、この人は母を殺害したのでかならず地獄に堕ちると決まっているからである。この人には地獄の生類の身体の形や五官などは見られないが、それでも地獄の住人といわれた。

だから私は説法の中で
「善行をしている人がいたら、天上人を見ていると思え。悪行をしている人を見たら、地獄の住人を見ていると思え。なぜなら、それぞれに決まった報いがあるからだ」

と説いた。

また、菩薩、人々はかならずブッダの最高のさとりを得ることができるから、私は「すべての人々にみなブッダになる可能性がある」

と説いた。

人々にはまだ三十二相八十種好相というブッダの瑞相が具わっていない。だから私はかつて説法で次のことを述べたことがある。

もとはあったがいまはない。もとはなかったがいまはある。三世にわたってものがあるという、そのような理はない。

菩薩、「ある」という言葉の意味は三つある。一つは未来に「ある」、二つは現在に「ある」、三つは過去に「ある」。

人々は来たるべき世でかならずブッダの最高のさとりを得るであろうという意味の「ある」はブッダになる可能性があることである。

人々には現在のところさまざまな煩悩がある。したがって現在三十二相八十種好相の瑞相を持たない。また、人々のなかで過去世に煩悩を断ち切った人がいたら、いまの世にブッダになる可能性を見ること
524c はできるだろう。このように考えているから、私はいつも人々にはみなブッダになる可能性があるという。同じように極悪人の一闡提にもブッダになる可能性があると説いている。

一闡提には確かに善というものはなにもない。ブッダになる可能性は善そのものであるが、未来に顕現するものであるから、その意味では一闡提にもブッダになる可能性はある。将来かならずブッダの最高のさとりを成就することができるからだ。

喩えで説明しよう。ある家に乳があった。その家を訪ねた人が、

「バターはありますか」

と聞いた。家人は

「乳があります」

と答えた。この意味は確かに乳はバターではないが、手を尽せばバターを作りだすことができる。だから家人は「いまバターはないが、乳があります」と答えたわけである。

　このように人々にはだれでも心があるので、心を持っている限りはかならずブッダのさとりを得ることができるはずである。この意味で私はすべての人々にみなブッダになる可能性があると説くのである。

　菩薩、畢竟に二つある。一つは畢竟の飾り、二つは畢竟の終わり。また、一つは畢竟の世間、二つは畢竟の出世間。

　畢竟の飾りとは六つの完璧な修行のことである。畢竟の終わりとは人々がだれでも所有している唯一の乗物、すなわちブッダになる可能性をいう。人々にはみなこの唯一の乗物があるが、道理について無知であるために見ることができない。ちょうどウッタラクル洲の三十三天は果報の楽しみにおぼれているために、ブッダになる可能性を見ることができない。そのように人々は煩悩に覆われているためにブッダになる可能性を見ることができない。

　また、次にブッダになる可能性とはあらゆる煩悩を断ち切る首楞厳三昧のことで、ちょうど醍醐味のようである。ブッダになる可能性は一切のブッダを出生する母である。首楞厳三昧の力によってブッダは永遠なる安楽と清浄を得た。また、人々にはみな首楞厳三昧がある。彼らは修行しないので、この事実を見ることができない。だからブッダの最高のさとりを成就することができない

　菩薩、首楞厳三昧に五種の名称がある。一つは首楞厳三昧、二つは般若波羅蜜（円満な知慧）、三つは金剛三昧（すべての煩悩を断つ落雷のような三昧）、四つは師子吼三昧（すべての獣が怯えるライオンの咆哮の

ような三昧）、五つは仏性（ブッダになる可能性）。これらはそれぞれの場面に応じて示されたはたらきに対する名称である。これはちょうど三昧がいろいろの修行の中で行なわれる時にその都度名称が付けられることを考えてみると解る。

例えば瞑想に初禅・二禅・三禅・四禅があり、さとりを得るための五つのはたらきのなかに三昧のはたらき、すなわち定根（じょうこん）があり、さとりを得るための五つの力のなかに三昧の力、すなわち定力（じょうりき）があり、さとりに導く七つの修行の中に三昧の修行、すなわち七覚支（しちかくし）があり、八正道のなかに三昧の正道、すなわち定正道（じょうしょうどう）があり、八つを完成した人の生き方に三昧の生き方、すなわち定覚がある。このようにそれぞれの場面で名称が付けられているように、首楞厳三昧も同じである。

人々にも上中下の三つの三昧がある。上の三昧はブッダになる可能性をいう。その意味で人々はみな
525a
ブッダになる可能性を持っているという。中の三昧は人々が最初の瞑想を行なったところをいう。なにかきっかけがあると行ない、きっかけがないと行なわないという程度の瞑想である。そのきっかけに火災に出会うことと煩悩をなくそうとすることとの二つが考えられる。この程度のきっかけで行なう三昧であるから中の三昧という。下の三昧は善心・悪心・善悪いずれでもない中性の心などに起こる十種の心のはたらき（十大地）のなかで行なわれる瞑想をいう。

このような三昧を行なう人々でも自分に内在するブッダになる可能性を煩悩を起こしているために見ることができない。十段階の修行中の求道の人は唯一の教えの乗物を見ることができるといっても私（如来）が常住であることを知らない。見たとしてもはっきりと見ていない。

ところで菩薩、首楞厳の首楞とはすべてを窮めることをいい、厳とは堅固という。つまりすべての煩悩を徹底的に尽くしてしまい、堅固な身心を確保した三昧を首楞厳三昧という。したがってこの三昧をブッダになる可能性という。

菩薩、私がある期間、尼連禅河(にれんぜんが)で修行していた時、付き添っているアーナンダ尊者に、

「私は衣を洗おうと思っている。衣と豆の洗い粉をとってくれ」

と言い、川の中に入ったことがある。その時、空の鳥、水陸に住む動物たちがやってきて、私のしぐさを観察した。また、五百人のバラモンが川べりにやってきた。そして私の近くに寄ってきて、こそこそと話し合っていた。

「本当に堅固な身体を獲得しているのだろうか。ゴータマが自分の身体はこの世限りのものでないといったら、我々は彼の考えにしたがって修行してもいいだろうな」と。

私は他人の心を読む神通力を使ってバラモンたちの心を察知し、彼らに向かって

「どうして私の身体がこの世限りであると説くと考えるのか」

と告げた。するとバラモンたちは、

「ゴータマ、君はすでに至る所で説法しているが、その中で人々に実在するものはないと説いている。つまり無我を説いているのだから、次の世に相続するものがないということだ。それがどうして来世があるという考え方といえるだろうか。もし実在するものがないなら、習慣を守る主体はだれで、習慣を破る主体はだれだろうか」

と質問した。そこで私は答えた。

「私は実在するものがないとは説いていない。人々にはみなブッダになる可能性があるといつも説いている。ではブッダになる可能性は実在するものではないのだろうか。そうではない。したがって私はすべてのものはこの世限りであるという考えを述べたことはない。ただブッダになる可能性を人々が見ることができないだけである。だから人々には究極の常住も安楽も実在も清浄もない。この状況はこの世限りという考え方というべきである」

　この説明を聞いたバラモンたちは、ブッダになる可能性が実在すると知って、ブッダのさとりを求める気持ちを起こし、すぐに出家し、修行を始めた。この成り行きを見ていた鳥や動物はみなさとりを求める気持ちを起こし、いまの生き方を捨ててブッダの道にしたがった生活を始めた。

　菩薩、いま説明したブッダになる可能性は実のところバラモンたちのいう実在するものとは異なるが、
525b 彼らが理解できるようにと思って実在するものと説明したのである。私は理由あって無我を我と説くことがある。実際には実在するもの、つまり我はないのだが、あると説くことがあっても、たぶらかして説いているのではない。理由があって実在するものを実在でないと説くこともあるが、しかし実際には実在するものはある。世間のあり方に準じるからである。実在でないと説いても虚無といっているのではない。ブッダになる可能性は実在のものでないが、私は実在すると説く。それは常住であるからだ。私は実在のものを実在でないと説くが、それは私が自在であるからだ』

その可能性を見られない理由

ここでさらに師子吼菩薩はブッダに訊ねた。

『世尊、もし人々にブッダになる可能性が確固としてあるのならば、どういう理由で人々はそれを見ることができないのでしょうか』

『師子吼菩薩、喩えで説明しよう。物には青とか黄とか赤とか白とか色に違いがある。また、長い物、短い物の形の違いがある。眼が見えない人はそれを見ることができない。その人には見えないかもしれないが、青・黄・赤・白・長・短などの色や形が実際にないのではない。目が見えない人には見えないかもしれないが、目が見える人には見える。

この喩えと同じことがブッダになる可能性にもいえる。人々には見えないかもしれないが、十段階の修行中の求道の人たちには少しは見える。私の場合は全体がよく見える。十段階の修行中の求道の人たちが見るブッダになる可能性は夜景を見る程度に見えるが、私には昼間の景色のように見える。

眼に障害がある人は色をよく見ることができないが、名医に治療してもらうと薬のおかげで見られるようになる。また、十段階の修行中の求道の人たちはブッダになる可能性をはっきりと見られないが、首楞厳三昧の力によって見ることができるようになる。

菩薩、もしある人が世間の事象はみな無常で、苦で、永遠でなく、不浄であると見て、また、一方で世間を超えたものも無常で、苦で、永遠でなく、不浄であると見るならば、彼はブッダになる可能性を見ることはできない。ここで世間の事象とは生死をいい、世間を超えたものとはブッダ・教え・修行者の集まりの三つの柱をいう。未熟な修行者たちは世間の事象はみな無常で、苦で、永遠でなく、不浄であると考え、世間を超えたものも無常で、苦で、永遠でなく、不浄であると見る。だから彼らもブッダになる可能性を見ることができない。

十段階の修行中の求道の人たちは世間の事象はみな無常で、苦で、永遠でなく、不浄であることを見て、世間を超えたものも一部分は常住で、安楽で、実在で、清浄であると見ている。だから彼らは十分の一くらいのところを見ることができる。私は世間の事象はみな無常で、苦で、永遠でなく、不浄であることを見て、世間を超えたものは常住で、安楽で、実在で、清浄であると見ている。したがって私は掌のアーマラカを見るようにブッダになる可能性を見ることができる。これは首楞厳三昧によるからである。この意味で首楞厳三昧を畢竟という。喩えてみると、新月は見えないが、月そのものがなくなっているのではな
525c い。そのようにブッダになる可能性も人々の眼には見えないが、そのものがないのではない。

ブッダになる可能性とは別の表現でいえばブッダの十種の力、四種の畏れのない境地、無量の憐憫（れんびん）、三種のつねに心掛けるべき事柄などと言い換えられる。

人々はむさぼりやおごりや無知などの煩悩をなくすとブッダになる可能性を見ることができる。極悪人の一闡提も一闡提であることを捨てるならば、ブッダの十種の力、四種の畏れのない境地、無量の憐憫、三種のつねに心掛けるべき事柄などを得られるのだ。このように説いて私はいつも人々にはみなブッダになる可能性があると説明している。

菩薩、先に説明した十二項目の因果関係の道理はすべての生類に当てはまる。自分にも自分以外の事象についてもいえることである。

では、十二項目について説明しよう。まず、過去の煩悩を無知（無明）という。過去の行ない（業）は形成作用（行）という。現在の世間において、はじめて子宮で生を受けた時を識別作用（識）の状態という。子宮に宿ってまだ頭・両手・両足や、目・耳・鼻・口がはっきりしない状態を名称と形だけの状態（名色）という。目・耳・鼻・口の区別がつくようになっても感覚するはたらきがない状態を六つの感覚器官（六入）という。感覚するが苦とか楽とかの感覚の識別ができない状態を接触（触）という。外界と接触して一つのものに染まる状態を感受（受）という。五欲に慣れ親しむ状態を渇きに似た欲（愛）という。この欲が内外のものをむさぼり求める状態を執着（取）という。内外の事象に対して行動や言葉や心などの上で反応やはたらきかけをする状態、これを存在（有）という。

現在の世間で起こす識別作用を来世の生存をもたらすものといい、現在の世間での名称や形、六つの感覚器官・接触・感受などを来世の老い・病・死をもたらすものという。以上の関係を十二項目の因果関係という。

菩薩、人々はこの十二項目の因果関係を十分に理解していない。子宮に宿って七日目の凝固した状態のカララの位の時死んだら、十二項目の因果関係はない。この十二項目とは生まれてから老い、そして死ぬまでを表わしたものである。

ブッダになる可能性についても同じで、人々はみなブッダの最高のさとりをかならず得ることができるから、人々にはみなブッダになる可能性があると説いている。

ヒマラヤに忍耐という草がある。これを牛が食べると醍醐をだすといわれる。また、別の草がある。もし牛がこれを食べると、これも醍醐をだすといわれる。さらに別の草がある。これを牛が食べると、これからは醍醐はでない。このように醍醐をださないことがあるからといってヒマラヤに忍耐という草がないと考えてはならない。これはブッダになる可能性の場合も同じである。

ここでいうヒマラヤとは私のことである。忍耐という草は大妙寂のことである。別の草とは十二種の説法集のことである。そこで人々がもし大妙寂の教えを聞き、理解し、広く伝えることをしたら、彼らは

526a

ブッダになる可能性を見ることができるだろう。十二種の説法集のなかにブッダになる可能性があることを聞いていなくても、そこにブッダになる可能性がないと考えてはならない。

ブッダになる可能性とは物質的なものであり、また物質的でないものであり、物質的でなく・物質的でないのでもないの両方のものである。また、特徴があり、また特徴がない、そして特徴がない、特徴がないのでもないの両方のものである。また、一つであり、また一つでない、そして一つでない、一つでないのでないの両方である。常在するものでなく、また断滅するものでなく、無常でなく、断滅でないのでないの両方である。また存在するものであり、また存在しないものであり、そして存在する、存在しないのでないの両方である。尽きるものであり、また尽きないものであり、そして尽きない、尽きないのでないの両方のものである。原因となるものであり、結果となるものであり、原因でなく、結果でないの両方のものである。理（ことわり）のようなものであり、また理でないものであり、理でない、理でないのでないの両方のも

のである。文字で表現できるものであり、また文字で表現できないものであり、文字で表現できない、文字で表現できないのでないの両方のものである。

ではブッダになる可能性が物質的なものであるとはどういうことだろうか。それはブッダになる可能性がダイヤモンドのような堅固な身体に喩えられるからである。

ではブッダになる可能性が物質的でないものとはどういうことだろうか。十八種のブッダ特有の特徴があるからである。

ではブッダになる可能性が物質的でなく、物質的でないのでもないの両方のものだとはどういうことだろうか。それは物質的なものと物質的でないものとの両方に決まった特徴がないからである。

ではブッダになる可能性に特徴があるとはどういうことだろうか。それは三十二種の瑞相を持っているからである。

ではブッダになる可能性には特徴がないとはどういうことだろうか。それは生類に現われる特徴ではないからである。

ではブッダになる可能性は特徴がない、特徴がないのでないの両方のものとはどういうことだろうか。それは特徴があるのか特徴がないのか決まった特徴がないからである。

ではブッダになる可能性は一つであるとはどういうことだろうか。それはすべての生類にとって唯一の教えとなるからである。

ではブッダになる可能性は一つではないとはどういうことだろうか。それは未熟な修行者の教えやブッダや求道の人の教えなど、三つに開いて説明されることがあるからである。

ではブッダになる可能性は一つでない、一つでないのでないの両方のものであるとはどういうことだろうか。それは数えられるものでないからである。

ではブッダになる可能性は常在するものでないとはどういうことだろうか。それは衆縁和合（しゅえんわごう）して、つまりさまざまな条件が整って見られるものだからである。

ではブッダになる可能性は断滅するものではないとはどういうことだろうか。それは断滅しないものだからである。

ではブッダになる可能性は無常でなく、断滅でないのでないの両方のものとはどういうことだろうか。それは始めもなく終わりもないからである。

ではブッダになる可能性が存在するものとはどういうことだろうか。それはあらゆる生類に存在するからである。

ではブッダになる可能性が存在しないものとはどういうことだろうか。それは巧みな方便を駆使せずには見られないからである。

ではブッダになる可能性が存在する、存在しないのでないの両方のものであるとはどういうことだろうか。それは虚空のような性質だからである。

ではブッダになる可能性が尽きるものとはどういうことだろうか。それはあらゆる煩悩を断ち切る三昧の境地だからである。

ではブッダになる可能性が尽きないものとはどういうことだろうか。それは常在しているからである。

ではブッダになる可能性が尽きない、尽きないのでないの両方のものとはどういうことだろうか。それはすべての尽きるというあり方を断ち切っているからである。

ではブッダになる可能性が原因となるものとはどういうことだろうか。それはブッダを知るための根拠となるからである。

ではブッダになる可能性が結果となるものとはどういうことだろうか。それはブッダとなることが確定しているからである。

ではブッダになる可能性が原因でもなく、結果でもないの両方のものとはどういうことだろうか。それは常在するものだからである。

ではブッダになる可能性が理のようなものであるとはどういうことだろうか。それはあらゆる理を知り尽くすはたらきを持っているからである。

ではブッダになる可能性が理でないものとはどういうことだろうか。それは説くことができないものだからである。

ではブッダになる可能性が理でなく、理でないのでないの両方のものとはどういうことだろうか。それは究極の空だからである。

ではブッダになる可能性が文字で表現できるものとはどういうことだろうか。それは名称があるからである。

ではブッダになる可能性が文字で表現できないものとはどういうことだろうか。それは名付けられないといわれるからである。

ではブッダになる可能性が文字で表現できない、文字で表現できないのでないの両方のものとはどういうことだろうか。それはすべての文字を離れているからである。

ではブッダになる可能性が苦でもなく楽でもないものとはどういうことだろうか。それはすべての感覚作用がはたらかないからである。

ではブッダになる可能性が実在でないものとはどういうことだろうか。それはまだ八つの自在力を取得することができていないからである。

ではブッダになる可能性が実在でないのではないものとはどういうことだろうか。それは常在だからである。

ではブッダになる可能性が実在でない、実在でないのではないの両方のものとはどういうことだろうか。それは行為を起こさず、その結果を感受することがないからである。

ではブッダになる可能性が空であるとはどういうことだろうか。それは第一義の空だからである。

ではブッダになる可能性が空でないとはどういうことだろうか。それは常在だからである。ではブッダになる可能性が空でなく、空でないのではないの両方であるとはどういうことだろうか。それは善なる教えを生み出す種子だからである。

菩薩、このように深奥な妙寂の教えの理を考え、そして理解する人がいたら、彼はブッダになる可能性

526b
を見ることができるだろう。ブッダになる可能性は不可思議なものである。それはブッダの心の境界であり、未熟な修行者たちが理解できる境界ではない。

ブッダになる可能性は物質的な、感覚できる領域のものではない。本来なかったものが現在あるのではない。すでにあったものが現在なくなっているのでもない。これは善なる条件が整い、和合するならば見ることができる。

喩えていえば真っ黒い鉄も火の中に入れると赤くなり、火から出して冷ますともとの黒色になるが、この黒色は鉄の中にあるものでもなく、外にあるものでもない。条件を与えたことによって黒色が現われているにすぎない。これとブッダになる可能性も同じである。煩悩の火が消えるとブッダになる可能性を見ることができる。

菩薩、種子が種子の形をまったくなくしてしまうと芽がでてくるが、その芽の本性は種子の中のものでなく、また外のものでもない。花も果実も同様である。すべてのものは衆縁和合、つまり種々の条件が和合して存在するのである。

この深奥な妙寂の教えは量り知れない功徳を成就し、具えているが、ブッダになる可能性も同じように量り知れない、無限の功徳を成就している』

その可能性を見るための十法

ここで師子吼菩薩はブッダに訊ねた。

『世尊、求道の人はブッダになる可能性を見ることができたとしても、どれほどの教えを具足していないためにまだはっきりと見られないのでしょうか。一方、ブッダはどれほどの教えを完全に具足しておられるからはっきりとブッダになる可能性を見られるのでしょうか』

『師子吼菩薩、求道の人は次の十種の方法を成就し、具足すれば見ることができる。とはいえ、はっきりと見ることはできない。では、その十種とはなにか。一つは少欲であること、二つは足るを知ること、三つは心の完全な静寂を得ること、四つは努力すること、五つは正しく記憶すること、六つは正しく注意すること、七つは正しく理解すること、八つは迷いから解放されること、九つは迷いからの解放を称えること、十は妙寂の教えを人々に教えることである』

『世尊、欲が少ないと足るを知るとの間にどんな違いがありますか』

『師子吼菩薩、欲が少ないとは求めず取らずということであるが、足るを知るとは少しばかりを得ても悔やまず恨まずにいることである。欲が少ないとは欲するところが少ないことで、足るを知るとはただ教えのために生きているので、心に憂いも悩みもないことである。

菩薩、欲に三種ある。一つは悪欲、二つは大欲、三つは欲欲である。

悪欲とはなにか。修行者の中にむさぼりの気持ちを起こし、修行者の中でリーダーとなって、彼らを従わせ、信者がみな自分に布施するように、自分だけを敬い、称え、尊重するようにさせ、いつも最初に説法することを願い、自分が説いたことをみなに信じさせ、国王や大臣や資産家の支持を得ようとし、衣服・飲食・寝具・薬・住まいを布施させようとする者がいる。このような者の欲を悪欲という。これはいまの生活のための欲である。

次に大欲とはなにか。修行者の中に、欲を起こして、なんとかして他の修行者や信者たちに自分はブッ
526c
ダのさとりを得て最高の聖者（阿羅漢）の位にまで達し、瞑想も最高の境地を得ているということを知ってもらいたいと自分の利益と名誉を得たいために触れて回る者がいる。このような者の欲は大欲である。

次に欲欲とはなにか。修行者の中に、梵天や魔や自在神や転輪王として生まれ、王族・資産家・僧侶などの家系に生まれ、この世間で権勢を振るいたいと願う者がいる。あくまでも自分の利益と名誉のためである。このような者の欲を欲欲という。

以上の三つの欲を起こさないことを少欲という。

また、欲に二十五種の渇欲がある。この二十五種の渇欲がない、これを少欲という。将来のことをほしがらない、求めない、これを少欲という。得ても蓄えない、これを足るを知るという。尊敬されることを求めない、これを少欲といい、あちこちで尊敬されることを願わない、これを足るを知るという。

菩薩、欲は少ないが足るを知らない人がいる。足るを知っても少欲でない人がいる。また、欲が少なく、そして足るを知っている人もいる。また、欲が少なく、そして足るを知らない人もいる。

欲が少ない人とは出家したばかりの修行者を喩え、足るを知る人とは孤独なブッダ（縁覚）を喩えることができる。欲が少なく、足るを知っている人は聖者（阿羅漢）に喩え、欲が少なく、そして足るを知らない人とは求道の人に喩えることができる。

菩薩、欲が少なく、足るを知る人に二種類ある。一つは善人、二つは不善の人である。不善の人はいわゆる俗人であり、善人とは聖者（阿羅漢）や求道の人である。聖者（阿羅漢）はそれぞれの段階のさとりを得ていても、それを自慢しない。自慢しないので心に悩むことがない。これを足るを知る人という。求道の人は深奥な妙寂の教えを反復し修めてブッダになる可能性を見たいと願っている。だから彼は欲が少なく、足るを知ることを実行する。

では次に完全な静寂（せいじゃく）とはなにか。

完全な静寂に二種類ある。一つは心の静寂、二つは身の静寂。まず、身の静寂とは身を使ってむさぼり・怒り・おごりの三つの悪を作らないことである。心の静寂とは心を使ってむさぼり・怒り・おごりの三つの悪を作らないことである。これを身心の静寂という。

身の静寂とは出家者の仲間や信者たちに親しく近付かず、彼らの生業と関わりを持たないことである。心の静寂とはむさぼり・怒り・おごりの煩悩を起こさないことである。このように身と心とを修めることを身心の静寂という。

また、修行者の中に身が静寂であっても心が静寂でない者もいるし、心が静寂であっても身が静寂でない者もいる。身も心も静寂の者がいる。身も心も静寂でない者がいる。

ところで身は静寂であって心が静寂でないとは、静かな場所で坐禅して、出家者や信者から離れていながらも、心はつねにむさぼりやおごりの煩悩が渦巻いている状態をいう。

次に心が静寂であって身が静寂でないとは出家者や信者たちと親しく付き合い、国王や大臣とも親しくなっているが、むさぼりやおごりの煩悩がない状態をいう。

次に身も心も静寂であるとはブッダや求道の人たちの状態をいう。

527a 次に身も心も静寂でないとは俗人の状態をいう。というのは俗人は身も心も静かになれるが、世間は無常であり、苦であり、頼るものがなく、不浄であることを知らないからである。だから俗人は身体・言葉・心の三つの行ないに静寂を得ることができない。極悪人の一闡提や殺生などの四つの重罪を犯す者、母や父を殺すなどの五つの反逆罪を犯す者なども身と心の静寂を得ることはできない。

次に正しく努力するとはなにか。身体・言葉・心の三つを清らかにしようと思って、一切の悪事を離れて、あらゆる善行を行なうならば、これを努力という。

努力する人はいつも次の六つのことを心掛けている。すなわちブッダ、教え、修行者の集まり、布施すること、習慣を守ること、天に生まれることの六つである。これが正しい記憶である。

正しい記憶を習得した人が次に得る心の統一、すなわち三昧がある。これを正しく心を集中することという。

正しい三昧を習得した人は世間のあらゆる事象を虚空のようだと観察する。このように観察して世間を理解することを正しい理解という。

正しい理解を習得した人はあらゆる煩悩から解放される。これを迷いからの解放という。

迷いから解放された人は人々が解放されたことを知って心からそれを称え、その解放は永遠であり、不滅であると称える。これを迷いからの解放を称えるという。

迷いからの解放はこの上もない妙寂である。妙寂とは煩悩の火がすべて滅した状態をいう。また、妙寂とは家屋に喩える。あらゆる煩悩の暴風雨を遮るからである。また、妙寂とは拠り所である。すべての恐怖を遠ざけてくれるからである。また、妙寂とは島である。たとえあの四つの大河でも流し去ることができないからである。また、妙寂とは最後の帰るところである。そこでは究極の安楽を得るからである。

以上の十種の方法を成就したらブッダになる可能性を見ることができる。しかしまだはっきりと見ることはできない。

また、次に菩薩、出家者に四種の病がある。これがあると聖者（阿羅漢）のさとりは得られない。ではその四種の病とはなにか。端的にいうと四つの悪欲をいう。一つは衣類に対する欲、二つは飲食に対する欲、三つは寝具に対する欲、四つは生存に対する欲。

これらは出家者にとって病に等しいが、ただ四種の良薬にかかるとこれらの病は治る。まず糞掃衣（ふんぞうえ）、つまり捨てられた布切れを縫い合わせた綴れ着を着るならば衣類に対する欲の病はなくなるだろう。托鉢する生活をすれば飲食に対する欲の病はなくなるだろう。樹木の下や洞穴などで修行生活をすれば寝具に対する欲の病はなくなるだろう。身心の煩悩をすべて取り去るならば生存に対する欲の病はなくなるだろう。

このような生き方をすれば四つの病を取り除くことができる。これを高潔な修行という。この高潔な修行を欲が少なく、足るを知るという。

527b いま述べた身心の煩悩を取り去った静寂の境地には四種の安楽がある。一つは出家生活の安楽、二つは静寂の安楽、三つは永久に煩悩がなくなった安楽、四つは究極の安楽という四種がある。

すでに生じた悪を除こうと努めること、悪を生じないように努めること、善を生ずるように努めること、すでに生じた善を増すように努めることの四種を実践すること、これを精進という。

この身は不浄である、感受作用は思うようにならない、心は無常である、そしてすべての事象は私でないという四つのことを忘れずに修行すること、これを正しい修行という。

欲が渦巻く世界を超えた清浄な境地に住み、欲望から離れることによる喜びを味わう瞑想、瞑想から生じる喜びを味わう瞑想、世間の喜びを超越した本物の喜びを味わう瞑想、そして苦楽を超越した境地を味わう瞑想の四つを実践すること、これを正しい注意という。

世間が苦であるという真実、世間が苦である原因についての真実、苦を克服した平安の境地という真実、そしてその平安の境地を得るための方法という真実などについて知見すること、これを正しい理解という。

永くすべての煩悩の塊を破壊し去って身心は解放される。煩悩によるすべての過ちを咎め、説諭することを迷いからの解放を称えるという。

菩薩、このような十種の方法を具足すればブッダになる可能性を見ることができる。しかしまだはっきりと見ることはできない。

また、次にこの妙寂の教えを聞いて、これに親しみ、繰り返し実行し、世間の俗事から離れるならば、それを少欲という。そして出家してからも後悔せずに修行にはげむならば、それを足るを知るという。

すでに足るを知って、人気（ひとけ）のない、全く喧騒を離れたところにいること、これを完全な静寂の境地という。足るを知らない人は人気のないところを好まず、足るを知る人はなにもない、人気のないところを楽しむ。足るを知る人は人気もないところで〈世間の人たちは私が聖者〈阿羅漢〉のさとりを得ているかのようにいうが、私は実際にまださとりを得ていない。人々はあのようにいうがだますわけにはいかない〉と考えている。このように考えながら、精進してついに聖者〈阿羅漢〉のさとりを得るのだが、これを正しい努力という。

深奥な妙寂の教えに親しみ、それを反復して修行すること、これを正しい記憶という。天然の道理にかなった生き方をすること、これを正しい注意という。

このように心を集中することによって世間を正しく観察し、正しく知見すること、これを正しい理解という。

正しく観察し、知見する人は煩悩の束縛から解放される。これを迷いからの解放という。求道の人は人々が将来得るであろう妙寂の境地を称賛する。これを迷いからの解放を称えるという。

このように十種の方法を具足すれば、ブッダになる可能性を見ることができるが、しかしまだはっきりと見ることはできない。

また、次に菩薩、少欲とは、修行者が人里離れた閑静な場所に住み、そこで横になることもなくひたすら坐禅し、樹木の下や墓場や草も生えていない荒れ地などに住み、また坐る時はわずかばかりの草が生えている上に坐り、つねに托鉢してもらった物と量に満足し、一人だけで坐り、一日一食、三種の衣〈正装用の九条衣と礼拝・聴講用の七条衣と作業用の衣〉と棄てられたぼろ切れを縫い合わせた糞掃衣と毛皮の着物だけを蓄えるなどの生活をすることをいう。このような生活をしていても少しも後悔の気持ちをいだかないならば、これを足るを知るという。

世間のすべての事象は空であると反復して修行すること、これを完全な静寂という。

四種の聖者のそれぞれのさとりを得て、最後にブッダの最高のさとりを求めようという心をつねに起こし続けること、これを正しい努力という。

心掛けてブッダは常住で不変であると考え続けること、これを正しい記憶という。

一切の煩悩を捨て、煩悩の束縛から解放されるための八種の瞑想を修めること、これを正しい注意という。

教えについて自在である、教えの理解について自在である、言葉の表現について自在である、教えを説
527c
くことに自在であるという四つの自在な理解力・表現力を取得すること、これを正しい理解という。

道理を正しく理解せず迷うことから起こる煩悩、生来持っている煩悩、感覚器官によって起こる煩悩、十種の悪行によって起こる煩悩、出家者が蓄えたり所持したりしてはならないものに親近して起こる煩悩、感受することから起こる煩悩、想像することから起こる煩悩の七種の煩悩を離れること、これを迷いからの解放という。

妙寂には生・老・病・死・色形・音声・香り・味・触り・無常などの十種の特徴がないことを称えること、これを迷いからの解放を称えるという。

これら十種の特徴を完全に離れた境地を大妙寂という。

このような十種の教えを具足すればブッダになる可能性を見ることができる。しかしはっきりと見ることはできない。

また、次に、欲が多くて、国王や大臣や資産家や、王族の者やバラモン階級の者や庶民や奴隷などと親しくして、自ら聖者（阿羅漢）のさとりに達していると言い触らし、日常生活の中で自分の利益や名誉のために、信者を見ると丁寧に応接して、相手を敬い、彼らの強欲をたしなめる修行者を少欲の人という。まだ、種々の煩悩の塊を取り除けないとはいっても、ブッダと同じような行ないをしていれば、その人を足ることを知る人という。

これら二つのことができる人は正しい記憶と正しい注意ができる境地に近い人といえる。いつも師や同学の人たちに称えられる。私自身この二つの行ないについて至る所で説法し、奨励し、称えてきた。この二つの行ないを実践する人は大妙寂に入る門、そして出家生活の安楽、静寂の安楽、永久に煩悩がなくなった安楽、究極の安楽、妙寂の安楽など五つの安楽に近付くことができること、これを完全な静寂という。

正しく身に付けるべき習慣を固く守ること、これを正しい努力という。

慙愧の心があること、これを正しい記憶という。

心の種々の姿に惑わされないこと、これを正しい注意という。

世間の事象の本性と姿、その事象が起こる因縁を観察し、それにとらわれないこと、これを正しい理解という。

形相がなければ、それにとらわれないので、煩悩がたちどころに除かれること、これを迷いからの解放という。

このように妙寂の教えを称えること、これを迷いからの解放を称えるという。

菩薩、このように十種の教えに安住すればブッダになる可能性を見ることができる。しかしまだはっきりと見ることはできない。

はっきり見ないとはっきり見るの違い

菩薩、君が先ほど質問した「十段階の修行中の求道の人はどんな眼を持っているからブッダになる可能性をはっきりと見られないのでしょうか。また、ブッダはどんな眼を持っておられるから、その可能性を見られるのでしょうか」について説明しよう。

菩薩、世間は空であると見る眼（慧眼（えげん））で見る限り、はっきり見ることができない。ブッダはあらゆるものを自在に見ることができる仏眼でみるからはっきり見ることができる。さとりのために修行しているとはっきり見ることができない。もし修行しなければはっきりと見ることができる。

求道の人は十段階の修行中にあるからブッダになる可能性を見てもはっきりと見ることができない。ブッダは修行そのものにとらわれがないところに安住しているから、はっきり見ることができる。

求道の人は世間の事象が空であると理解した程度の境地にあるから、はっきり見ることができない。ブッダはさとるための原因とかさとりという結果とか、このような因果の関係を超えているから、はっきり見ることができる。

すべてのことを理解した人はブッダになる可能性そのものといわれる。これに対して十段階の修行中にある求道の人はまだすべてを理解していないので、その可能性を見ることはあってもはっきり見ることができない。

菩薩、見ることに二つの見るがある。それは眼で見ることと聞いて見ることである。ブッダはブッダに
528a なる可能性を眼で見る時、掌の上でマンゴーの果実を見るようにはっきり見る。求道の人は聞いて見るので、はっきりと見ることができない。かの求道の人はブッダの最高のさとりをかならず得ることを自覚するが、人々にブッダになる可能性があることを知らない。

菩薩、ブッダと共に求道の人もブッダになる可能性を眼で見ることもある。また、人々、あるいは修行中の者でもブッダになる可能性を聞いてから見る者もある。しかし人々にはみなこの可能性があると聞いても、これを心から信じなければ聞いて見ることにはならない。

菩薩、もし善男善女が私を見ようと思えば、私の十二種の説法集の教えを反復して実行し、記憶し、暗唱し、書き写し、そして人々に解説してやるべきである』

ブッダの心を知る方法

師子吼菩薩はさらに質問した。

『世尊、人々はブッダのお心の特徴を知ることができません。そこでどのように観察したらお心の特徴を知ることができるでしょうか』

『師子吼菩薩、人々は私の心の特徴を知ることはできない。私の心の特徴を観察して知りたいと思えば、二つの見方がある。一つは眼で見ること、二つは聞いて見ること。

私のあらゆる行動を見るならば、それがそのまま私である。これが眼で見ることである。私のあらゆる会話や説法を聞いたら、それがそのまま私である。これが聞いて見ることである。

人々の容貌に私のそれと比較できるものがないと観察したら、それがそのまま私である。これが眼で見ることである。人々の声に私のそれと比較できるものがないと観察したら、それがそのまま私である。これが聞いて見ることである。

私が行なっている神通力は人々のためにしているのか、私自身の利益のためにしているのかを観察して、もし人々のためにしていると知ったら、それがそのまま私である。これが眼で見ることである。私が他人の心を察知する神通力を持って人々と接しているのを観察して、もし人々のためにしているのか、私自身の利益のためにしているのかを観察して、もし人々のためにしていると知ったら、それがそのまま私である。これが聞いて見ることである。

私はこの身をどのようにして受けたか、なぜこの身を受けたのか、だれのためにこの身を受けたのかと、この身を見ること、これが眼で見ることである。私はどのようにして説法するのか、なぜ説法するのか、だれのために説法するのかなど、説法を観察すること、これが聞いて見ることである。

身の上で作った悪業にさらにおごりの心を起こさないところを観察したら、それがそのまま私である。これが眼で見ることである。言葉の上で作った悪業にさらに怒りの心を起こさないところを観察したら、それがそのまま私である。これが聞いて見ることである。

私がこの世間に誕生した時に、十方に向かってそれぞれ七歩歩いた。その時、マニバドラ鬼神やプール
528b ナバドラ神将などが旗を建て、傘をかけてくれた。世界は振動し、眩（まばゆ）いばかりの金色に輝く光が虚空に満ちた。ナンダとウパナンダという龍王の兄弟が神通力で私に産湯を使わせた。多くの神々は私の姿を見て礼拝し、アシタ仙人は合掌して私に敬礼した。青年期においても唾を吐き捨てるように一切の欲を捨て、世間の快楽に惑わされることがなかった。出家し修行した時はつねに人里離れた閑静なところを求めて修行し、誤った考え方や教義を破るために六年の間苦行を実践した。

人々に裏表なく平等の心で接し、心はいつも平静で慎み深く、乱れることがなかった。容貌は端麗で、身体は多くの功徳で満ちあふれていた。人里離れた丘陵などを遊行したが、至るところみな平らであった。衣服は肌に接していなかったがずれ落ちなかった。歩く時は前方を直視して振り向いたりして歩くことはなかった。食べる物に旨い物、まずい物はなかった。坐ったり、横になったりする時に草が乱れることはなかった。人々の心を安心させるために説法した時、彼らの心におごりや侮りの気持ちがなくなることを見た。これが眼で見ることである。

私は七歩歩いて、

「この生まれをもって私の輪廻する最後の身体とする」

と言った。その時、アシタ仙人は合掌して私の父王に、
「大王、このシッダールタ太子はかならずブッダの最高のさとりを開かれることでしょう。決して世界を統治する転輪王になられることはありません。なぜなら、ブッダの人相がはっきり現われているからです。転輪王の人相ではありません。シッダールタ太子の身体の特徴にもブッダの相がはっきりとでています。だからブッダの最高のさとりを得られるはずです」
と告げた。
　私は老人や病人や死人をみて
「人々を憐憫しなければならない。人々は生まれ、老い、病み、死ぬなどを繰り返しているが、これをよく観察せず、つねに苦しみあえいでいる。私はこの苦しみを断つ方法を考えだそう」
と誓った。アーラーラという五つの神通力を体得した仙人について無想定（むそうじょう）という無意識の法悦に浸る瞑想の境地を習得したが、これもまだ本物でないことを告げて立ち去った。また、ウッダーラカという仙人について非想非非想定という、表象があるのでもなく、ないのでもないという瞑想の境地を習得したが、これは外道の解脱であって、まだ迷いの境界にすぎないと告げて立ち去った。六年間の苦行の成果はなかった。そこで私は
〈苦行をいろいろと実践したが、結局なにも得るところはなかった。彼らが教えてくれたものが本物であったら得るところがあったろうが、じつはみな空しく得るものはなかった。彼らの行なっているのはまやかしの呪術というべきもので、正道ではない〉

と考えた。

私がさとりを得た後、すぐに創造神ブラフマンが、

「ブッダ、どうか人々のために甘露の真理を開示し、無上の教えを説き示してもらいたい」

と懇願した。そこで私は創造神ブラフマンに、

「ブラフマン、人々の心は煩悩に覆われているために私が正しい教えを説いても聞いてはくれないだろう」

と告げると、

「世尊、人々にはすぐれた能力を持つ者と劣った能力を持つ者と、その中間の能力を持つ者がいます。すぐれた能力を持つ者は教えをしっかりと受け止めることができます。そのすぐれた能力を持つ者に説法してもらいたいのです」

と懇願した。これに対して私は、
528c 「創造神ブラフマン、よく聞きたまえ。私はこれらの人々のために甘露の真理を開示しよう」

と返答した。そして私はベナレスで正法を説き、中道の生き方・考え方を説明した。人々は頑固な煩悩を取り除くことができないようだが、取り除けないわけではない。取り除くのでもなく、取り除かないのでもない。これを中道の生き方という。人々を彼岸に渡すのでもなく、渡すことができないのでもない。これを中道の導き方という。すべてが成就するのでもなく、また一切が成就しないのでもない。これを中道の生き方という。

およそ説く機会があれば相手が師であろうが、弟子であろうが説く。これを中道の説き方という。説法

は利益のためではないが、果報が得られないのではない。これを中道の説法という。正しい言葉、真実の言葉、適時の言葉、真理の言葉には決して嘘がない。その微妙な意味は第一義である。このような教えを聞くこと、これが聞いて見ることである。

菩薩、私の心の特徴を見ることはできない。もし善男善女が私を見ようと思えば、まさに眼で見ることと聞いて見ることの二つを修めなければならない』

第三十六章　正しい習慣を学ぶべし

その時、師子吼菩薩はブッダに次のように申し上げた。

『世尊、先にブッダはマンゴーの実を使って四種の人に喩えられました。行ないは綿密であるが、心が正直でない人がいる。また、心は綿密であるが、行ないが誠実でない人がいる。また、心が綿密であり、行ないも誠実な人がいる。また、心も綿密でなく、行ないも誠実でない人がいるというようなことをお説きになりました。この四種の中で前の二種の人についてはどのようにすれば見分けがつくのでしょうか。ブッダはこの二種の人についてはは見分けることができないといわれたように覚えておりますが……』

本物とにせものの修行者の見分け方

ブッダは言われた。

『なかなかよいところを突いている。菩薩、マンゴーの果実の喩えはこの二種の人たちを実際に見分ける

ことは困難だと教えている。だから私はある説法の中で

「共にとどまって修行したまえ。共にとどまって修行しても見分けがつかなかったら、共に永く同じところにいたまえ。永く同じところにいても見分けがつかなかったら、知慧を持って見たまえ。それでも見分けがつかなかったら、深く観察したまえ。深く観察すると正しい習慣を守っているかいないかの見分けがつくはずである」

と言ったことがある。共にとどまり、同じ処に永くいて、知慧をはたらかして、深く観察するならば、かならず習慣を守っているかいないかが判るであろう。

ところで修行者として身に付けるべき習慣、つまり戒に二種類ある。そしてそれを実行するにも二つの場合がある。ところで戒には徹底的に守る戒と厳しく強制しない戒とがある。ある人が理由あって戒を守ることを誓ったとして、これを見てこの人の誓いは自分の利益のためにしたと考えるべきか、それとも戒をひたすら守ることを誓ったと見るべきか、いずれだと考えるか。

529a 菩薩、私の場合はなにかの理由があって守ろうとする戒ではない。だから徹底的にひたすら守る戒である。この意味から私は意地悪な人々が私に危害を加えることがあっても、彼らに怒りの気持ちを起こすこともなく、煩わしいと思うこともない。私は最後まで戒を守ろうとするのである。

ある期間、私は舎利子尊者と彼の弟子五百人と一緒にマガダ国のチャンパー市にいたことがある。ある時、ある猟師が九官鳥を追いかけていた。この鳥は恐れて逃げているうちに舎利子尊者の後ろ影に隠れた。しかしそれでもまだ芭蕉の葉が風に揺れているように全身震えていた。そのうち私の後ろ影に隠れた。す

ると安心したのか落ち着いた様子であった。このことから判るように、戒を堅持する私の徹底した生き方は身体の影にも大きな力を与えたのである。

一方、厳しく強制しない戒は緩やかとはいえ、未熟な修行者たちでもこれを実行することはできない。ましてやブッダの最高のさとりを得ることがどうしてできようか。

修行者として身に付けるべき習慣、つまり戒を守る姿勢に、一つは自分の利益のために守る姿勢、二つは正法のために守る姿勢という二つがある。

この中で自分の利益のために守るような戒を堅持し続けてもブッダになる可能性やブッダを見ることはできない。たとえブッダになる可能性やブッダなどの名前を耳にすることはあっても、それは聞いて見ることとは異なる。もし正法のために戒を堅持するのであれば、ブッダになる可能性やブッダを見ることができる。これが眼で見ることであり、また聞いて見ることである。

また、修行者として身に付けるべき習慣、つまり戒を守る姿勢に、根が深く抜き難いような姿勢と、根が浅く抜きやすいような姿勢の二つがある。そこで世間の事象は空であり、それぞれ特徴がなく、執着して願い求めるようなものはないという観察をし続ければ、これを根が深く抜き難いような姿勢という。もしこれら三つの観察を続けていても世間の生きざまになじむためにすれば、これを根が浅く抜きやすいような姿勢という。

また、修行者として身に付けるべき習慣、つまり戒を守る姿勢に、自分自身のためにするものと人々のためにするものとがある。就中（なかんずく）、人々のためにするならばブッダになる可能性とブッダを見ることができる。

また、修行者として身に付けるべき習慣、つまり戒を守る姿勢に、変わらない本性を持ち続ける場合と他に教えられたことを守る場合とがある。就中（なかんずく）、戒を守ることを誓ってから、数えきれないほど生まれ変わっても誓いを破ることがなく、乱れた国に生まれたり、悪徳が横行した世代に生まれたり、悪友に出会ったりして、悪に満ちた教えを聞き、誤った考えが流行している時代にいて、正しい習慣が行なわれていないような時であっても、もともと守ると誓った戒をそのまま変わらず堅持している姿勢、これを不変の本性を持ち続けるという。

次に師匠に仏教教団の儀礼・作法を学び、それから修行者として身に付けるべき習慣、つまり戒を守ることを誓うような場合は、かならず大和尚・教師・学友・善友などに教えられて立ち居振る舞いの作法を知るだろう。そして教えを聞く作法、教えを説く作法などさまざまな威儀を身に付けるだろう。これを他に教えられたことを守るという。これら二つのなかで、変わらない本性を持ち続ける人はブッダになる可能性とブッダを見ることができる。これを眼で見ること、また、聞いて見ることという。

また、修行者として身に付けるべき習慣、つまり戒を守る姿勢に、教えを聞くだけの修行者が守る戒と求道の人が守る戒とがある。就中（なかんずく）、はじめてさとりを求めようという気持ちを起こした時から、ブッダの
529b 最高のさとりを取得するまで戒を堅持し続ける姿勢が求道の人、つまり菩薩のそれである。一方、人は結局白骨になることを観察することから、最後の聖者（阿羅漢）のさとりを取得するまで戒を堅持する姿勢が教えを聞くだけの修行者、つまり声聞（しょうもん）のそれである。

ところで未熟な修行者の戒を堅持する人はブッダになる可能性やブッダを見ることはできないが、求道

の人の戒を堅持する人はブッダの最高のさとりを取得し、ブッダになる可能性、ブッダそして妙寂の境地を見ることができる』

正しい習慣を堅持する理由

師子吼菩薩はさらに訊ねた。

『世尊、どうして悪を作らない習慣を堅持しなければならないのでしょうか』

『師子吼菩薩、その習慣を堅持すれば後悔しないからである。なぜ後悔しないのだろうか。安楽を得るからである。なぜ安楽を得るのだろうか。一切の悪を遠ざけるからである。なぜ遠ざけるのだろうか。安穏の境地を得るからである。なぜ安穏の境地を得るのだろうか。静かにものを観察するからである。なぜ静かにものを観察するのだろうか。ありのままにものを知見するからである。なぜありのままにものを知見するのだろうか。生まれ変わり死に変わりの輪廻には種々の過ちや患いがあることを見るからである。なぜ輪廻には種々の過ちや患いがあることを見るのだろうか。それは心にむさぼりや執着がないからである。なぜ心にむさぼりや執着がないのだろうか。あらゆる煩悩から解放されているからである。なぜ煩悩から解放されているのだろうか。この上もない妙寂の境地を得ているからである。なぜこの上もない妙寂の境地を得ているのだろうか。究極の常住・安楽・実在・清浄の道理に安住しているからである。なぜ究極の常住・安楽・実在・清浄の道理に安住しているのだろうか。すべてのものは本来生ずるのでもなく、滅するのでもないという道理を理解しているからである。なぜすべてのものは本来生ずるのでもなく、滅するのでもないという道理を理解しているのだろうか。それはブッダになる可能性を見るからである。このような理由から求道の人は性として悪を作らない習慣を徹底して守るのである。

菩薩、修行者として身に付けるべき習慣、すなわち戒を守ろうと誓って、後に後悔することがあるかもしれない危惧があっても、その習慣を守っている修行者は自然(じねん)に後悔する気持ちは起きないものだ。なぜなら、ものの道理はそのように自然に行なわれるからである。遠離・安穏・注意・真実の知見を願って求めなければ生まれ変わり死に変わりの苦しみを味わうことになる。心に煩悩からの解放、妙寂の境地、常在、安楽、実在、清浄、本来不生不滅などに執着するところがなければブッダになる可能性を見、しかも自然に得るであろう。なぜか。ものの道理はそのように自然に行なわれるからである』

師子吼菩薩はさらに質問した。

『世尊、戒を堅持し、後悔のない果報を得、煩悩から解放されて妙寂の果報を得るのであれば、戒には原因がなく、妙寂には結果がないことになりましょう。戒にもし原因がないならば、常在であることになります。一方、妙寂に原因があれば、これは無常であることになりましょう。もしそうならば妙寂は過去になかったものが現在にあることになります。もし過去になくて現在にあるのならば、これは無常です。それは燃える燈のようです。妙寂がそうであればどうして妙寂は畢竟、実在であり、安楽であり、清浄であるといえるでしょうか』

ブッダは次のように言われた。

『菩薩、君はかつて数えきれないほどのブッダのもとで種々の善根を植えてきているから、その功徳によっていまのような深奥な内容の質問を私にすることができたのだと考える。素晴らしいことだ。

菩薩、君は昔、次のようなことがあったことを記憶していて、いまのような質問をしたのか。つまり私の記憶ではこういうことがあった。

数えきれないほどの遥か昔、ベナレスの町にブッダが出現された。そのブッダは善得と呼ばれた。ブッ
529c ダはそこで三億年の間この深奥な妙寂の教えを説法された。その時、私は君と一緒にその説法の場所に居合わせた。私はいま君が質問したことをその時のブッダに質問した。するとブッダは瞑想に入られて我々に説明をされなかったことがあった。いま、このようなことを思い起こしている。

よいか、よく聞きたまえ。君の質問に答えよう。

正しい習慣にも原因がある。それは正法を聞くことである。正法を聞くことにも原因がある。善友に近付くことである。善友に近付くことにも原因がある。信心である。信心にも原因がある。

この信心の原因に二つある。一つは教えを聞くこと、二つはその意味を考えること。信心は教えを聞くことによって起こり、教えを聞くことは信心によって行なわれる。このようにこの二つはそれぞれ原因であり、原因の原因であり、また、結果であり、結果の結果である。ジャイナ教のニガンタ師が方形のものを立てて見せ、一方で丸首のふっくらした瓶を手に取り上げて見せて、この二つが互いに因果関係にあり、互いに離れることができない関係にあるといったことと同じである。

無知（無明）は内面にものを想像するはたらきを起こすための条件となり、その想像するはたらきは無知を起こすための条件ともなる。この無知と想像するはたらきの二つは互いに原因となり、原因の原因となり、また、結果となり、結果の結果となる。

このように種々の因縁関係があり、ついには生まれは老い・死をもたらす条件となり、老い・死がまた生まれをもたらす条件となる。この生まれと老死との二つは互いに原因となり、原因の原因となり、また、結果となり、結果の結果となる。

菩薩、生まれはものを生みだすが、自力で生まれることはできない。自力で生まれないのだから、生まれによって生まれを生むのである。生まれを生むとは自力で生まれるのではない。生むことに頼っているからである。だから生まれると生まれを生むとの二つは互いに原因となり、原因の原因となり、また、結果となり、結果の結果となる。信心と教えを聞くこともこれと同じである。

結果だけであって原因でないもの、それは妙寂の境地である。なぜ結果というのだろうか。それは最上のさとりであるからだ。聖者（阿羅漢）のさとりであるからだ。バラモンのさとりであるからだ。生まれ変わり死に変わりの輪廻の束縛を断ち切っているからだ。一切の煩悩を壊滅しているからだ。だから結果といわれる。あらゆる煩悩が呵責されるところ、それが妙寂の境地である。その煩悩とはすべて過ちの過ちであることをいう。

妙寂の境地には原因がない。その本質は結果そのものである。なぜなら、生じたり滅したりすることがないからである。作られたものではないからである。因縁関係で得られたものではないからである。因縁関係を離れたものであるからだ。常住不変であるからだ。場所がないからだ。始めも終わりもないからだ。

もし妙寂の境地に原因があれば、妙寂の境地とはいえない。妙寂の原語ニルヴァーナのヴァーナとは原因のことで、ニルとはないことである。原因がないから妙寂という』

第三十七章　ブッダになる可能性はどこにある

これを聞いた師子吼菩薩はすかさず意見を述べて質問した。

『いまブッダが説かれた妙寂の境地に原因がないというお考えには賛成できません。もしないといわれるのであれば、次の六種の意味で理解することになりましょう。

一つは畢竟の無であるから無という例。たとえばすべてのものには私というものがなく、私のものがないというような場合の無です。

二つはある時は無であるから無という例。たとえば川や池に水がないとか、太陽や月が隠れて見えないとかいうような場合の無です。

三つは少ないから無という例。料理に塩が少なければ塩味がしないといったり、お汁粉に甘みが少なければ甘みがないといったりするような場合の無です。

530a
四つは受け取るものがないから無という例。たとえば不可蝕民はバラモンの教育を受けることができません。だから彼らはバラモンでないという場合の無です。

五つは悪い教えになじむから無という例。一般に悪い教えになじむ人を沙門とかバラモンとかいいません。その意味から悪い教えになじむ人の中に沙門やバラモンがいないというような場合の無です。

六つは対するものがないから無という例。たとえば白がなければ黒といい、明るくなければ明るくないという場合の無です。

世尊、妙寂についても同じです。ある時は原因がない、だから妙寂というのではないでしょうか』

『師子吼菩薩、君がいまいうところの六種の無の意味についてだが、なぜ畢竟の無を引いて妙寂を説かず、ある時は無であるという例を引いたのか。

菩薩、妙寂の本質は畢竟原因がないのだ。ちょうどものに私というものがなく、私のものがないのと同じである。世間のあり方で妙寂を比較したり、考えたりできない。実際には君が述べた六種の無の例をもって説明はできないのだ。

世間のあらゆる事象には実体はないが、この妙寂の境地は真実であり、実在するものである。この意味で妙寂には原因がないが、それ自身は結果である。また原因であって結果でないもの、すなわちそれはブッダになる可能性である。ブッダになる可能性は原因によって生じるのではないから、原因そのものであり結果ではない。沙門のさとりにも当たらない。だからさとりではない。

ではなぜブッダになる可能性を原因というのだろうか。それは顕現の因（了因）、つまり妙寂を得させる確かな原因であるからである。

ところで原因に二種ある。一つは生因、二つは了因である。ものを生ずるものを生因といい、明かりがまわりの物をはっきりと現わすのを顕現の因という。種々の煩悩は生起の因であり、母や父は顕現の因である。穀物の種子は生起の因であり、地・水・糞などは顕現の因である。
　求道の人たちが実践する六種の完全なる修行（六波羅蜜多）はブッダの最高のさとりに対しては生起の因である。ブッダになる可能性はブッダの最高のさとりに対しては顕現の因である。六種の完全なる修行はブッダになる可能性に対しては顕現の因である。あらゆる煩悩を果敢に壊滅する三昧はブッダの最高のさとりに対しては生起の因である。八正道はブッダの最高のさとりに対しては生起の因である。信心は六種の完全なる修行に対しては生起の因である』

　師子吼菩薩はまた質問した。

『世尊、ブッダはブッダになる可能性を見ることができるとお説きになりましたが、この意味が判りません。世尊、たとえばブッダの身体は姿形がありません。長短がなく、白黒の色の区別がなく、存在される場所もありません。迷いの世界に存在されているのでもありません。作られた姿でもありません。眼で認識できるものでもありません。どうして見ることができるのでしょうか。これとブッダになる可能性は同じだと考えます』

530b 『師子吼菩薩、私の身体を二つの面から見るべきである。一つは常在の身体、二つは無常の身体である。無常の身体は人々を彼岸に渡すために手立てとして現わしたものである。これが眼で見るということである。常在の身体は私の解脱した姿である。これが眼で見ることであり、また、聞いて見ることである。
　ブッダになる可能性も二つの場合から見るべきである。一つは見ることができる場合、二つは見ることができない場合である。見ることができるのは最高の求道の人たちやブッダたちが見ることができるのである。見ることができないのは俗人たちが見ることができないのである。

眼で見るとは、俗人たちにブッダになる可能性があることを最高の求道の人たちやブッダたちが眼で見ることをいい、聞いて見るとは最高の境地に至っていない求道の人や俗人たちがブッダになる可能性があると聞くことを意味する。

私の身体も二つの面から見るべきである。一つは物質としての身体、二つは物質でない身体である。物質としての身体とは煩悩から解放された身体である。物質でない身体とはもともと物質的様相をすべて離れている身体である。

このようにブッダになる可能性は二つの面から見るべきてある。一つは物質的要素としての可能性、二つは物質的要素ではない可能性である。物質的要素としての可能性とはブッダの最高のさとりをいう。物質的要素でない可能性とは俗人や十段階の修行中の求道の人たちの可能性をいう。彼らははっきりと見ることができないから、それを物質的要素でない可能性ということになる。

また、物質的要素としての可能性とはブッダや求道の人をいい、物質的要素でない可能性とはすべての生類をいう。物質的要素としての可能性は眼で見られることを意味し、物質的要素でない可能性は聞いて見られることを意味する。

とにかくブッダになる可能性は内にあるのでなく、外にあるのでなく、また、内外のいずれにもあるのでもない。しかもなくなったり、壊れたりするのでもない。その意味で人々にはみなブッダになる可能性はあるといっているのだ』

「原因の中に結果がある」を考える

師子吼菩薩が新たな質問をした。

『世尊、ブッダは

「すべての人々にみなブッダになる可能性があるのは、たとえば乳の中にヨーグルトがあるようなことと同じで、また、金剛力士の額に知らないうちに宝石が埋まってしまっているようなことと同じである。ブッダにあるブッダになる可能性はちょうど醍醐のようである」

とお説きになったのですが、それならば、なぜその可能性は内にも外にもないといわれたのでしょうか』

ブッダは言われた。

『菩薩、私は乳の中にヨーグルトがあるとは説いていない。ヨーグルトは乳からできるからヨーグルトがあるといっているのだ』

『世尊、すべての生ずるものはみなそれぞれに生ずる時期がありますが』

『菩薩、乳の状態の時ヨーグルトはない。また、バターもチーズも醍醐も見当たらない。人々はこれを乳という。だからその乳の中にヨーグルトがないと私はいうのだ。もしその乳のなかにヨーグルトがあったとしたら、なぜ二つの名前を乳に付けないのだろうか。

たとえば一人で製鉄と金細工をこなす技術を持つ人は金鉄師というような名前が付けられないのだろうか。ヨーグルトの状態の時は乳でもなく、バターでもなく、チーズでもなく、醍醐もない。人々はそれをヨーグルトであって、乳でもなく、バターでもなく、チーズでもなく、醍醐でもないという。これは醍醐の場合も同じである。

ところで原因に二種ある。一つは根本因（正因）、二つは補助因（縁因）である。根本因とは乳がヨーグルトを生ずる場合のような原因をいい、補助因とは酵母や温暖などのような原因をいう。乳から生じるから乳の中にヨーグルトの性質があるといったのである』

『世尊、もし乳にヨーグルトの性質がないなら、その意味でいえば角の中にもその性質はありません。な
530c らばなぜ角からヨーグルトは生じないのでしょうか』

『菩薩、角もヨーグルトを生ずることはあるのだ。かつて私は
「補助因に二種ある。一つは酵母のような原因、二つは温暖のような原因である。角の性質には温暖があるからヨーグルトを生じる可能性がある」
と説いたことがあるではないか』

『世尊、もし角がヨーグルトを生ずるならば、ヨーグルトが欲しい人はどうして角に乳を求めないのでしょうか』

『菩薩、だから私は根本因と補助因との二つを説いたではないか』

『世尊、もし乳の中にもともとヨーグルトの性質がないのに、いまそれがあるというならば、乳の中にはもともとマンゴーの樹はなかったのだから、それがいまどうして乳の中に生じないのでしょうか。二つともなかったのだから、条件としては同じことではないでしょうか』

『菩薩、乳もマンゴーの樹を生じるのだ。もし乳をマンゴーの樹のもとにそそぐと、一夜のうちに一・五メートルほど成長するだろう。そこで私は二つの原因について説いているのである。

もしすべてのものが一つだけの原因から生ずるならば、なぜマンゴーの樹は乳の中に生じないのかといえるのではないだろうか。ちょうど地・水・火・風の四つの要素はすべての物質を形成する因縁となるが、しかし物質は各々形が異なり、差別があり、不同であるように、その意味で乳の中からマンゴーの樹は生じないのだ』

『世尊、ブッダは根本因と補助因との二種の原因を説かれました。では人々の中にあるブッダになる可能性はいずれの原因に当たるのでしょうか』

『菩薩、それにもやはり根本因と補助因の二種の原因がある。その可能性の根本因となるのは人自身である。そしてその可能性の補助因となるのは六種の完全な修行、つまり六波羅蜜多（ろくはらみった）である』

『世尊、私はいまはっきりと乳の中にヨーグルトの性質があるという意味がなにかを知ることができました。世間でヨーグルトを求める人について考えますと、その人たちはただ乳だけを求めて水を求めるわけではありません。だから人々は乳にヨーグルトの性質があるといっているのですね』

『師子吼菩薩、そうではない。なぜなら、喩えていえば人が自分の顔を見ようと思って刀を取りだすことと同じだ』

『世尊、だから乳にヨーグルトの性質があるのです。もし刀に顔がなかったらどうして刀を取りだすでしょうか』

『菩薩、もしこの刀の中にかならず顔があったとしたら、どうしてゆがんだ顔がでてくるのだろうか。刀を縦に見ると縦長の顔が見え、横に見ると横長の顔が見える。もし自分の顔であれば、どうして縦長や横長に見えるのだろうか。もしそれが他人の顔であれば、どうして自分の顔といえようか。もし自分の顔で他人の顔が見えるのであれば、どうしてロバの顔を見ることができないのだろうか』

『世尊、眼の光が刀に映った像に達したから面長に見えるのです』

531a 『菩薩、眼の光はその像に達してはいない。なぜなら、遠近の像が一緒になって見えるではないか。中間にあると思われる像も区別できないではないか。もし眼の光がその像に達して見ることができれば、火を見た時、達した眼の光はどうして焼けないのだろうか。眼の光が達するなら、ある人が遠くにある白い物を見た時、その人はそれが鶴なのか、旗なのか、人なのか、木なのかと疑いを持つことはあるまい。もし眼の光が達するなら、真珠の中の物、淵の中の魚や石などを難なく見ることができるはずである。もし眼の光が達せずに見ることができるなら、どうして真珠の中の物を見ることができて、壁の外側の色を内側から見ることができないのだろうか。したがってもし眼の光が刀に映った像に達して、それを面長に見るといえば、これは正しくない。

菩薩、君がいうように乳の中にすでにヨーグルトがあれば、なぜ乳を売る人は乳の代金だけを受け取り、ヨーグルトの代金を要求しないのだろうか。雌馬を売る時に親馬の代金だけを受け取り、将来生まれるであろう子馬の代金をなぜ要求しないのだろうか。世間の人たちは後継ぎの息子がいないと男子を生ませるために嫁を娶る。いかに女が懐妊するからといっても、彼女を女とはいえない。もしこの女に子ができる可能性があるから娶るというなら、この考え方は正しくない。なぜなら、もし子ができる可能性があるなら、すでに孫もいなければならないからである。もし孫がいるなら、その女の中でこれから生まれるであろう子と孫は兄弟ということになろう。なぜなら、一つの腹から生まれるのだから。この意味から考えて私はこの女にこの可能性は存在しないといっているのだ。

もし乳の中にすでにヨーグルトの性質があるとしたら、なぜ同時にバターやチーズや醍醐の味がしないのだろうか。もしニグローダ樹の種子に高さ十メートル以上にもなる大木の性質がすでに存在しているならば、同時に芽・茎・枝・葉・花・果実・色形などの違いもすでに存在していなければならないはずである。それらを見ることはできない。

乳の色は時には違うことがある。味も違うことがある。果実も違うことがある。これは醍醐についても同じことがいえる。どうして乳の中にヨーグルトの性質があるといえよう。

たとえばある人がヨーグルトを食べているうちに、その臭いに当たってしまった。もし乳の中にかならずヨーグルトがあるならば、乳を飲みつづけたら、この臭いに当たることになろう。

喩えていえば、ある人が筆や紙や墨を使って文字を書くことと同じである。文字は紙の中にあるわけがない。もともと存在しなかった文字は種々の条件が加えられて、つまり衆縁和合して現われたのである。もしもともとあったのであれば、どうして種々の条件を必要とするであろうか。

喩えていえば、人が食べて命を保っていることと同じである。食べ物の中にもともと命があるだろうか。すでに命が存在しているなら、まだ食べない時に自分の命はその中に存在していることになる。

菩薩、すべての事象にはそれ自身の本性はないのだ。そこで私は次のように詩偈で述べておいた。

　過去になくて現在にある。
　過去にあって現在にない。
　過去・現在・未来にわたって
　ものがある道理はない。

531b 菩薩、世間のあらゆる事象はみな衆縁和合によって生成し、衆縁和合によって消滅する。もし人々の中にブッダになる可能性があるならば、すでに人々の中にブッダの身体があることになり、それはいまの私そのものであることになろう。

人々の中のブッダになる可能性は破壊しない、捉えられない、取りだすことができない、縛ることができないものである。その存在の仕方は虚空のようである。その意味で人々の中には虚空があるということになる。なぜなら虚空はまったく障害とならないからである。だから人々はこの虚空を見ることができない。もし人々に虚空がなかったら、去ること、来ること、行くこと、止(とど)まること、坐ること、臥すことが自由にできないだろう。また、生まれること、成長することもないだろう。

だから私は人々には虚空の領域があると説いたのである。ここでいう虚空の領域とは虚空そのものをいう。人々の中にあるブッダになる可能性も同じである。高い段階の求道の人はわずかばかり見ることができるが、数珠(じゅず)をつくる天目樹(てんもくじゅ)の小さな種子を果実の中に見る程度である。人々の中のブッダになる可能性はブッダの心の境界そのものであり、未熟な修行者たちが理解できるところではない。人々もこの可能性を見ることはできない。だから彼らは煩悩に引き回されて生まれ変わり死に変わりして流転する。しかしブッダになる可能性があると知ったら、煩悩に縛られなくなり、輪廻から解脱して妙寂を得る』

『世尊、人々にブッダになる可能性がある状態は、乳の中にヨーグルトの性質があるような状態と同じだと私は考えます。もし乳にヨーグルトの性質がないのなら、どうしてブッダは根本因と補助因の二種の原因をお説きにならなかったのですか。この中で補助因は一つは酵母のような原因、二つは温暖のような原因といわれました。この意味で考えますと、ブッダになる可能性を虚空に喩えられましたが、虚空は本性がないのですから補助因がないことになりますが……』

『菩薩、もし乳の中にかならずヨーグルトの性質があるならば、なにも補助因を必要とすることはない』

『世尊、性質があるからこそ補助因を必要とします。なぜなら、はっきり見るためにです。補助因は顕現の因、つまりある事がこれによって確かに成就するための原因だと考えます。喩えていうと、暗闇の中にすでにある物を見ようと思えば、明かりを持ってきて照らしだすようなことと同じに考えればいいのです。もしもとからなかったら、明かりはなにを照らすのでしょうか。

また、喩えていうと、泥の中に瓶が埋まっている時は、これを掘り出すには水を流し込んだり、縄や杖を用いる必要があります。これらの道具は顕現の因です。ニグローダ樹の種子が発芽し、成長するためには土地・水・糞などが必要です。これらは顕現の因です。

これらの喩えで判るように、乳の中に酵母と温暖が必要です。それらが顕現の因です。だから先に性質があってもかならず顕現の因が必要とされるのであり、これを借りてヨーグルトが生じるのです。したがって私は、乳の中にさきにヨーグルトの性質が存在していると考えます』

『菩薩、乳の中にかならずヨーグルトの性質があったら、それ自身が顕現の因となりはしないか。もしそれが顕現の因であれば、わざわざ顕現の因を別に立てる必要はなくなるのではないか。この顕現の因が性質であって、この結果をすでに予測するようであれば、これはなにも根本因がなくても結果を先取りすることになるであろう。もしそれ自身を予測し、認識しなければ、他を予測することも、認識することもできないのではないか。

顕現の因に自らを認識する場合と、他を認識する場合の二種類があるというなら、それは間違っている。
531c なぜなら顕現の因は一つの場合しかないからである。どうして二つの場合が考えられよう。もし二つの場合があるというなら、乳の場合にも二つの場合があることになろう。乳に二つの特徴がないのに、どうして顕現の因だけに二つの場合があるといえるだろうか』

『世尊、一般に人は「私はいま八人の友だちと一緒にいる」ということがあります。これと同じで、顕現の因も自らを認識し、他を認識することがあります』

『菩薩、顕現の因がもしそういうことであれば、それは顕現の因ではない。数えるとは自分の物、他人の物を数えて八つあることで、物そのものは自らを数える認識はない。物そのものには認識する特徴がないから、そこにはかならず知識そのものが自分の物、他人の物と数えるはたらきがなければならない。したがって顕現の因自体が自分を認識することはできないし、他を認識することはない。

では、人々はブッダになる可能性があるのになぜ数えきれないほどの功徳を積まなければならないのだろうか。

もし修行が顕現の因、つまりさとりを確かに得ることを現わす根拠であるなら、すでにヨーグルトが存在していないのと同じことである。もし原因の中にかならず結果があるといえば、身に付けるべき習慣や正しい注意や道理の理解など修行の上で修めるべき事柄は増長することはないだろう。

私が世間の人々を見る限りでは、彼らには身に付けるべき習慣や正しい注意や道理の理解など修行の上で修めるべき事柄は見当たらないが、先生の教えに従って実行しているうちにそれらが徐々に向上し、充実している事実を見ることができる。もし先生の教えが顕現の因であれば、私が考えるところでは、先生が教える時には、教えを受ける人には身に付けるべき習慣や正しい注意や道理の理解など修行の上で修めるべき事柄はないはずである。もしすでに認識されていれば、まだ存在しないものを認識することになろう。これらの事柄をすでにはっきりと認識しているのにどうして増長させられるだろうか』

「世尊、もし顕現の因がなかったら、どうして乳である、ヨーグルトであると認識できるのでしょうか」

『菩薩、それに答える前に、世間の質問に答える場合、三種の答え方がある。

一つは転答、つまり先に説いたことを例に引いて、「なぜ戒を堅持するのか。後悔していないから、結局は妙寂の境地を得たいからである」と答える方法である。

二つは黙然答（もくねんとう）、バラモンがきて「アートマンは常在するものかどうか」と質問した時に、私は沈黙して答えなかった。このような答え方をいう。

三つは疑答、つまり疑問を投げ掛けて相手に考えさせる答え方である。私がかつて「もし顕現の因が二つあれば、乳の中にどうして二つの顕現の因がないのか」と問い掛けたような答え方である。
菩薩、そこで君の質問に私は転答しよう。世間の人たちが乳にはすでにヨーグルトが存在していると考えているのは、乳からかならずヨーグルトができるので、乳もある、ヨーグルトもあるというのだ。ブッダになる可能性の場合も同じである。これは将来かならず見ることができるからこそ、人々もブッダになる可能性があるというのだ』

『世尊、ブッダがいまお説きになった内容は正しいとはいえません。私はこのように考えます。喩えていうと、過去の時はすでに過ぎ去っており、未来の時はまだ来ておりません。この二つの時は存在していないのです。もし来ていないがまさに来ようとする時を存在しているというなら、これはおかしい。世間では子がいない時は私には子供がいないというように、人々にもともとブッダになる可能性がなければ、どうして人々にその可能性があるといえるでしょうか』

『菩薩、過去の時は存在する。
喩えで説明しよう。ミカンの種子を植えると、芽がでる。その時種子は形を失い、なくなる。これは芽
532a
についても、甘みや果実についても同じである。熟しきると酸っぱくなる。よいか、この酸味は種子・芽、乃至果実などにもとから存在しなかったものだ。ただ種々の過程を経て熟してくる間に形や色、姿などから酸味を生じたのである。この酸味そのものはもとはなかったものが、いまあるのである。もとはなくていまはあるといっても、もとのものに因らなかったわけではない。
このようにもとの種子は過去のものとなっているけれども、それだからこそあるといえるのである。こ

の意味で過去の時は存在する。

次に未来の時がなぜ存在するといえるのだろうか。

喩えで説明しよう。ある人が胡麻を植えた時、別の人がきて「なぜ胡麻の種子を植えるのだ」と訊ねたのに対して、「油を収穫したいから」と答えたとしよう。この場合、その時点では油がない。胡麻が成長し、種子を収穫して、蒸し、絞ってはじめて油を収穫できるのである。このことを予想すれば、種子を植えた人が「油を収穫したいから」と答えたことは嘘でないといわなければならない。この意味で未来の時は存在する。

また、なぜ過去の時が存在するといえるのだろうか。

これも喩えで説明しよう。ある人が密かに王を罵ったが、数年経ってから王の耳に届いた。王はこれを聞いて、この人に
「なにか罵るようなことをしたのかね」

と訊ねると、彼は、

「大王、私は罵った覚えはありません。罵った人はすでに亡くなっているからです」

と答えた。そこで王は、

「罵った人と私の身体は二つとも存在している。どうして亡くなったというのだ」

と叱った。彼は王の怒りに触れて、命を絶たれてしまった。

菩薩、この罵った人と罵られた当時の王の身体はなくなっているが、罵ったという事実はなくなってい

ない。これをもって過去の時は存在する。

また、なぜ未来の時は存在するといえるのだろうか。

これも喩えで説明しよう。ある人が陶工師の所に行った時、

「瓶がありますか」

と訊ねた。陶工師は、

「あります」

と答えた。しかしそこに瓶らしいものはなにも見当たらなかった。ただ粘土があったので、彼は
「あります」

と答えた。決して嘘を吐いたわけではなかった。乳の中にヨーグルトがあり、人々にブッダになる可能性があることも、これと同じ考えである。

ブッダになる可能性を見ようと思えば、時節を待ち、色形を観察しなければならない。このことから判るように、人々にみなブッダになる可能性があると私が説いていることは間違ったことをいっているわけではない』

『世尊、人々にブッダになる可能性がすでに存在していなければ、どのようにしてブッダの最高のさとりを得ることができますか。私の考える所では、そのさとりは根本因によって得られると考えます。その根本因とはブッダになる可能性です。

世尊、もしニグローダ樹の種子にすでにニグローダ樹の本性がなかったら、ニグローダ樹の種子とは

いわないでしょう。なぜカディラ樹の種子といわないのでしょうか。ゴータマの姓をアーディトヤ（太陽の子）の姓ということはできません。また、アーディトヤの姓をゴータマの姓だということもできません。ニグローダ樹の種子もこれと同じでカディラ樹の種子ということはできません。また逆も同じです。世尊ご自身、ゴータマの姓をお捨てになることはできません。これは人々にあるブッダになる可能性についても同じです。この意味で人々にブッダになる可能性はすでにあると考えます』

532b
『菩薩、君のいう種子の中にニグローダ樹があるという考えは正しくない。もしあるなら、その樹がなぜ見えないのだろうか。存在する物が見えないのはそれなりの理由があるからだ。

　たとえば遠くて見えない。これは空を飛ぶ鳥の跡が見えないような場合である。たとえば近くて見えない。これは自分の瞳が見えないような場合である。たとえば壊れて形が見えない。これは根絶やしになって見えないような場合である。たとえば心が乱れて周りが見えない。これは心が事に集中していないような場合である。たとえば細くて見えない。これは原子のように小さすぎて見えないような場合である。たとえば障害があって見えない。これは雲に隠れて星が見えないような場合である。たとえば多すぎて見えない。これは稲束のなかで麻の見分けがつかないような場合である。たとえば似ていて見分けがつかない。多くの豆のなかで一つの豆を見分けることができずに見えないような場合である。

　このように見えない場合とは違う。もし種子の中にニグローダ樹があるなら、なぜ見えないのだろうか。もし小さな障害物があるために見えないのなら、これもおかしい。なぜなら、ニグローダ樹は粗い形をしているのだから見えるはずである。もしニグローダ樹の性質がきめ細かいのなら、どうしてあのように大きく成長するのだろうか。もし障害物があって見られないのなら、いつも見ることはできないだろう。もとは粗い姿ではなく、後になって粗い姿になったのなら、その粗い性質はもともとなかったことになろう。もとはその性質が見られなくて現在になって見られるようになったのなら、その見ること自体ももともとなかったことになる。このように考えると、種子の場合ももともとニグローダ樹はなかったがいまその樹があるといってもおかしくはないであろう』

『世尊、確かにブッダがお説きになったように、根本因と顕現の因の二種の原因があることは理解できます。しかしニグローダ樹の種子は大地や水や糞などを顕現の因とするとお説きになっているので、細かいものから粗いものが生まれるということになりませんか』

『菩薩、もしもともとあったら、どうして顕現の因が必要だろうか。反対にもしもともとなかったら、顕現の因はなにを顕現するだろうか。もしニグローダ樹の中にもともと粗い特徴がなく、これを顕現の因でもって粗い特徴を生じさせるとしたら、カディラ樹を生じてもおかしくない。なぜなら二つの樹はもともとないのだから。

もし細かい特徴を見ることができないなら、粗い特徴が見られるはずである。喩えていえば、一個の塵は見ることができないかもしれないが、多数の塵が集まれば見られることと同じで、ニグローダ樹の中に粗い特徴が見られるはずであろう。なぜなら、この中には芽や茎や花や果実があるのだから。

一つ一つの果実の中に数えきれないほどの種子があるから、一つ一つの種子の中に数えきれないほどの樹があるから、これを粗いというのである。このような粗い特徴があるから見られるわけである。そこでニグローダ樹の種子にすでにニグローダ樹の性質があって、それがニグローダ樹を生じるのならば、この樹の種子が火で焼けるところを見た時、この種子に焼ける性質ももともとあることになるだろう。もし焼ける性質がもともとあったら、樹は生じないことになる。もしすべての事象にすでに生じる性質と滅する性質が同時に存在していたら、なぜ先に生じて後で滅するのだろうか。どうして生じること滅することが同時に行なわれないのだろうか。このことから考えても、もともと本性は存在しない』

532c 『世尊、ニグローダ樹の種子に本来その樹の性質がないといっても、その樹が生じたら、その種子はなぜ油を出さないのでしょうか。それは二つとも油を本来持たないからでしょう』

『菩薩、そうではない。種子の中から油を出すことはできる。油の本性はないといっても因縁があれば油は出る』

『世尊、ではその油を胡麻油となぜいわないのでしょうか』

『菩薩、胡麻ではないからだ。よいか、火によって火が生じ、水によって水が生じるように、いずれも縁(よ)って存在している。しかし互いに相手を見ることができない。ニグローダ樹の種子と胡麻油も同じで、この二つも共に縁って存在しているが、互いを生じているわけではない。ニグローダ樹の種子の性質は寒気を癒やし、胡麻油の性質は風邪を癒やす。サトウキビを例にとると、衆縁和合して氷砂糖や黒砂糖となる。一つのものからできるとはいえ、色も特徴も各々異なる。氷砂糖は熱を癒やし、黒砂糖は寒気を癒やすことと同じである』

「原因の中に結果はない」を考える

師子吼菩薩は原因の中に結果があることを主張して、原因の中に結果はないというブッダの考えに疑問を呈した。

『世尊、もし乳にヨーグルトの性質がなく、胡麻に油の性質がなく、ニグローダ樹の種子にニグローダ樹の性質がなく、粘土に瓶の性質がなく、人々にブッダになる可能性がないなら、ブッダはこれまで「人々にはみなブッダになる可能性がある。だからだれでもブッダの最高のさとりを得ることができる」と説法されたこととは矛盾しませんか。

なぜなら、人と神には固定した性質がありません。固定した性質がないから、人は神になれ、神は人になれるのです。それはそれぞれ業という因縁によるからです。固定した性質によるのではありません。

これに対して求道の人は業(ごう)の因縁によってブッダの最高のさとりを得ます。もし人々にブッダになる可能性がすでにあるなら、なぜ極悪人の一闡提は善根を壊して地獄に堕ちるのでしょうか。そのようなことはないはずです。もしさとりを求める心そのものがブッダになる可能性であれば、一闡提などの悪人でさえ、さとりを求める気持ちを持つ可能性があるのでブッダになる可能性を断つことはできないはずです。もし断つことがあれば、それは常在するものとはいえません。もし常在しないものであれば、ブッダになる可能性とはいえません。

もし人々にブッダになる可能性があるなら、なぜ「はじめてさとりを求める心を起こす」という言い方をするのでしょうか。また、修行を途中であきらめるとかあきらめないとかいうのでしょうか。あきらめる人には恐らくはブッダになる可能性がないのだと考えます。

求道の人は一心にブッダの最高のさとりへ邁進し、慈悲の心を持ち、生まれ・老い・病・死などの苦しみ、そして煩悩から起こる患いや咎を観察し、一方、妙寂の境地には生まれ・老い・病・死などの苦しみ、そして煩悩から起こる患いや咎がまったくないことを観察し、ブッダ・教え・修行者の集まりの三つの柱を頼りとし、及び業の報いを信じ、身に付けるべき習慣を堅持するのです。これらを行なうことがまとめてブッダになる可能性だと考えます。これらと無関係なところにブッダになる可能性があれば、ではどんなことをするのをその可能性と等しいといわれるのでしょうか。

世尊、乳はなにかの助けをとくに借りずにかならずヨーグルトになるはずです。ただバターの場合はかならずなにかの助けを必要とします。たとえば人の力・水・瓶・鑽・縄などが必要です。これと同じで人々にすでにブッダになる可能性があれば、とくになにかの助けを借りなくてもブッダの最高のさとりが得られるはずです。もしその可能性がかならず存在しているなら、どうして修行を半ばにしてあきらめる人がいるのでしょうか。

533a

また、六種の完全な修行を修めずブッダの最高のさとりを得られるはずです。それは乳がなんの助けも借りずにヨーグルトになることと同じではないでしょうか。しかし六種の完全な修行を修めないでブッダの最高のさとりを成就できるわけはないのです。

このことから人々にはみなブッダになる可能性がないことを知らなければなりません。ブッダは先に修行者の集まりは常住であるとお説きになったが、もしそれが常住であれば、無常でないことになります。では無常でないとすれば、どうして修行者がブッダの最高のさとりを得るのでしょう。修行者の集まりが常住であれば、どうしてわざわざすべての人々にみなブッダになる可能性があるという必要があるのでしょう。

世尊、もし人々に本来さとりを求める心がなく、また、ブッダの最高のさとりをも本来求める心がなかったのが、後になってあることになったのならば、ブッダになる可能性ももともとなかったものが後になって存在したことになるでしょう。この意味から、私は、人々にブッダになる可能性はないと考えます』

『師子吼菩薩、いいところを述べてくれた。君はすでにブッダになる可能性の意味について十分知った上で、人々に本当にブッダになる可能性があるのかと訊ねていることが判る。君は「人々にブッダになる可能性があったら、はじめてさとりを求める心を起こすことはないはずです」と意見したが、心そのものはブッダになる可能性ではない。なぜなら心は無常であり、ブッダになる可能性は常在であるからだ。

君はなぜ修行者が修行半ばにしてあきらめるのかと問うているが、じつはあきらめる心なんてないのだ。心がもしあきらめるのであれば、ついにブッダの最高のさとりを得ることはできまい。あきらめるといってもさとりを得るのが遅いだけで、まったく断念したのではない。

さとりを求める心、すなわち菩提心（ぼだいしん）そのものはじつはブッダになる可能性ではない。極悪人の一闡提は善根を絶っているために地獄に堕ちるのだから、もしこの菩提心がブッダになる可能性であれば、一闡提の輩は一闡提と呼べなくなる。さとりを求める心もまた、無常とはいえなくなる。さとりを求める心、すなわち菩提心はブッダになる可能性ではない。

菩薩、君は「人々にもしブッダになる可能性があったら、とくになにかの助けを借りる必要はない。それは乳がヨーグルトになることと同じである」と述べているが、その考えは正しくない。なぜなら、もし人の力・水・瓶・鑽・縄の五つの助けがあってバターができるのなら、ブッダになる可能性もこれと同じではないか。

喩えをもって説明しよう。石から生じるものに金があり、銀があり、銅があり、鉄があるが、みな地・水・火・風の四つの要素のいずれかによってできたもので、一つの名称、一つの実物はその出所がそれぞれ異なり、同じではない。かならず衆縁和合して、人の知慧や工作や力を借りてできたのである。このことを考えてみると、もともと金そのものは存在しなかったのである。

533b

その意味で人々にあるブッダになる可能性はブッダとはいえない。あらゆる功徳を積み、衆縁和合してブッダになる可能性を見ることができ、その後にブッダになるのである。

君は「人々にみなブッダになる可能性があるなら、どうして見ることがないのか」と述べたが、その考えは正しくない。なぜなら時節因縁が熟していないからである。

そこで私は正因すなわち根本因と縁因すなわち補助因の二種の原因をもって考える。根本因とはブッダになる可能性をいい、補助因とはさとりを求める心を起こすことをいう。この根本因と補助因の助けによってブッダの最高のさとりを得る。ちょうど石が金となることと同じである。

君は「修行者の集まりが常住であれば、どうしてわざわざすべての人々にみなブッダになる可能性があると説く必要があろう」と述べているが、修行者の集まりは和合という集まりである。よいか、和合には世間の和合の意味と、第一義の和合の意味がある。

世間の和合とは自分だけのことを考えて生きる修行者の和合をいい、第一義の和合とは他人のためを思って生きている修行者の和合をいう。世間の和合は無常であるが、これに対してブッダになる可能性は常在である。この可能性のように第一義の和合も常在である。

また、教えの和合という集まりもある。教えの和合とは十二種の説法集をいう。この説法集は常在である。だから教えの和合を私はいつも常在と説いている。

また、修行者の集まりは和合であるが、和合は十二項目の因果関係をも意味している。十二項目の因果関係の内容にはブッダになる可能性が含まれている。十二項目の因果関係が常在であれば、ブッダになる可能性も常在である。だから私は修行者の集まりにはブッダになる可能性があるという。

また、修行者の集まりはブッダたちの和合でもある。だから私は修行者の集まりにはブッダになる可能性があるという。

不退転の心すなわちブッダになる可能性

菩薩、君は「人々にブッダになる可能性があったら、どうして修行を途中であきらめることがあったり、あきらめずに突き進むことがあったりするのだろうか」と質問しているが、いまそれについて解るように解説するので、よく聞きたまえ。

菩薩、求道の人は次のような十三の事があったら、修行をあきらめることになる。

一つは心に不信を抱いた時。

二つはなにもしようとしない気持ちがある時。

三つは疑いの気持ちが起こった時。

四つは身体や金銭に執着した時。

五つは妙寂の境地に対して「どうして人々を永久に再生させないようにするのだろうか」と不安と恐れを抱いた時。

六つは忍耐する気持ちがなくなった時。

七つは柔軟な心がなくなった時。

八つは憂いや悩みがある時。

九つは楽しくなくなった時。

十は怠けの気持ちが強くなった時。

十一は自分自身を軽蔑するようになった時。

十二は自分にはもはや煩悩がなくなったと考えた時。

十三はブッダのさとりに邁進することに喜びを感じなくなった時。

また、次のような六つの事がさとりを求める気持ちを壊してしまうことになる。
一つは他人に知識を教えることを惜しむ時。
二つは人々に悪心を抱く時。
三つは悪友と親しくなる時。
四つは努力しなくなる時。
五つはおごりと侮りの気持ちが強くなった時。
六つは世間の生業に手を染めるようになった時。

533c ところで師子吼菩薩、

「世尊は人間界や神々の世界の教師である。生類の中で最上であり、比較できるものがなく、未熟な修行者などの及ぶところではない。真理を見る眼は澄み切っており、自在に観察し、人々を苦しみの大海から彼岸に救済する」

ということをある人が聞いたら、彼は〈そのような人がこの世間にいるなら、私もいずれ先でそのような功徳を得たい〉という誓いを立てることだろう。そこで彼はブッダの最高のさとりを求めたい気持ちを起こすことになろう。あるいはだれかに教えられてその気持ちを起こすだろう。

また、求道の人が数えきれない年月の間苦行してブッダの最高のさとりを得たことを聞いたら、その人は〈私はそのような苦行には耐えられない。到底さとりを得ることはできまい〉と考えるだろう。このような場合、修行をあきらめる気持ちが起こる。

ところで次のような五つの事がさとりを求める気持ちを尻込みさせている。

一つは仏教以外の教えに従って出家しようと願う時。

二つはすべてに対して慈しみの気持ちを持たない時。

三つは説法する人の欠点や過ちを好んで探そうとする時。

四つは欲に染まったこの世間に来世でも生まれたいと願っている時。

五つは十二種の説法集を記憶し、暗唱し、書き写し、解説することを好まなくなった時。

また、次のような二つの事がさとりを求める気持ちを尻込みさせている。

一つは五欲をむさぼる時。

二つはブッダ・教え・修行者の集まりなどの三つの柱を敬い、尊重することができない時。

次にまた、修行を途中であきらめない心とはなにかを説明しよう。

「ブッダが生まれ・老い・病・死などの不可抗力の苦から解脱し、師に就くことなく学び、自然に習得して最高のさとりを得られた」

ということを聞いて、もしそのさとりが得られるなら、私も修学して得たいものだと思い、さとりを求める心を起こし、種々の善を行なって功徳を積んで得たものが多かろうと少なかろうと、みなブッダの最高のさとりにその功徳を費やす人がいるだろう。そしてその人は、

〈私はいつもブッダや弟子の方々に親しく近付き、深奥な教えを聞くことができ、そして身心共に健康で、たとえ苦難にあっても迷わないようになりたい。

私はブッダや弟子の方々が私のところにいてくださり、それをいつも喜びとし、五つの善根を備えられるようになりたい。

もし人が私の身体を傷害し、手足・頭・眼・関節などをバラバラに切断しても、そのような人に対しても慈しみの気持ちを持ち、その心を起こすことを喜びとする人になりたい〉

という誓いを立てるだろう。よいか、このような人はブッダの最高のさとりをますます人々に広める因縁を作ることになろう。このような心を持つことなしにブッダの最高のさとりを成就することはできない。

また、彼は次のような誓いを立てるだろう。

〈生まれ変わっても性器がないとか男女両方の性器があるとか女に生まれることがないように。

生まれ変わっても人に使われることがないように、悪い主人に巡り合うことがないように、悪い王に支配されたり、乱れた国に生まれることがないように。

もし好みの身体を持って生まれたら、よい血筋を受ける家系に生まれるように。

生まれ変わってあり余る財宝に恵まれてもおごりや侮りの気持ちを起こすことがないように。

534a 生まれ変わってもいつも十二種の説法集が聞けて、暗記し、暗唱し、書き写し、解説できるようになりたい。

人々のために説法するところがあったら、聞く人がいつも敬い、信じて疑いを持たず、私に悪心を抱かないようにあってほしい。聞いた人たちが少し聞いても内容をよく味わってくれることを願い、多く聞いても一向に内容を解ってくれない人は願い下げである。

私は心の師となっても心を師とすることはしない。身体・言葉・心のいずれの行ないも悪と交わらず、いつも人々に幸せを施そうと願っている。身に付けた習慣も心の慎みも大山のように不動でありたい。無上の正法を記憶し、伝えるために身体も命も財産も惜しまず、修行者が手にしてはならない物を善行の福徳とは考えず、規則正しい生活を営み、邪な考えやへつらいの心がないようにしたい。恩を受けたらたとえ小さな恩であっても大きなお返しをしたい。

世間のあらゆる芸能に通じ、方言を理解したい。十二種の説法集を暗唱し、書き写し、つねに怠ける気持ちを起こさないようにしたい。

教えを聞きたいと願う者がいたら、手を尽くして引き寄せ、楽しく聞けるようにしてやりたい。優しい言葉で語り、悪口をいわず、仲違いしている人たちを和合させたい。恐れている人がいたら、それを取り払い、飢饉の時は豊かに、満足させたい。病が流行(はや)っている時は医者となり、病に応じて自在に薬を調合して与え、病人を治癒してやりたい。

戦争が続く時は実力のある者になって残虐な者たちを滅ぼし、後に憂いや恐れがないようにしてやりたい。苦しみながら死んだり、牢獄に縛られたり、打たれたり、水や火などに責められたり、王や盗賊に苦しめられたり、貧窮になったり、悪がはびこり、無法状態になったりして世間の人々が恐怖におののくのを取り除けるようになりたい。

母父・師・年長者を尊敬し、恨み・憎しみを持つ人には慈しみの気持ちを持つようになりたい。

あらゆるブッダの教えや修行を修め、ブッダの三昧をも修め、あの三つの柱がないような地域にあっても静寂の心を保てるようになりたい。

私の身心に量り知れない苦しみが襲ってきても無上のさとりを求める気持ちを失うことがないことを誓う。未熟な修行者の教えで満足することはしまい。

あの三つの柱がないような地域、仏教以外の教えが広まっているところなどで出家しても、それらの誤った教えを学ぶどころか、その教えを正したい。

自在に教えを説き、自在に心を制御して、世間の事象にいかに多くの誤りがあるかをはっきりと観察したい。

私は、命を惜しむ人がわが身を捨てることを恐れるように、未熟な修行者のさとりを得ることを恐れるようになりたい。

私は、人々が死後三十三天に生まれ変わりたいと望むように、人々のために望んで餓鬼・畜生・地獄の世界に生まれ、そこで一人一人が受けている苦しみをなんの後悔の気持ちもなく代わって受けてあげたい。

私は、他の人たちが利益を得ているのを見て嫉妬の心を持つどころか、いつもそれを喜びとし、楽しみとするようになりたい。

534b
ブッダやブッダの教えや修行者の集まりに出会ったら、衣服・飲食・寝具・小屋・医薬・明かり・香・花・音楽・旗・七宝などを施すようにしたい。

ブッダから身に付けるべき習慣を教えられたら、それを堅固に守り、決して破る気持ちを起こさないようにしよう。

求道の人が難行苦行していることを聞いたら、それを喜び、うらやむ気持ちを持たないようにしよう。私の過去世の生活を振り返って観察し、再びむさぼりや怒りやおごりなどの煩悩を起こさないようにしたい。

自分の願う果報を求めるために、都合のよい条件を集めるようなことはしまい。いまの楽しみに執着しないようにしたい〉と。

菩薩、このような誓いを立てる人がいたら、決してさとりへの気持ちをなくすことはないだろう。また、この人を施主という。そしてブッダを見、ブッダになる可能性をはっきりと見て、人々の心を調教し、人々を生死の苦しみから解放させる人である。また、無上の正法を守護し、六種の完全な修行を成就する人である。

これまで述べてきたことから、不退転の心をブッダになる可能性と私は言っているのだ。

菩薩、君は「あきらめる心があるから、人々にはブッダになる可能性がないのではないか」と言ったが、そのようなことを言ってはならない。

喩えで説明しよう。

「あるところに七宝がでる山がある。その山には美味(おい)しい水が湧く、きれいな泉がある。そこに行った人は裕福になり、また、その水を飲んだ人は寿命が延び、一万年も生きられる。ただそこまでの距離は遠く、その上道が険しく、難所が多い」

という話を二人の男が聞いた。時にこの二人の男は一緒にそこに行くことにした。一人は旅に必要な物を備えたが、他の一人はなにも用意せず、身一つであった。彼らは旅の途中、財貨を持ち、七種の珍しい物を持った人に出会った。

そこで二人は出会った人に、

「旅の人、これこれのところに七宝がでる山があると聞いたが、本当にでるのでしょうか」

と訊ねた。すると旅人は、

「確かにその山はあります。嘘ではありません。私はそこに行き、宝を手に入れ、そして水も飲んできました。ただ厄介なことは、道が険しく、盗賊がいたり、塩がわきでた砂地があったり、刺がある草木が茂っているところがあったりして、水や草が少ない土地です。これまで数千万人の人が訪れたようですが、そこに到達した人は少ないと聞いています」

と語った。これを聞いた二人のうちの一人は後悔の気持ちを持った。そして連れに告げた。

「道も遠く、険しいようで、それも幾つもの難所があるそうで、しかもそこにたどり着いた人は少ないと聞いた。私は到底そこに行けそうもない。考えてみるといまの仕事は十分ではないが、なんとか食っていける。もしこの道を目的地まで行こうとしたら、命を落とすかもしれない。そうしたら目的地にたどり着けまい。命あっての物種であって、長生きすればそれなりに幸せがあると思う」と。

これを聞いた連れは言った。

「その険しいところを通り過ぎた人もいるのだから、私も通り抜けられると考える。そこに辿り着いたら、それこそ望みの宝を手に入れることができ、美味しい水を飲むこともできるのだ。もしたどり着けなかったら、当然死を覚悟しなければならないだろう」と。

一人は来たことを後悔して家に帰り、もう一人は前進した。前進した者は山に辿り着き、多くの財宝を得て、望みどおりに水を飲み、そして帰宅した。その後、母や父に孝養をつくし、親戚の人々にも財宝を施した。

ところで後悔して途中で帰宅した男はこれを見て、心が熱くなり、〈彼はあの山に行き、そして無事に帰ってきた。いま思えばあの時、あそこに止まっているべきであった〉と反省し、再びその道を進み、辿り着くことができた。

534c

この喩えの内容を説明すると、七宝の山は妙寂の心境を、美味しい水はブッダになる可能性を、二人の男は求道の人がはじめてさとりを求める心を起こしたことを、険しい道は生まれ変わりの輪廻の世間を、途中出会った旅人はブッダを、盗賊は四種の魔を、塩がわきでる砂地や刺のある草木は煩悩を、水や草がないとはさとりへの修行をしないことを、後悔して帰った人はさとりへの修行をあきらめた求道の人を、直進した人はあきらめない求道の人を、それぞれ喩えたのである。

人々にあるブッダになる可能性は常在で、不変であるのはちょうど険しい道のようだと説いたら、人は恐れをなし、後悔して求めることをあきらめるからといって、道は無常であるというふうに説いてはならない。ブッダになる可能性についても同じである。

菩薩、さとりへの道を歩む者にあきらめる者は一人もいない。先の後悔した男は件の財宝を取得して帰宅し、自在に両親を養い、親族の者にも施し、自らも幸せを得た男を見て、心中熱くなり、一念発起して、道を歩みだし、身命を惜しまず、多くの苦難に耐え、ついに目指す七宝の山に辿り着くことができた。求道の人も同じである。

このことから判るように、人々はかならずブッダの最高のさとりを成就することができるはずである。だから説法の中ですべての人々は、たとえ母や父を殺害するなどの五つの重罪を犯した者、殺生などの四つの重罪を犯した者、及び極悪人の一闡提であっても、みなブッダになる可能性を持っていると私は述べたのである』

ブッダになる可能性と三十二相

『世尊、どうして求道の人にあきらめる人とあきらめない人がいるのでしょうか』

『師子吼菩薩、求道の人がブッダの身体的特徴である三十二種の瑞相を習得すれば、あきらめない人といわれる。また、すぐれた求道の人といわれる。また、不動の人、人々を憐れむ人とも呼ぶ。また、未熟な修行者に勝る人、不退転の人とも呼ぶ。

求道の人が正しく習慣を守り、施しの気持ちを持ち、真実の言葉を語ることが孤高のヒマラヤのように不動であれば、その功徳によって箱の底のように平らかな足の裏を持って生まれるだろう。

もし母や父、和尚、師匠や長老、及び畜生に至る動物にまで教えの財宝をもって施しをすれば、この功徳によって足の裏に千の輻(ふく)がある輪の模様を持って生まれるだろう。

もし殺生や盗みをせず、母や父、師匠や長老などに会うことを喜ぶならば、この功徳によって次の三つの瑞相を持って生まれるだろう。一つは手や指の紋が長く、二つは足の踵(かかと)が長く、三つは身体が整い、すんなりしているのである。これら三つの特徴は同じ行ないによって得られた功徳である。

もし施し、優しい言葉、利他の行ない、協同の四つの方法をもって人々に近付くならば、この行ないの
535a 功徳によってアヒルのように指と指の間に水掻きを持って生まれるだろう。

もし両親や師匠や長老などが病で伏した時、手足を洗ってあげたり、按摩してあげたりすれば、その行ないの功徳によって柔らかい手足を持って生まれるだろう。

もし正しく習慣を守り、教えを聞き、施しを喜んでするならば、その行ないの功徳によって全身の毛がすべて上向きに生える特徴を持って生まれるであろう。

もし集中して教えを聴き、そして正しい教えを他に説くならば、その行ないの功徳によって繊細で円満な脚の腓(こむら)を持って生まれるだろう。

もし人々に傷害を加える気持ちがなく、飲食に足るを知り、つねに施しを楽しみ、病人を看病して、薬を与えることを喜びとする人は、その行ないの功徳によってニグローダ樹のように円満な身体を持って生まれ、手が膝のところまで届き、頭の頂に肉の盛り上がりが見られ、頭の頂上を見ることができないような特徴を持って生まれるだろう。

もし恐れを抱く人を見たら救いの手を差し伸べ、裸でいる人を見たら衣服を施せば、その行ないの功徳

によって男の生殖器が体内に隠れた特徴を持って生まれるだろう。

もし智者に近付き、愚者と付き合わず、智者と問答することを喜び、そしてよく道路を掃除すれば、その行ないの功徳によって滑らかで柔らかな肌を持って、そして全身の毛がみな右巻きの特徴を持って生まれるだろう。

もし衣服・飲食・寝具・医薬・花や香油・燈明などを人に施せば、その行ないの功徳によって、全身金色に輝き、その光がつねにきらきらと輝いている特徴を持って生まれるだろう。

もし施しをする時、珍しい物を捨てず、将来相手が自分のためになる人かそうでない人かと差別せずに施しをすれば、その行ないの功徳によって身体の七ヵ所（両手・両足・両肩・項）が充満して柔軟な特徴を持って生まれるだろう。

もし施す時、いろいろの疑いの心を起こさなければ、その行ないの功徳によって絶妙な声を持って生まれるだろう。

もしブッダの教えに準じた方法で金銭を得て、それを使って物を買い、他人に施せば、その行ないの功徳によってライオンの顎骨のように頑丈で、ライオンの上半身のように威風堂々とした、両肩が円満な特徴を持って生まれるだろう。

もし二枚舌や悪口、そして憎しみの心などを離れるならば、その行ないの功徳によって四十本の白い、密な、そしてきれいな並びの歯を持って生まれるだろう。

もし人々に慈しみと憐れみの気持ちを持ち続ければ、その行ないの功徳によって象王の白い二本の牙を持って生まれるだろう。

もし〈施しを求める人には気の済むまで与えよう〉という誓いを立てる人は、その行ないの功徳によってライオンのような頬を持って生まれるだろう。

もし人々の求めに応じて飲食を与えるならば、その行ないの功徳によって味覚の中で最上の味覚を得るであろう。

535b

もし十種の善行を実践し続け、同時に人々を教化するならば、その行ないの功徳によって長くて細い舌を持って生まれるだろう。

もし他人の短所をとがめず、正法を謗らなければ、その行ないの功徳によってきれいな、そして澄んだ声を持って生まれるだろう。

もし人が恨んだり、憎んだりしているのをみて喜ぶようなことがなければ、その行ないの功徳によって青い眼を持って生まれるだろう。

もし他人の徳を公にしたり、善行を讃えるならば、その行ないの功徳によって眉間に白い右巻きのうぶ毛を持って生まれるだろう。

菩薩、このように三十二種の瑞相を習得すれば、さとりへの心は決して後退しない。

生類は不思議なものである。またブッダの心の境界、善行の果報、ブッダになる可能性も不思議なものである。なぜなら、これら四つはみな常在であるからだ。常在であるから不思議という。

生類が常在であるとは、煩悩におおわれているために常在というのだ。ただ煩悩は断絶されるから無常ともいう。もし生類を常在というなら、どうしてさとりへの八種の修行を実践して苦しみをなくすことがあるのだろうか。つまり苦しみがなくなれば、それは常在ではないこととなる。しかし苦をなくした後で受ける楽は常在というべきである。

このようなことから、私は、

「すべての生類は煩悩におおわれていてブッダになる可能性を見ることがない。見ることがないから妙寂を得られない」

と言うのだ』

第三十八章　束縛と解脱

師子吼菩薩は質問した。

『世尊、ブッダがお説きになった、すべての事象には根本因と補助因との二種があると言われましたが、これによると、束縛から解脱することはないはずです。

喩えで説明しましょう。生類の身体を構成する五つの要素（五蘊）は一瞬一瞬に生滅しています。一瞬
535c 一瞬に生滅している中ではだれが束縛し、だれが解脱するのでしょうか。五つの要素によって次の五つの要素は生じています。いまの要素が滅して、次の要素に成っているわけではありません。といって次の要素に成らないといっても次の要素を生じています。種子から芽が生じますが、種子そのものが芽になるわけではありません。芽にならないといっても芽を生じています。このことから考えてどうして束縛から解脱するのでしょうか』

五つの要素は相続するか

『師子吼菩薩、よく聞きたまえ。君のために判るように解説しよう。ある人が臨終の時、苦しみあえいでいた。親類の者が枕元に集まり、悲しみ、泣いていた。いま死にかかっている当人は死を怖がり、助けを求めたが助かる術(すべ)がない。感覚器官はすでに知覚がなかった。手足は震え、じっとしていることができなかった。全身は段々と冷え、体温が尽きようとしていた。その時、彼はこれまでの数々の善行と悪行の報いをこれからどのように受けるかをすでに感じ取っていた。

菩薩、太陽が沈もうとする時、山や丘、堤防などの影が東の方向に長く延びて、道理として西の方向に延びることがないように、人々の善悪の行ないの報いもこれと同じである。

人の身体のいまの五つの要素が滅する時、次の五つの要素は続いて生じる。これは明かりが生じると闇が滅し、明かりが滅すれば闇が生じることと同じである。

また、蠟石(ろうせき)で作った印で泥に押印すると印は泥と合致して文を現わす。しかもこの蠟石で作った印は変化して泥になるわけではない。といって泥の中から文が現われたわけではない。他の所から飛び込んできたわけでもない。この文が現われることと同じである。

いまの五つの要素が滅してから中間存在（中陰）の五つの要素が生じる。この五つの要素が変化して中間存在の五つの要素になったのではない。中間存在の五つの要素もまた、それ自身で生じたのではない。他の所から飛び込んできたのでもない。いまの五つの要素によって中間存在の五つの要素が生じたのである。

これは印を泥に押して、印が滅して文が現われることと同じである。名称は同じであっても時節は各々異なる。だから私は「中間存在の五つの要素は肉眼で見られるものではないが、超人的眼で見ることはできる」と言ったのだ。

この中間存在に体を保持する三種の食べ物がある。一つは思考という食べ物、二つは感覚という食べ物、三つは六つの感覚器官という食べ物である。

中間存在には善業の果報を持つ存在と、悪業の果報を持つ存在の二つがある。善業を積むと、ものを細大漏らさず正しく見る力を得るが、悪業を積むと、ものを正しく見ることができなくなる。

中間存在は母と父が性的交合の際に、その存在自身が持つ業によって、生まれるところが決まる。母に対して愛情を持ち、父に対して怒りを持つ。父の精子がでる時、これは自分の存在だといい、見てから内心喜ぶ。

このような煩悩を起こすために中間存在が壊れて次の五蘊、つまり次の生を受けることになる。印を泥に押して印が滅して文を作ることと同じである。

新しい生を受ける時に感覚器官を具足している者と具足していない者がある。具足する者は色形を見るとむさぼりの気持ちを起こす。むさぼりの気持ちを起こすために渇きに似た欲を起こすことになる。色形に心を奪われるからむさぼりが起こるのである。これを無知（無明）という。

貪欲と無知の二つによって人は世界を正しく見られなくなる。逆さまに見るようになる。無常のものを常住と、苦であるものを楽と、不浄のものを清浄と見るようになる。ものを逆さまに見たり考えたりするために、善いことも悪いこともするようになる。煩悩を生み続けて悪業による煩悩を増やす。これを束縛（繋縛（けばく））という。この意味をもって五つの要素が煩悩を生じるという。

536a　このような人でもブッダやブッダの弟子たちに親しく近付くことができれば、十二種の説法集を聞く機会が得られ、教えを聞いて善なる心の境地を見ることができるだろう。その境地を見ることができたら、すぐれた知慧を得るだろう。すぐれた知慧とは正しく世界を知見することである。正しい知見が得られたら、生死輪廻の世界に生まれたことに後悔の念を抱くだろう。その気持ちを持つことでこの世間に喜びを感じなくなるだろう。喜びを感じなくなれば世間のものにむさぼりを起こすことがなくなるだろう。むさぼりの気持ちをなくして彼は八正道を修めようとするだろう。この八正道を修めると生死輪廻の世界から解脱できるだろう。

　火が薪に燃えつかないと消える（滅）ように、生死輪廻が絶える（滅）から滅度、つまり煩悩が消え、尽きるのである。この意味を五つの要素が滅するという』

なにに縛られ、なにから脱するのか

『世尊、空中にはもともと棘が刺さっていません。これを「抜く」とはいえません。これと同じように五つの要素そのものがなにかにとらわれていることはありません。その五つの要素にどうして束縛があるでしょうか』

『師子吼菩薩、それは煩悩の鎖で五つの要素を縛っているのだ。五つの要素を離れて別に煩悩はない。また煩悩を抜きにして別に五つの要素があるのではない。

たとえば柱が屋根を支えていることを考えてみるとよい。屋根がなければ柱とはいえず、柱がなければ屋根がないことと同じで、五つの要素も同じである。煩悩があるから束縛というのであって、煩悩がなくなった時に解脱というのだ。

拳の状態、掌を合わせた状態、指を組んだ状態の三つは集合と解散、生成と消滅の状態を表わしたことで、これ以外にとくに変わったことはない。これと同じように五つの要素も煩悩があるから束縛というのであって、煩悩のない状態を解脱というにすぎない。

心と肉体が人を束縛するのであって、それらがなければ人も存在しない。心と肉体を別にして人はなく、人を離れて別に心と肉体があるのではない。また、心と肉体が人を束縛するといい、人が心と肉体を束縛するともいうのだ』

『世尊、眼は自身を見ません。指は自身を触れません。刀は自身を切れません。感覚作用は自身を感覚しません。

そこでブッダはどうして心と肉体は心と肉体を束縛すると説かれたのでしょうか。なぜなら、心と肉体は言い換えると人のことです。人はすなわち心と肉体なのです。もし心と肉体が人を束縛すれば、心と肉体が心と肉体を束縛することになりますが、……』

『師子吼菩薩、両手を合わせる時に別のものが飛び込んできて合わさることはない。心は肉体と共にあるのもこれと同じである。このように考えて私は心と肉体が人々を束縛するといったのだ。もし心と肉体を離れたら解脱を得ることができる。だから私は人々が解脱するといったのだ』

『世尊、もし心と肉体があること、それが束縛であれば、聖者（阿羅漢）は心と肉体から離れていないのだから、まだ束縛されているといわなければなりませんが、……』

『師子吼菩薩、よいか、解脱には種子の時に断っている状態の子断と、果実の時に断っている果断の二つが考えられる。

子断とは煩悩を断った状態をいう。聖者（阿羅漢）はすでに煩悩を断っていて、あらゆるしこりを破壊
536b してしまっているから、種子のしこりに束縛されることがない。しかしまだ果実を断ち切っていないので果実に束縛されるという。彼らはブッダになる可能性を見ることがない。見ないからブッダの最高のさとりを得ていない。この意味から果実に束縛されているというのだ。

これを心と肉体の束縛というのではない。喩えるならば、明かりの油がまだ残っている時は明かりは消えない。油が切れたら明かりが消えることはだれも解っている。ここでいう油は煩悩のことで、明かりは人々のことである。人々は煩悩の油があるから解脱に入れないのであって、もしその油が切れたら解脱に入ることができる』

『世尊、明かりと油の性質は違います。ところが人々と煩悩の場合はこれらとは違うと思います。つまり人々はすなわち煩悩であり、煩悩はすなわち人々です。人々は五つの要素と言い換えることもできます。

五つの要素はすなわち人々ともいえます。五つの要素はすなわち煩悩ということも、煩悩すなわち五つの要素ともいえます。このような二つの関係をどうしてブッダは明かりと油の関係で喩えられるのでしょうか』

八種の喩え方

『師子吼菩薩、喩える方法に八つある。

一つはものの生起の順序を説く順喩。

二つは順喩の逆の順序で説く逆喩。

三つは現在の事実を用いて説く現喩。

四つは仮の事柄を用いて説く非喩。

五つは喩えられる事項の先に喩えを説く先喩。

六つは喩えられる事項の後に喩えを説く後喩。

七つは喩えを先にも後にも説く前後喩。

八つは喩えられる事項のすべての内容を喩えのすべての内容に一致させて説く遍喩。

では、順喩について説明しよう。

かつて説法したことを例に挙げて説こう。天が大雨を降らして溝に水を満たす。溝が水であふれると小さな堀が満水となる。小さな堀が満水となると大きな堀が満水となる。大きな堀が満水となると小さな泉が満水となる。小さな泉が満水となると大きな泉が満水となる。大きな泉が満水となると小さな池が満水となる。小さな池が満水となると大きな池が満水となる。大きな池が満水となると小さな川があふれる。小さな川があふれると大きな河があふれる。大きな河があふれると大海が満水となる。

　私が説く教えの雨もこれと同じである。その教えの雨を浴びて人々は正しい習慣を身に付ける。正しい習慣を身に付けると後悔の気持ちがまったくなくなる。なくなって喜びで満たされる。喜びで満たされて悪事から遠ざかる。悪事から遠ざかり安らぎで一杯になる。安らぎで一杯になって人は三昧をひたすら修めるようになる。三昧を修めて正しく世間を知見できるようになる。正しく知見できるようになって世間を厭う気持ちで一杯になる。厭う気持ちで一杯になり、自らを呵責するようになる。自らを呵責することで解脱が得られる。そして解脱が得られて妙寂が得られる。

　このように説く方法を順喩という。

　次に逆喩について説明しよう。

　大海には本（もと）がある。それは大河である。大河には本がある。それは小さな川である。小さな川には本がある。それは大きな池である。大きな池には本がある。それは小さな池である。小さな池には本がある。それは大きな泉である。大きな泉には本がある。それは小さな泉である。小さな泉には本がある。それは大きな堀である。大きな堀には本がある。それは小さな堀である。小さな堀には本がある。それは溝である。溝には本がある。それは大雨である。

これと同じように、妙寂には本がある。それは解脱である。解脱には本がある。それは呵責である。呵
536c 責には本がある。それは厭う気持ちである。厭う気持ちには本がある。それは正しい知見である。正しい知見には本がある。それは三昧である。三昧には本がある。それは安らぎである。安らぎには本がある。それは悪事を離れることである。悪事を離れることには本がある。それは喜びの心に出会うことである。喜びの心には本がある。それは後悔がない気持ちである。後悔がない気持ちには本がある。それは正しい習慣を身に付けることである。正しい習慣を身に付けることには本がある。それは教えの雨である。

このように説く方法を逆喩という。

次に現喩について説明しよう。

かつてしばしば説法したことであるが、人の心の本性は猿に似ている。猿は一つの物を取る時にすでに手にしている物を捨てて取る。これと同じように人々も色形・音声・香り・味・触れる物・無形のものを次々と捨てて、追い求めてとどまることを知らない。

このように説く方法を現喩という。

次に非喩について説明しよう。

私はかつてパセーナディ王に次のように言ったことがある。

「大王、信用のおける親しい人たちがいた。彼らが各々四方からやってきて、大きな山が四方から迫ってきて、人民を殺害しようとしていると言ったとしよう。大王、もしこのようなことを聞いたら、どんな手を打つか」

すると王は、

「世尊、迫ってきていると解っても逃げるところがなく、ここにいるしかありません。ただひたすら正しい習慣を守り、人々に施しをして毎日を送るべきでしょうかね」

と答えた。これに対して私は王を称賛して言った。

「大王、私が言った四つの山とは人々の生まれと老いと病と死のことである。これらは人々にいつも迫ってきて、人々を切りきざむ。どうして大王は正しい習慣を修めて、人々に施しをしないのか」

「世尊、正しい習慣を修めて、人々に施しをしてどんなご利益がありますか」

「大王、人間界と神々の世界のなかで多くの快い幸せを受けるだろう」

「世尊、ニグローダ樹でも正しい習慣を修め、施しをしたら、同じように人間界と神々の世界で多くの快い幸せを受けるでしょうか」

「大王、ニグローダ樹は正しい習慣を修め、施しができない。しかしもしそれができたら、その樹も同じように幸せを受けられるのだ」

このように説明したことがあるが、このように説く方法を非喩という。

次に先愉について説明しよう。

これもかつて説法したことを例に挙げよう。ある人が美しい花を手に入れようと思って、取ろうとしたら川に落ち、おぼれてしまった。この人のように人々も五欲をむさぼり、苦悩世界の水におぼれている。

このように説く方法を先愉という。

次に後喩について説明しよう。

真理の言葉という説法の中で、次のように説いたことがある。

小さな罪と軽んじて、咎はあるまいと思ってはならない。

水滴はたとえ小さくてもいつかは大きな器を満たす。

このように説く方法を後喩という。

次に前後喩について説明しよう。

たとえば、芭蕉は実がなると枯れてしまうように、愚者は多分の利益を得ると身を滅ぼす。これはロバが懐妊すると長生きできないことと同じである。

このように説く方法を前後喩という。

次に遍喩について説明しよう。

これもかつて説法したことを例に挙げて説こう。三十三天にパリチトラという樹木がある。この樹木の根は四十キロメートルも地下に根を張り、八百キロメートルの高さがあり、枝は四方に四百キロメートルに広がっており、葉は熟すると黄色になる。この樹木を見て一人として喜ばない神々はいない。この枝は
537a すぐに変色してしまう。枝が変色すると、また神々は喜ぶ。この色はすぐに皰（もがさ）を生じる。これを見て、また神々は喜ぶ。この皰がすぐ嘴（くちばし）を生じる。これを見て、また神々は喜ぶ。この嘴はすぐに大きく開くであろう。すると香気が四百キロメートルに亙（わた）って充満し、光明が六百四十キロメートルの距離まで照らしだす。するとすべての神々は夏三ヶ月間の時節に幸せを受ける。

私の弟子についてもこれと同じことがいえる。ここで木の葉の色が黄であるとは私の弟子たちが出家を念願することを喩え、木の葉が落ちるとは弟子が髪や髭を剃り落とすことを喩え、木の葉が変色するとは弟子が反省と懺悔をして身に付けるべき習慣の実行を誓うことを喩え、はじめて皰が生じるとは弟子がはじめてブッダの最高のさとりを求める気持ちを起こしたことを喩え、嘴は十段階の修行中の求道の人がブッダになる可能性を見られたことを喩え、嘴を開けるとは求道の人がブッダの最高のさとりを得たことを喩え、香りは十方の数えきれない人々が禁じられていた規則を守ると誓うことを喩え、光とはブッダの名前が十方に知れ亙ることを喩え、夏の三ヶ月とは三つの三昧を喩え、三十三天が快い幸せを受けるとはブッダたちが妙寂に住して常住・安楽・実在・清浄の四つの功徳を得ることを喩えている。

このように説く方法を遍喩という。

およそ引用する喩えはかならずしもみな取り上げるとはかぎらない。ある時は一部分だけとか、ある時は大部分とか、ある時は全部取ることがある。たとえばブッダの顔が満月のようだという場合は一部分を取って喩えている。

ある人がまったく乳を見たことがなかった。たまたま彼がある人に

「乳とはどんなものですか」

と訊ねた時、相手は

「水のようです。蜜のようです。貝のようです」

と答えたことを考えてみよう。この場合、水は湿気を表わすもの、蜜は甘さを表わすもの、貝は色を表わ

すものである。三つの喩えを引いても乳そのものを知ることはできない。私が先に明かりの喩えを人々の喩えとして使って説いたが、これも同じことである。

師子吼菩薩、水を抜きにして川はない。同じように五つの要素を離れて人々はない。輿・輪・軸・輻などがなくて車はない。人々の場合もこれと同じである。もし明かりの喩えを人々の喩えとして考えるなら、次のようになろう。よく聞きたまえ。

明かりの芯は二十五種の迷いの生存を喩え、油は渇きに似た欲を喩え、明かりは知慧を喩え、暗闇を取り除くことはおごりをなくすことを喩え、暖かさは八正道を喩えている。油が尽きたら明かりが消えるように、人々の渇きに似た欲がなくなればブッダになる可能性を見ることができる。肉体と心に束縛されなくなるだろう。また、二十五種の迷いの生存に身を処しても世間の俗事に汚されることはないだろう』

第三十九章　修行について

師子吼菩薩はさらに訊ねた。

『世尊、人々の五つの要素は本来空であり、私のものなどなにもないという教えにしたがえば、そんな身体を持つ者の中に教えを学び修行する人がいるでしょうか』

ブッダは言われた。

537b 『師子吼菩薩、人々にはみな思念する心、理解する心、理想を求める心、努力する心、信じる心、安定した心があるものだ。これらのものは一瞬一瞬に生じては滅していくものだが、しかしそれでも前後が似て相続し絶えることがない。これを修行という』

なぜ修行するのか

『世尊、これらのものはたしかに一瞬一瞬に生じては滅しています。そしてこの一瞬一瞬に滅している中にも前後が似て相続し絶えることはありません。ならばどうして修行するのでしょうか』

『師子吼菩薩、明かりは刻々に消えるが、その光は暗闇を除いている。そのように先の思念する心なども同じである。私たちが食べる物は食べるそばから形がなくなるが、空腹を満たしてくれる。

喩えを引くと、妙薬は服するそばからなくなるが、病を癒やす。太陽や月の光は刻々に消えるが、樹林や草木の生長を助ける。これらの喩えのようなものだ。君は先ほど

「刻々に滅しているのに、どうして修行の増長があるのでしょうか」

と訊ねたが、それは心が相続しているから増長があるのだ。

書物を読む時に読まれる字句はそれぞれが一時の区切りを持たない。しかし前の字句は中の字句に重ならない。中の字句は後の字句に重ならない。人と字句と心のはたらきとは刻々に滅しているが、ずっと読み進むから意味が通るようになる。

この喩えを考えてみよう。金細工師が入門してから老境にいたるまで一瞬一瞬に滅して前は前、後は後として重なることなく技量を積んで、ついに高い技量の作品を作ることができるようになった。したがって彼は名人といわれる金細工師になることができた。書物の字句を読む場合も同じである。

また、喩えを引こう。種子も大地も「芽をだすべし」といわれなくても、その本性から芽を生じるのだ。そして花も「果実を結ぶべし」といわれなくても、その本性から果実を結ぶのだ。人々の修行もこれと同じである。

また、喩えを引こう。数の一は二となることはない。二は三となることはない。刻々に滅しているが数

は一千万にもなる。人々の修行もこれと同じである。明かりは一瞬一瞬に滅しているが、最初の明かりが後の明かりに「私は消えた。君は燃えだして闇を取り除くべし」ということはない。

また、喩えを引こう。子牛は生まれるとすぐに乳を求める。乳を求める知慧は人が教えたわけではない。一瞬一瞬に滅しており、はじめは空腹であったが後には満腹になるのである。

　これらの喩えから知らなければならない。前後は互いにまったく似ているのではない。もし似ているならば、異なった物を生じることはできないはずであることを。人々の修行の場合も同じである。はじめはまだ未熟であっても長く修行しているうちにあらゆる煩悩を取り除くことができるのである』

『世尊、ブッダはかつてお説きになりました。修行者の仲間に入った新参の沙門はその段階でさとりを得たら、たとえ乱れた国に生まれたとしても正しい習慣を守り、殺しも、盗みも、不倫も、嘘も、飲酒もしないと。この場合は、この修行者の迷いの身体（五つの要素）はこの場所で滅していて、乱れた国にまで持って行ったわけではありません。彼の修行も乱れた国に至っていないと思います。もし両方、つまり乱れた国と修行している場所が互いに似ているならば、なぜ乱れた国の人々は清浄な国土に生まれないので
537c
しょうか。もし乱れた国の人々の身体とこの沙門の身体が異なるのであれば、どうして悪業を作らないでいることができましょう』

『師子吼菩薩、修行者の仲間に入った新参の沙門は乱れた国に生まれたとしても、沙門であり続けるだろう。彼の身体はその国の人たちのそれとはまったく似ていないからだ。だから私は子牛の喩えを引いたのだ。その沙門は乱れた国に生まれたとしても修行を続ける力を所有しているので、悪業を積むことはない

のだ。

喩えを使って説こう。インドの北方にある香酔山（こうすいせん）にライオンの王がいた。ライオンの王がいたためにすべての鳥や獣がいなくなり、だれ一人近付く者もいなかった。ある時、この王がヒマラヤにでかけることがあった。するとこの山の鳥や獣たちもいなくなってしまった。かの沙門の場合もこれと同じである。乱れた国に生まれて、そこで仏道を修めることがなくても、すでに修めている功徳の力によって彼らは決して悪行をすることがない。

それは喩えるならば、ある人が甘露を飲むようなことと同じである。彼が飲んだ甘露は、その時、目の前から消えた。消えたがその甘露の効力によってその人は不死の境地を得るのである。これと同じである。また、ヒマラヤにはラーンガリーという妙薬が生えており、これをある人が飲んだ。ものは一瞬一瞬に滅するが、その薬の効力で患いや害に遭わないで済んだという。かの沙門の場合もこれと同じである。

また、世界の統治者である転輪王の坐るところは王がいなくても勝手に近付くことができない。それは王の威厳がしからしめるからである。かの沙門の場合もこれと同じである。乱れた国に生まれ修行をしていなくても、彼はかつての修行の功徳によって悪業をしない。かくしてその沙門はこの場所で滅して他の国に別の身体を持って生まれても、沙門の身体（五つの要素）を失うことはない。

別の喩えで説明しよう。果実を得ようと思って、その果実の種子を播いて肥料や水をやる。その段階ではまだ果実はないが、種子はすでに形がなくなっている。しかしこの種子によって果実を得ると人々は考える。かの沙門の場合もこれと同じである。

また、別の喩えを引こう。ある人が巨万の財産を持っていた。彼には一子がいたが、先立たれてしまった。その子には子がいたが、その子が他国に行ってしまった。このような境遇になった彼はある日急死した。これを聞いた孫は家に帰り、家業を継いだ。財貨は作られるものでないことを知ってはいたが、財貨の収入はとめどなくあった。なぜなら、長者と同じ血筋であったからだ。かの沙門の場合もこれと同じである』

妙寂への三つの修学

師子吼菩薩は別の質問をした。

『ブッダの詩偈に

修行者が正しい習慣、正しい注意、正しい理解の三つを修学したら、

彼はまったく落伍することなく、妙寂に近付くことができる。

と説かれたことがあります。世尊、では正しい習慣や正しい注意や正しい理解はどのようにすればよいのでしょうか』

『師子吼菩薩、もし正しい習慣を守る目的が自分の利益や人間界・天界の者たちのためであるとか、あらゆる生類を救済するためでなく、また、ブッダの教えを擁護するためでなく、ただ地獄に堕ちることを恐

れているためであるとか、寿命と若さと体力の安定、そして自在力の取得のためであるとか、また、王が制定した法律をおそれたり、悪名が流布することをおそれたりしながら世間の生業のためにするのであれば、それらは正しい習慣を守る目的といえない。

538a

次に正しい習慣を守ることがどんなものかを説明しよう。

正しい習慣を守る時には、あらゆる生類を救済するために、正法を守護するために、まだ彼岸に渡っていない人を渡すために、まだ理解していない人を理解させるために、帰依していない人を帰依させるために、まだ解脱していない人を解脱させるためにと思って実践するのだ。そのように実践されている時には習慣を見ない、習慣の特徴を見ない、習慣を守っている人を見ない。そしてその果報を見ないし、そして犯している人を見ない。もしこのように行なわれていれば、正しい習慣が修められているという。

では、次に正しい注意をどのように修めるかを説明しよう。

注意を修める時には自分のさとりのため、利益のためにして人々のためにせず、正法を守るためにせず、名誉や財産へのむさぼり、食べ物への執着、性欲・身体への執着、エロティックなものやグロテスクなものへの興味、戦争への関心など種々の世間の事柄を見ようとするためであれば、そのような注意は正しい注意とはいえない。

正しい注意とは次のようなことである。

人々の利益を考えて注意することである。注意している中では、平等の心を持ち、人々が落伍しないように、人々がすぐれた心を持つように、大乗の教えを持つように、この上もない教えを守護しようと、人々がブッダの最高のさとりを求め続けるように、人々が最高の三昧、そしてダイヤモンドのような堅固な三昧を得るように、あらゆる教えを完全に記憶するように、あらゆることに自由自在な力を得るように、そしてブッダになる可能性を見るように注意することである。

このような時に彼は三昧を見ない、三昧の特徴を見ない、三昧を実践している人を見ない、果報を見ない。これが正しい注意を修めているということである。

次に正しい理解はどのように修めるかを説明しよう。修行者が次のように考えたとしよう。

〈私が正しい理解を習得したら、解脱を得て地獄に堕ちることはないだろう。回りを見渡してみるとあらゆる生類の利益になるようにと人々を迷いの世界から彼岸に渡した人がいるだろうか。ブッダがこの世間に出現することは優曇華（うどんげ）が三千年に一度しか咲かないほど希有といわれるが、このブッダの教えによって現世であらゆる煩悩を断ち切ったら解脱の果報を得ることができるであろう。したがって正しい理解を習得してすぐに煩悩を断ち切るならば、私は早く彼岸に渡ることができるであろう〉と。

このような考えを持つ人は正しい理解を習得できない。では、本当に習得する人はどんな人であろうか。

生まれ・老い・死は不可抗力の苦であり、すべての人々は道理を知らず、最上の正道を修めるべきことを知らない事実を観察して、憐れに思って代わって彼らの苦しみをわが身に受けようと願う人が修行者の
538b 中にいたら、また、あらゆる貧しい人、卑しめられている人、不良な人、むさぼり・怒り・おごりの三つの煩悩に縛られている人などは私のところに集まれと願う人が修行者の中にいたら、また、人々が世間の事柄をむさぼらず、心と肉体に縛られないようにと願う人が修行者の中にいたら、また、人々が迷いの世

界から離れ、私一人がここにいて代わって苦しみを受けたいと願う人が修行者の中にいたら、また、すべての生類が残らずブッダの最高のさとりを得るようにしたいと願う人が修行者の中にいたら、この人がこのように念願している時には正しい理解を見ない、正しい理解の特徴を見ない、それを習得している人を見ないし、果報を見ない。

このように行なわれている時、これを正しい理解を習得しているという。

以上のように正しい習慣、正しい注意、正しい理解を習得した人は求道の人といえる。これができない人は未熟な修行者といわなければならない。

再び正しい習慣とはなにかを説明しよう。それは十六種の悪行をしないことである。では十六種の悪行とはなにか。

一、大小の羊を飼育し、肥らせて売ること。
二、投資のために飼育して屠殺すること。
三、投資のために猪や豚を飼育し、肥らせて売ること。
四、投資のために猪や豚を買い、屠殺すること。
五、投資のために子牛を飼育し、肥らせて売ること。
六、投資のために牛を買い、屠殺すること。
七、投資のために鶏を飼い、肥らせて売ること。
八、投資のために鶏を飼い、屠殺すること。

九、魚を釣ること。
十、狩猟すること。
十一、強奪すること。
十二、貝類・肉類を売ること。
十三、鳥を網で捕獲すること。
十四、二枚舌を使うこと。
十五、牢獄の番人になること。
十六、蛇を使って呪うこと。

これら十六種の悪行を断つのが正しい習慣を習得することである。

では、次に正しい注意を習得するとはなにかを説明しよう。

これは、不浄なる肉体を捨てて心の浄化を得ようとする世間に行なわれている注意、つまり無身三昧を断つことである。この無身三昧は誤った考えを起こさせて、この三昧が妙寂であると教えている。

また、世間で行なわれている三昧に、限りない心を観察する三昧（無辺心三昧）、この身体は清浄なもののあつまりであると観察する三昧（浄聚三昧）、この世界の領域は限りがあると観察する三昧（世辺三昧）、この世界は一度限りであると観察する三昧（世断三昧）、世界の本性を観察する三昧（世性三昧）、世界創造主の原人を観察する三昧（世丈夫三昧）、意識があるのでもなく、ないのでもないという三昧（非想非非想三昧）などがあるが、世間では人々をだまし、これらの三昧を妙寂だと教えている。このような間違った三昧を断つことが私のいう正しい注意を習得するということである。

では、次に正しい理解を習得するとはなにかを説明しよう。

これは世間に行なわれている誤った見解を打破することである。世間の人々はよくない考え方をしている。人を構成する五つの要素の一つ、物質的要素、つまり肉体は永遠不滅の実体であり、私のものであると考えたり、この肉体の中に霊魂が宿り、永遠不滅の実体に肉体があると考えている。これは感受作用・表象作用・意志作用・認識作用の五つのはたらきのそれぞれは永遠不滅の実体であり、私のものであると考えたり、この中に霊魂が宿り、不滅の実体にこれらのはたらきがあると考えている。常住のもの、すなわち霊魂であれば、肉体は滅んでも霊魂は残るが、肉体が霊魂であれば、肉体が滅んだら霊魂も滅ぶと考えている。

ある人は、作る者は霊魂であり、作られた者は肉体であると考えている。

ある人は、作る者は肉体であり、作られた者は霊魂であると考えている。

ある人は、作る者も作られる者もなく、自力で生まれ、自力で滅ぶ。因果関係などないと考えている。

ある人は、作る者も作られる者もなく、すべては自在に作られているにすぎないと考えている。

538c ある人は、作る者も作られる者もなく、みな時節が来ることで自然に生滅しているにすぎないと考えている。

ある人は、作る者も作られる者もなく、地・水・火・風・空の五つの要素によって構成されたものが生類であると考えている。

このような世間に行なわれている考えを打破するならば、それを正しい理解という。

師子吼菩薩、正しい習慣を修めるのは身を静めるためである。正しい注意を修めるのは心を静めるためである。正しい理解を修めるのは疑いの心をなくすためである。疑いをなくすのは仏道を習得するためである。仏道を習得するのはブッダになる可能性を見るためである。ブッダになる可能性を見るのはブッダの最高のさとりを得ようとするためである。ブッダの最高のさとりを得るのはこの上もない妙寂を得るためである。この妙寂を得るのは人々の生まれ変わり死に変わりの苦しみ、あらゆる煩悩、世間の生きざま、現象世界、あらゆる世間的道理などを断ち切るためである。これらを断ち切るのは究極の常住・安楽・実在・清浄の境地を得るためである』

『世尊、ブッダがお説きになったように、もし生ずることも滅することもないのが大妙寂であれば、生まれること自体も生ずることも滅することもないのではありませんか。そうであればどうして生まれることを妙寂といえないのでしょうか』

『師子吼菩薩、そうだ、そのとおりだ。君のいうとおりである。ただ生まれることは生ずることも滅することもないが、始めがあり終わりがある』

『世尊、生まれと死という事象にも始めがあり終わりがあります。もし始めがなく終わりがなければ、それは常住ということでしょう。常住は妙寂です。であれば生まれと死という事象も妙寂といえないのでしょうか』

『師子吼菩薩、生まれと死の二つの事象は因果関係にある。因果関係であるから妙寂というわけにはいかない。なぜなら妙寂そのものは因果の道理を超えたものであるからだ』

八正道は妙寂への道か

『世尊、私は妙寂は因果の道理によって得るものだと考えます。かつてブッダは、

因縁があるから天に生まれ、因縁があるから地獄に堕ちる。
因縁によって妙寂を得る。みなものは因縁による。

と示されました。このようにかつてブッダが弟子たちに告げられた言葉を信じて修行してきたおかげで、今私は沙門の道と道の果報を説くことができます。沙門とは正しい習慣と正しい注意と正しい理解を習得する者をいい、沙門の道とは八正道をいい、沙門の果報とはいわゆる妙寂です。

世尊、妙寂はこのように道の果報ではありませんか。ブッダが妙寂は因果を超えているとお説きになったのはどういうことでしょうか』

『師子吼菩薩、私が説いた妙寂の因縁とはブッダになる可能性のことである。ブッダになる可能性そのものは妙寂を生じない。だから私は妙寂には因縁がないと言った。あらゆる煩悩を破壊しているから勝れた
539a 果報という。道から生じないから果報がないという。したがって妙寂には因縁もなく、果報もない』

『世尊、では人々のブッダになる可能性は共有のものでしょうか、それとも各自固有のものでしょうか。

もし共有のものであれば、ある人がブッダの最高のさとりを得る時に、他のすべての人々も同時にさとりを得るはずです。また、二十人が同じ恨みを抱いたとして、その中の一人がその恨みを晴らしたら、他の十九人も同時に晴らすことになるはずです。

　ブッダになる可能性についても同じで、もし一人がブッダの最高のさとりを得たら他の人も同時に得ることができなければなりません。もし各自固有のものであれば、ブッダになる可能性は無常なものといわなければなりません。なぜなら数えられるからです。しかしブッダはブッダになる可能性は一でもなく、二でもないとお説きになりました。もし各自固有のものであれば、ブッダたちはみな平等とはいえません。また、ブッダになる可能性は虚空のようだと説くこともできません』

『師子吼菩薩、ブッダになる可能性は一でもなく、二でもない。ブッダたちはみな虚空のようである。また、あらゆる人々が共有している。もし八正道を修行する人がいたら、かならず道理をはっきりと見ることができよう。菩薩、ヒマラヤに忍耐という名の草がある。牛がそれを食べたら醍醐の乳をだすだろう。人々にあるブッダになる可能性もまたこれと同じである』

『世尊、その忍耐という名の草は一本なのでしょうか、それともたくさんあるのでしょうか。もし一本ならば牛が食べたらなくなってしまいます。たくさんあればどうしてブッダになる可能性はたくさんあると説かれないのでしょうか。ブッダのお言葉である、もし八正道を習得したらブッダになる可能性を見るということは筋が通りません。なぜなら、道がもし一つであれば、忍耐という名の草が一つの場合と同じようになくなってしまいます。もしなくなるのであれば、ひとり習得したら他の人は分け前をもらえなくなってしまいます。もし道があふれるほどたくさんあるなら、どうして修行して習得したという必要があるでしょうか。すべてを知り尽くした知識という言い方は必要がないのではないでしょうか』

『師子吼菩薩、平坦な道路を歩いていたとしよう。障害物もなく進んでいる途中に大きな樹木があった。その木陰が涼しかった。このようなところであれば行く人たちはその下で憩い、車を止めて休息するであろう。その上、いつもこの木陰がそこにあって、消えることがなく、だれも持ち去ることがなければ、このような道路はまさに八正道に喩えられよう。この木陰はブッダになる可能性である。

喩えを引こう。大きな町を囲む城壁にただ一つ門があったとしよう。多くの人がこの門を自由自在に出入りできたが、だれ一人この門を壊し、持ち去る者がいなかった。また、ある大きな橋があったとしよう。その橋を往来する人たちは自由自在に渡り、障害物がなかったが、その橋を壊し、持ち去る者もいなかった。また、名医がいた。あらゆる病を治療するに当たり、邪魔されることもなく、治療した後、どの患者も彼を見捨てることはなかった。これらの喩えにある一つの門、大きな橋、そして名医のように八正道もブッダになる可能性も同じである』

539c 『世尊、いま引かれた喩えは意味がつながりません。つまり、道路の喩えでいえば、だれかが先に道路を歩いていたら、後から来る人の邪魔になります。どうして障害物がないといえましょう。他の場合も同じことです。八正道やブッダになる可能性の場合、もしある人が習得していたら後から習得しようとする人の妨げになります』

『師子吼菩薩、君が言っていることは意味不明である。私が道を喩えているのは一部分の喩えであって、すべてを喩えているわけではない。よいか、世間の道には障害物がある。あちらの道、こちらの道と違いがある。平等ではない。ところが世間の汚れを離れた道はそうではない。人々の邪魔になることはない。だれにも平等であり、ただ一つの道である。道にあれこれと違いはない。このような道はブッダになる可能性にとって顕現の因（了因）となり、生起の因（生因）とはならない。明かりがものを明々と照らすようにである。

人々はみな無知（無明）を原因として潜在的な意志を起こす。一人だけが無知を原因として潜在的な意志を起こしたら、他の者はだれもその意志を起こさないということはない。だれでも無知によって潜在的な意志を起こすのである。だから十二種の因縁関係はすべての人々に共通してあり、平等だと説いたのだ。人々が習得する汚れのない八正道はだれにも平等である。この道はあらゆる煩悩に染まり、四つの生まれ方をしている者たちの悪の道をみな断ち切る。この意味で平等という。その証（あかし）はあちらこちらの区別なく、すべてを知り、そして見ることが自在であるからである。だからそれをすべてを知り尽くした知という』

『世尊、生類の身体は一種ではありません。神の身体、人の身体、畜生・餓鬼・地獄のそれぞれ生類の身体など、多数の身体があり、それぞれに違いがあり、一つではありません。どうしてブッダになる可能性は一つといえるでしょうか』

『師子吼菩薩、ある人が毒を乳の中に入れたとしよう。それから熟成した醍醐も毒を含むことになろう。ヨーグルト・バター・チーズ・醍醐という名称は異なっても乳から毒性はなくならない。五つの味の中にその毒性は存在している。もしその醍醐を飲むと人は殺されてしまうが、実のところ醍醐には毒はなかったのである。これと同じように生類のブッダになる可能性も地獄・餓鬼・畜生・人・天の五つの迷いの世界の違った身体に宿っているが、ブッダになる可能性そのものは常住で唯一で、不変である』

第四十章 クシナーラ都で臨終説法した理由

師子吼菩薩は次の質問をした。

『世尊、十六の大国に六つの首都があります。いわゆる舎衛城・サーケータ都・チャンパー都・ヴァイシャーリ都・ベナレス都・王舎城です。これらの都はインドで最大の都市です。ブッダはこのような大都市を離れて僻地で、最悪の場所で、そして小さな、このクシナーラの町でなぜ妙寂に入ろうとなさるのでしょうか。理解に苦しみます』

クシナーラ都の縁起を語る

539c
『師子吼菩薩、クシナーラの町を僻地で、最悪の、小さな場所といってはならない。この町は言葉にはいえないすぐれた徳を持った町である。ここはかつてブッダたちが往来された場所でもあるからだ。
喩えていうと、下賤の家も王がその前を通り過ぎたら、その家は王が通ったことで由緒あるところとなり、名誉なところとなり、王が時には車を巡らして立ち寄るようなことになるだろう。また、ある人が重病になった時、期限切れの薬を飲んで病が治ったとしよう。そこで彼は重病が治ったのだからこの薬は妙薬であったのだと喜び、人々に宣伝した。また、ある人が大海に船出したが、途中で急に船が壊れて海に投げだされ、寄りすがる物がなかった。たまたま溺れ死んだ人が浮かんでいたので、これにすがって岸にたどり着くことができた。たどり着いてこの死体のおかげで助かったと彼は感謝した。

これらの喩えのようにクシナーラの町もブッダたちが往来されたところであり、決して僻地で、最悪で、小さな町ではない。

師子吼菩薩、はるか数千億年の昔のことを思いだした。その時、カウシカという名のすぐれた王がいた。転輪王の象徴である七宝を所持し、千人の子がいた。その王がはじめて都市を作った。周囲は縦横それぞれ九十六キロメートルあり、七種の宝石が産出され、土地は肥沃で、多くの河が流れていた。その河の水は澄んでおり、軟水で美味であった。それらの河はナイランジャナー河・エーラヴァティ河・ヒラニャヴァティ河・ウシモーダナ（?）河・ヴィパシュナ河であった。このような大きな河が周りに五百もあり、河岸には樹木が茂り、花が咲き、果実がたわわに実っていた。人々の長寿は量り知れなかった。

百年をすぎた頃、転輪王が人民に告げた。

「ブッダは言われた。すべての作られたものはみな無常である。もし十種の善行を実践する人はこの無常の苦しみから救われるだろう」と。

人々はこれを聞いてみな十種の善行を実践したという。私はその時、ブッダの名前を聞いて十種の善行の内容を教わり、よく理解し実践して、ブッダの最高のさとりを得たいという気持ちを起こした。この気持ちとブッダの教えをもって数えきれない人々に接して、すべての作られたものはみな無常で壊れると説いた。

このことがあったから、今日私はここですべての作られたものは無常で壊れると説き、ブッダの身体だけは常住であると説いたのである。このように私ははるか昔のことを思いだしたので、ここで妙寂に入ろうとした。今の私はその時の、この土地での昔の恩に報いるための姿である。だから眷属が恩を受けたら、かならず報いるべきだと私はいつも説いているのだ。

師子吼菩薩、人々の寿命が長かった頃に、クシナーラという名の町があった。その町の周囲は縦横それぞれ百キロメートルもあった。その頃のインドは人々が隣接して住み、鶏が飛ぶような光景が見られた。

そこにサマンタプラーサーディカという転輪王がいた。転輪王の象徴である七宝を所持し、千人の子がいた。天下にただ一人の王であった。第一の太子は正法をよく理解し、縁起の道理を完全に理解した境地に至った。転輪王は太子がその境地に達し、一挙手一投足が穏やかで、威厳があり、その神通力は希有であることを見て、唾を吐き捨てるように王位をゆずる決心をした。

出家してシャーラ樹林にきて、修行をした。八万年の間、慈しみの心を習得するために修行したのであった。また、憐れみの心、共に喜ぶ心、平等の心などを習得するためにそれぞれに八万年をかけた。

その時のサマンタプラーサーディカ王の姿を見たければ、今の私を見ればよい。それは私である。だから私はこの慈しみの心と、憐れみの心と、共に喜ぶ心と、平等の心の四つを実行することを楽しみにしてきたのだ。これらの四つは三昧である。私の身体は究極の常住であり、安楽であり、実在であり、清浄である。こういうわけでここクシナーラの町のシャーラ樹林で三昧に入るのである。

師子吼菩薩、はるか昔のことを話そう。その頃にカピラヴァストゥという名の都市があった。そこにシュッドーダナという名の王がいて、夫人をマーヤーといった。王に一子がいて、シッダールタといった。その王子はだれにも教わることなく、自然に思念してブッダの最高のさとりを得て、ブッダとなった。彼に二人の弟子ができた。舎利子と目連である。侍者として弟子のアーナンダがいた。

ある時、ブッダはシャーラ樹の下で、私が今説いているような妙寂の説法をした。その時、私はその説法会場におり、人々にみなブッダになる可能性があることを聞き、さとりへの揺るぎない気持ちを持った。そしてすぐに〈未来の世においてブッダとなったら、両親、国民、名声ある人たち、弟子たち、使用人たちなどに説法し、この世尊がなされているように人々に教えを伝えたい〉という誓願を立てた。このような誓願があったから、今ここで私は妙寂の説法をしているのだ。

王舎城での出来事

師子吼菩薩、私が出家してまもない頃、まだブッダの最高のさとりを得ていない時であった。ビンビサーラ王が使いの者を遣わして伝言したことがある。

「もしあなたが転輪王となったら、私はあなたの臣下となろう。もしブッダの最高のさとりを得たら、すぐに王舎城にきて私のために説法し、人々の悩みを救ってもらいたい。そして私の供養を受けてもらいたい」と。

私はこれに対してなにも返答せず、彼の要請を受け入れなかった。

師子吼菩薩、私がはじめてブッダの最高のさとりを得てマガダ国へ行った時のことである。尼連禅河（にれんぜんが）の畔に五百人の弟子を連れたバラモン出身のカッサパという修行者がいた。彼らは最高の道を求めて修行していた。私は彼を教化するためにそこへ行った。

私を前にして彼は言った。

540b 「ゴータマ、私はいま百二十歳である。マガダ国の人民、及びビンビサーラ王もみな私が聖者（阿羅漢）のさとりに達していると言っている。そんな私が君の説法を聞いたら、人々はみなびっくりするだろう。おそらく高徳のカッサパ師は聖者（阿羅漢）ではないに違いないと人々は言うだろう。ゴータマ、どうかここから立ち去ってくれ。もしゴータマの方が私より徳が上であることを知ったら、我々は人々から施しを受けることができなくなるからだ」

そこで私は答えた。

「カッサパ、君がもし私に恨みも怒りも持たず、今夜一晩だけ泊めてくれたら、明朝早くに立ち去るとしよう」

「ゴータマ、私に他意があるわけではない。君を丁重に受け入れたいと思っている。ただ言っておきたいが、ここには毒を持った蛇が住んでいる。その性格は凶暴で、危害を加えるかもしれない」

「カッサパ、毒の中の毒はむさぼりと怒りと無知にすぎるものはない。私はそれらを断ち切っている。世間の毒くらい恐れはしない」

「ゴータマ、怖くなければ、泊まっていってもいい」

このような会話があって、私はその時十八種の変化を現わした。するとカッサパとその弟子五百人はみな、これを見たり聞いたりして聖者（阿羅漢）のさとりを得たのである。

じつはカッサパには二人の弟がいた。一人はガヤー・カッサパといい、もう一人はナディー・カッサパといった。彼ら二人に合わせて五百人の弟子がいた。彼らもみな聖者（阿羅漢）のさとりを得たのである。

王舎城で活躍していた六人の外道の思想家たちがこのことを聞き及び、すぐに私に対して嫌がらせをしようとした。そこで私はかつてのビンビサーラ王の要請を思いだし、王舎城に赴いた。途中、王は多くの大衆と一緒に出迎えてくれた。そして王と人民のために説法した。聞いた者はみなブッダの最高のさとりを求めようという気持ちを起こし、ビンビサーラ王をはじめ、臣下十二万人はみな私の信者となった。数えきれない生類はあらゆることに忍耐する心を持つことを誓った。

この後、私は王舎城で舎利子と目連、そしてその連れ二百五十人を帰依させ、出家させた。私は王舎城の近くに住み、王の供養を受けた。

舎衛城での出来事

六人の外道の思想家が舎衛城に集合していた。ある時、ここにスダッタという長者がいた。息子を結婚させた後、一人王舎城へ向かった。そこではサンダーナ長者の家に宿泊した。サンダーナ長者はなにを思ったか夜中に起きて、家の者たちに、

「みな起きたまえ。すぐに家の内外を掃除し、整頓して、ご馳走を作りたまえ」

と命令した。これを聞いたスダッタ長者は、

〈さて、マガダ国王を招こうとしているのではないのか。または結婚の披露宴を開こうとしているのか〉

と考えて、すぐにサンダーナ長者に訊ねた。

540c
「長者はマガダ国のビンビサーラ王を招待しようとしているのですか。あるいは結婚の披露宴を開こうとしているのですか。どうしてこのように忙しくしているのですか」

サンダーナ長者は

「いずれでもありません。長者、私は明日、偉大なる教えの王であるブッダを招待しようと思っています」

と答えた。スダッタ長者はブッダという言葉を聞いて身の毛のよだつ思いがした。すぐにサンダーナ長者に訊ねた。

「サンダーナ長者、ブッダと言われたが、どんな方ですか」

「スダッタ長者、あなたは聞いたことがありませんか。カピラヴァストゥ都の釈迦族出身で、名はシッ

ダールタ、姓はゴータマといい、父をシュッドーダナといわれます。生まれてまもなく仙人に占ってもらうと、将来転輪王になることはマンゴーの果実を手に取って見るほど確かであるということでした。しかし彼は転輪王になることを願わず、出家し、だれにもつかずにブッダの最高のさとりを得られた。したがってむさぼりや怒りや無知などの煩悩を除き、常住にして不変であり、生ずること滅することの憂いや恐れがなくなったのです。人々に対してまったく差別のない心を持つようになられました。それは母や父が一人っ子をみるような愛情と同じでした。

彼の身心は何者にも勝るものでした。すべての者に勝ってはいますが、おごり・侮りがなく、本音と建前の二心がなく、あらゆることを知り尽くし、物事をうまく処理することができました。ブッダに特有の十力、四つの自信、五つの智、三昧、偉大な慈しみ、崇高な憐憫、及び三つの思念しておくべきことなどを具足しており、したがってブッダと呼ばれています。

明日、私の招請を受けてくださいました。だからまだ拝謁しておりませんが、このように急ぎ用意しているのです」

「サンダーナ長者、善いことを聞きました。ブッダが素晴らしい方であることを知りました。ところでいまどこにおられるのでしょうか」

「スダッタ長者、王舎城の外れ、リス飼育所がある竹林精舎（しょうじゃ）に止（とど）まっておられます」

これを聞いたスダッタ長者はサンダーナ長者が述べたブッダの種々の功徳を思い描くうちに心の中に太陽の光のような大きな明かりが輝いた。この光の元を訊ねて城門をでて下って行くと、道端に神を祭った祠があった。スダッタ長者が礼拝して前を通り過ぎようとすると、今まで明るかった心が真っ暗になり、なにか恐怖を感じた。そこでサンダーナ長者の家に帰ろうとした。先の城門のところに来ると、ある神がスダッタ長者にどこからともなく声を掛けた。

「長者、もしブッダのところに行くならば、ご利益(りやく)が多いことだろうよ」

「どんなご利益がありますか」

「長者、宝石で飾り立てた駿馬百頭、象百頭、宝物をつんだ車百台、純金製の人形数百体、端正な女性が身を飾っている種々の宝石・豪奢な宮殿・殿堂・屋敷にある彫刻や家具調度品、金製の桶一杯の黄金色をした穀物と銀製の桶一杯の銀色をした穀物とをそれぞれ数百杯、一人に施し、さらにこれを国中の者に施したことで得る功徳はブッダのところに詣でて供養しようと発心して一歩を踏みだすことの功徳には及ばない」

541a 「ところであなたはだれですか」

「長者、私はバラモン出身の青年である。私はじつは君の昔の善友である。私ははるか昔、舎利子尊者や目連尊者に出会い、教えを受けて幸せを感じ、それをきっかけにして身を捨てて善行をなしたおかげで、北方の守護神毘沙門天(びしゃもんてん)の子となることができたのだ。今は王舎城を隅から隅まで知り尽くし、守護している。私は舎利子尊者や目連尊者などを礼拝し、喜びを感じており、おかげで素晴らしい身体を得ることができた。ましてやブッダという偉大なる教師に拝謁し、礼拝し供養することができようか」

これを聞いたスダッタ長者は今帰ってきた道を歩いて私のところにやってきた。そしてまず、私の足下に伏して敬礼した。その後、私は説法したが、彼はブッダの初歩の教えを理解し、信者となった。

スダッタ長者はこの後、私を招待したいといって、次のように述べた。

「世尊、舎衛城へおいでになり、私どもの供養を受けていただくようお願い申し上げます」

私はスダッタ長者に訊ねた。

「舎衛城にはこのような精舎がありますか」

「世尊、もしブッダがお出でになられるようであれば、ただちに精舎を設営します」

スダッタ長者の言葉を聞いた時、私は黙ってその招請を受ける決心をした。スダッタ長者はこれを受けて、すぐに次のように言った。

「私は精舎を設営し、ブッダを招待するような仕事をしたことがありません。できたら舎利子尊者を遣わし、いろいろ作法を指図してくださるようにお願いします」

そこで私は舎利子尊者を遣わして事に当たらせた。舎利子尊者はスダッタ長者と車に乗って舎衛城に赴いた。私の神通力で彼らは一昼夜で舎衛城に着いた。

早速、スダッタ長者は舎利子尊者に言った。

「尊者、この都市の外れのどこかに、町から近くもなく遠くもない場所で、しかもそこには泉や池があり、花や果実が多い樹木が生い茂っている、広々とした閑静なところがあるはずです。そこにブッダや修行者のための精舎を設営しようと思います」

「長者、ジェータ長者所有の果樹園は近くもなく遠くもないところにあり、きれいで静かで、泉や池があり、樹林が多く、季節ごとに花が咲き、果実が実るようだ。ここが最適な場所と考えるが……」

　スダッタ長者はこれを聞いてすぐにジェータ長者のところに行き、告げた。

「私は最高の教師であるブッダのために精舎を建立しようと計画しているが、君が所有している果樹園が精舎の場所として最適と決めた。そこで私にその場所を売っていただけまいか」

　ジェータ長者は、

「たとえ金貨を敷き詰めても売る気はない」

と素っ気なく答えた。スダッタ長者は、

「解った。ジェータ長者、その土地にびっしり金貨を敷き詰めて買おう。その金貨全部をもって買い取るつもりだ」

「スダッタ長者、私は売る気はない。どうして金貨を受け取ることがあろうか」

「ジェータ長者、受け入れてくださらないのなら、調停人のところに行って話し合おう」

　そこで二人は調停人のところに行き、意見を聞いてもらった。調停人は
541b
「その果樹園はこの場合スダッタ長者のものだ。ジェータ長老は金貨を受け取るべきである」

と仲裁した。スダッタ長者は馬車で金貨を運び、その土地に敷き詰めた。一日かかって約二万坪の面積を埋めたが、まだ敷き詰めることはできなかった。

　ジェータ長者が言った。

「スダッタ長者、後悔しているのなら、今のうちに思いとどまってもいい」

「ジェータ長者、後悔なんかしていない。どの蔵の金貨をだしたら足りるかを考えているだけだ」

「スダッタ長者、ブッダは本当に素晴らしい方だと思う。説いている教えは汚れのない素晴らしい教えだと考える。だから財宝にこだわりを持たせないようにさせられたのだろう」

「ジェータ長者、まだ敷き詰めていないところの分は金貨を用いない。残りの土地を寄付してくださらないか。そこにブッダのために門を建立して、ブッダに出入りしていただきたいと考えている」

　これを聞いたジェータ長者は自らそこに門を建立した。一方、スダッタ長者は七日の間に大きな宿坊を三百室作った。坐禅する静かな場所を六十三ヵ所、冬時に使う部屋、夏時に使う部屋などを作った。調理場・浴室・足洗い場・大小便のトイレなどが設備された。完成した後、スダッタ長者は香炉を持って王舎城に向かい、述べた。

「工事はすべて完了した。今後はブッダがおいでになり、人々を導くために住まわれることを念願するだけである」

　私はこの長者の心を密かに忖度し、弟子たちと一緒に王舎城を発った。勇士が肘を屈伸するくらいの間に舎衛城の祇園精舎（ぎおんしょうじゃ）に到着した。到着すると、スダッタ長者は懇ろに供養してくれた。それを受けて、私はその精舎に止まったのである。

　このことを聞いた六人の外道の思想家は嫉妬心を抱き、パセーナディ王に次のようなことを告げた。

「大王、国王が統治されている国は清潔で閑静なところで、出家者が修行するには最適な場所です。そういう場所だから私たちは修行しているのです。大王、正しい法をもって国を治め、人民の苦しみを取り除いていただきたい。
ところで沙門ゴータマは年若く、修行が浅く、悩みを癒やす術を知りません。この国には昔から人格高
541c 潔な老人やすぐれた学徳の人がいるのに、王族の出身ということを恃(たの)んで、これらの人たちを尊敬しません。もし王族の出身ならば法をもって人々を治めるべきでしょう。もし出家者であれば学徳ある人を尊敬すべきでしょう。

大王、よく聞いてください。沙門ゴータマは本当は王族の出身ではありません。もし彼に両親がいたら、他の親を強奪するはずがありません。私どもの文献によると、一千年をすぎた時代に一つの妖怪が現われるであろうと伝えられています。沙門ゴータマがそれなのです。

彼には父も母もいません。もし彼に両親がいたら、どうしてすべてのものは無常であり、苦であり、空であり、霊魂がなく、作るものがなく、作られるものがないというのでしょうか。魔法を使って人々を惑わしています。愚者はそれを信じていますが、賢者はそれを無視しています。

大王、人々の上に立つ王は天下の父であり母です。秤のようであり、大地のようであり、風のようであり、火のようであり、道のようであり、川のようであり、橋のようであり、明かりのようであり、太陽のようであり、月のようです。法律に基づいて物事を判断し、恨みを持つとか縁故を考えるとかいうことがありません。ところが沙門ゴータマは我々の活動を邪魔します。私たちが行くところについてきて離れようとはしません。

そこで、大王、私どもとゴータマのどちらがすぐれているかを比べたいと思いますが、この機会を与え

てくださいませんか。もし彼が私たちよりすぐれていることが判ったら、私たちは彼に従いましょう。もし私たちが彼よりすぐれていたら、彼は私たちに従うということにしましょう」

パセーナディ王は告げた。

「大徳たち、君たちは各々独自の修行の方法を持っている。修行している場所も異なっている。考えてみると、ゴータマ・ブッダは君たちをとくに妨害しているとは思えないが……」

「大王、妨害していないとどうして言われるのでしょうか。沙門ゴータマは魔法を使って庶民やバラモンたちを誘惑し、たぶらかして帰服させていない者はいないほどです。大王がどちらがすぐれているかを競わせてくだされば、大王の名声は八方に広がることでしょう。もし許されなければ悪名が世間に流布することになるでしょう」

「大徳たち、君たちはゴータマ・ブッダの神通力がいかにすぐれているかを知っていない。だから比べようと願っているが、もし彼の神通力を知ったら、おそらくしないだろうな」

「大王、あなた自身すでにゴータマの魔法に掛かっておられるのではありませんか。大王、心を落ち着けて聞いてください。私たちを軽蔑してはなりません。これまで申し上げたことを嘘だといわれるのであれば、はっきりさせるには実行するほかありません」

「大徳たち、よく判った」

これを聞いた外道の思想家たちは喜んで立ち去った。

時にパセーナディ王は私のところを訪れた。足下に敬礼し、三度右回りしてから正面に坐った。

そしておもむろに言った。

「世尊、六人の外道の思想家が私のところにやってきました。そしてブッダといずれが神通力ですぐれているかを比べたいといっています。私自身とくに考えもせず敢えてこれを許すことにいたしました。いかがなものでしょうか」

「パセーナディ王、よく解った。そのためにこの国の至る所に修行者の宿坊を造ってもらいたい。なぜなら、私が彼らと神通力を競うとなれば、その中に術に掛かる者が多くなるだろうし、場所が狭くては収容できないからだ」

542a 師子吼菩薩、これを大王にお願いしてから、私は六人の外道の思想家のために十五日間希有の神通力による種々の変化を現わした。この時、数えきれない人々がブッダの最高のさとりを求めたい気持ちを起こし、ブッダに対し、教えに対し、修行者の集まりに対して信心を起こしたのである。六人の外道の思想家の弟子たちは多く集まったが、自ら誤った考え方を捨て、正法について出家した者もいた。多くの人々の中にはさとりへの心を最後まで捨てないことを誓った者、あらゆる教えを記憶して心にとどめようと決心した者、種々の聖者のさとりを得た者もいた。

サーケータ都での出来事

このことがあってから六人の外道の思想家は内心慚愧の気持ちがあって、お互いに囲い合うようにしてサーケータ都へ移り、そこでまた人々に、

「沙門ゴータマはものはすべて空であると説いている」

と間違った情報を広めていた。

師子吼菩薩、私はその頃母のために三十三天に登り、パリチトラ樹の下で説法していた。この期間、六人の外道の思想家は留守をいいことにして

「嬉しいことに、沙門ゴータマの神通力はもう消えてしまった」

と言って、人々に嘘を信じさせていた。これを知ったビンビサーラ王とパセーナディ王、及び私の弟子と信者は目連尊者に告げた。

「尊者、このインドに芳しくない噂が広まっています。悲しいことに人々は迷わされています。

尊者、いますぐに天上に登り、世尊に〈生まれてまもなく乳を飲まなかったら子牛はかならず死ぬが、いま人々はその状態と同じです。すぐに下降してきてください〉と告げてもらいたいのです」と。

これを聞いた目連尊者は黙してうなずき、力士が肘を屈伸するほどの時間に天上に行き、私に告げた。

「インドに住むすべてのブッダの弟子と信者はみなブッダを信仰し、直接説法を聞きたいと願っています。ビンビサーラ王もパセーナディ王も同じ気持ちでいます。インドのすべての人々はいま誤った考えに染ま

り、そのために真っ暗闇にいる状態です。悲しむべき状態です。生まれてすぐに乳を飲まない子牛は、かならず死ぬように、私たちもいまそのような状況です。人々のこの状況をご覧察いただき、インドにお戻りください」

「目連尊者、君はすぐに戻って国王や弟子や信者に告げてもらいたい。七日後に戻り、サーケータ都に行く」と。

七日をすぎて帝釈天・梵天・魔神、その他の天子、およびヒマラヤに住むあらゆる神々に囲まれて私はサーケータ都に降りてきた。そしてライオンが吠えるような大声で説法した。

542b 「ただ私の教えの中にだけ沙門及びバラモンがいるのだ。彼らは一切の作られたものはみな無常であり、それらには不滅の霊魂はなく、一切の煩悩を離れた時に心は静かとなり、あらゆる悪から離れる。もし他の教えの中にも沙門及びバラモンがおり、世間に常住のものがあり、霊魂があり、そして解脱があるというなら、そのような道理はない」と。

この説法の後に数えきれない人々がブッダの最高のさとりを得たいという気持ちを起こした。

その時六人の外道の思想家は、

「我々の教えを信じている者に沙門もバラモンもいないといっているが、今後世間の人々からどうやって施しを得ることができるだろうか」

と心配した。

ヴァイシャーリー都での出来事

六人の外道の思想家たちはサーケータ都を離れてヴァイシャーリー都へ向かった。

師子吼菩薩、じつはある期間、私はこのマンゴー樹林にいたことがある。ある時、私がこの樹林の中にいることをアンバパーリーという遊女が知り、私のところへ来ようとした。これを察知して私は弟子たちに告げた。

「思いを集中して観察し、正しく理解することを習得すべきである。習得したからといって怠けることがあってはならない。

では思いを集中して観察するとはどういうことだろうか。これは身体の内面を観察して、そこに私とか私のものはまったくないと見ることであり、身体の外面、及び内にも外にもそこには私とか私のものがまったくないと見ることである。感覚作用・心・記憶したり想像したりするものなどについてもこのように観察しなければならない。これを思いを集中して観察することという。

では正しく理解するとはどういうことだろうか。修行者の中で世間を四つの真理をとおして観察する者がいたら、彼は正しく理解することを習得したといえる。

次に怠けず努力するとはどういうことだろうか。それはブッダを忘れず、教えを記憶し、修行者の集まりを思い続け、正しい習得を忘れず、平等をこころがけ、天に生まれることを願うことをいう」と。

このことを告げた頃に、遊女アンバパーリーが私のところにきて、まず足下に敬礼し、三回右回りしてから対面して坐った。そこで私は彼女にすぐに説法した。説法を聞いた彼女はブッダの最高のさとりを得たいという気持ちを起こした。

また、ある時、この都市のリッチャヴィ族の者五、六百人が私を訪ねてきた。彼らも足下に敬礼し、三回右回りしてから対面して坐った。私は彼らにすぐに説法した。その時、説法したことは怠ける人には五つの事の結末があるという内容であった。

一、思うように利益が得られない。

二、悪名が世間に流れる。

三、貧しい人に恵み施すことを好まない。

四、修行者に施したり、信仰する人と付き合うことを好まない。

五、天に生まれることができない。

これらの五つの事の結末にならないように怠けなければ、これが正しい世間の秩序を生み、正しい出家の秩序を生みだす。もしブッダの最高のさとりを得ようとする人がいたら、怠けないように努力しなければならない。

また、怠けると次のような十三種の結末がある。

一、好んで今生きている時だけを考えて事をなす。

二、好んで無益な言葉を発する。

三、いつも好んで眠りをむさぼる。

四、好んで世間話に没頭する。
五、いつも好んで悪友と付き合う。
六、いつもだらしない行動をする。
七、いつも他人に軽蔑される。
八、聞いてもすぐに忘れる。
九、好んで辺鄙なところに住む。
十、身体の具合がどこか悪い。
十一、飽きずに食べる。
十二、静かなところを好まない。
十三、正しくものを見ない。
ブッダやその弟子に近付こうとしても、怠けている人にはほど遠いと考えるべきである」と。これを聞いたリッチャヴィ族の人たちは言った。

「私どもはみな怠け者であると自覚しております。なぜなら、もし私どもが怠け者でなかったら、ブッダは私どもの町に出現されたでしょう」

この時、その場に居合わせた無勝というバラモンがリッチャヴィ族の人たちに語りかけた。

「君たちが言うとおりだ。かつてビンビサーラ王はブッダが出現された因縁で大きな恩恵を蒙（こうむ）られた。ブッダがその国に出現されるのは池が蓮華を生じ、その池の人が蓮華を汚さないようなことと同じである。

ブッダはかの国に誕生されたけれども、世俗に染まらず汚されなかった。ブッダ自身は出ることも入ることもない。人々のためを思って世間に出現されたが、世俗に染まることも汚されることもなかった。君たちは五欲に迷い、耽溺してブッダに近付くことさえかなわないし、知ることさえできない。まさに怠け者といわなければならない。

ブッダがマガダ国に出現されたのはそこの人々に怠けがあったからではない。なぜならブッダは太陽や月のようで一人や二人のために世間に出現されたのではないからだ」

これを聞いたリッチャヴィ族の人たちはブッダの最高のさとりを求める気持ちを起こし、バラモンに告げた。

「善いことを聞きました。バラモン、心がすっきりする素晴らしい言葉を聞かせていただきました」

そこで彼らは各自着ている衣服を脱ぎ、無勝バラモンに施した。バラモンはこれを受け取り、それを私に奉施した。そして彼は、

「世尊、私はリッチャヴィ族の人たちからこれらの衣服をもらいました。これらを人々のためと思って受け取っていただきたいのです」

と述べた。私はリッチャヴィ族のためと思い、これを受け取った。これを見ていたリッチャヴィ族の人たちは同時に合掌して言った。

「世尊、ここにある期間滞在して私どもの供養を受けてくださいますようお願い申し上げます」

この申し出を私は黙って承諾した。

ベナレス都での出来事

このヴァイシャーリー都での出来事を聞いた六人の外道の思想家はみなベナレス都に移った。彼らはここでヴァーラーナシー河のほとりに滞在した。

ある時、ベナレスの町に長者の子で宝称という青年がいた。彼は五欲に溺れ、生活が乱れ、世間は無常
543a であることを知らなかった。私がその町に行って説法したことで、生き物はみな最後は白骨になることを自然に知るようになり、ついには宮殿も民家も、貴人も庶民も、美女もみな白骨化すると観察するようになった。したがって彼は内心恐怖を抱くようになった。ちょうど刀や毒蛇や盗賊や火事などに出会ったような恐怖であった。彼は訪れる途中私に遭遇し、歩きながら私に語りかけた。

「沙門ゴータマさま、私は今盗賊に追いかけられているように恐ろしいのです。どうしようもなく怖いのです。なんとか助けてください」

「宝称、ブッダや教えや修行者の集まりに頼るなら安心だ。恐れることはない」

「沙門ゴータマさま、もしそれら三つの柱に頼るならば、私でも恐れることはなくなるのでしょうか」

このように訊ねて、彼が出家することを決心したのでこれを許した。その時、この長者の子の出家を聞いた友人五十人が彼の気持ちに同調して出家した。

チャンパー都での出来事

ベナレス都の出来事を聞いた六人の外道の思想家たちはこぞってチャンパー都へ移った。その頃、チャンパー都の人たちは六人のそれぞれの見解を支持し、そこでは私の教えはまったく聞かれず、悪がはびこっていた。この状況を見兼ねて私はチャンパー都に行くことにした。

時に、この町に大富豪がいた。跡継ぎがいなかったので、六人の思想家に頼んで跡継ぎができるようにと祈禱してもらった。その効き目があったのか、妻が懐妊した。富豪は大喜びして六人の思想家のところに行き、供養していった。

「おかげさまで妻が懐妊しました。ところで男の子でしょうか、女の子でしょうか」

彼らは、

「女の子が生まれるであろう」

と答えた。富豪はこれを聞いて悲しくなってしまった。その姿を見たある智者が富豪に次のように語った。

「どうしてそんなに悲しんでいるのか」

富豪は元気なく答えた。

「妻が懐妊したが、男の子が生まれるのか女の子が生まれるのかはっきりしません。六人の師に訊ねたところ、占ってみると女の子が生まれるだろうということでした。私はもう年老いています。巨万の財産を築いたが、男子が生まれなかったら、これを継がせることができません。このことが心配の種なのです」

　智者は言った。
「あなたは知慧がない。あなたは聞いたことがないのか。あのウルヴェーラ・カッサパとその兄弟はだれの弟子だと思うか。ブッダの弟子だろうか。六人の思想家の弟子だろうか。あの六人の思想家がもしあらゆることを知り尽くしている人たちであったら、どうしてカッサパ兄弟は六人に仕えず、ブッダの弟子になったのだろうか。舎利子や目連、及びビンビサーラ王など、またパセーナディ王夫人のマッリカー妃を始めとする夫人たち、スダッタ長者をはじめとする諸国の長者など、みなブッダの弟子ではないか。荒野の鬼神も、阿闍世王がブッダにけしかけた凶暴な象も、殺人鬼アングリマーラなど、また自分の母親を殺害しようとした者、このような者たちはブッダに教化されなかったのだろうか。ブッダはあらゆることを自由自在に見ることも知ることもできる方である。だからブッダと呼ばれているのだ。ブッダの言葉に二言はない。だから如来と呼ばれている。煩悩を断っているから殺賊（阿羅漢）と呼ばれている。六人の外道の思想家はこうではない。どうして信じられるだろうか。

543b　そのブッダがいま近くに止まっておられる。もし生まれる子がいずれであるかを知りたかったら、ブッダの所に行くがよい」

　これを聞いて長者はこの智者と一緒に私を訪ねてきた。彼らは足下に敬礼し、三回右回りしてから、跪いて合掌して次のように述べた。
「世尊、人々に差別なく接し、愛憎を超えて一つに見なければならないと考えます。しかし私は世俗の煩悩に縛られて愛憎を超えて人々と接することができません。いま世尊に訊ねたいことがありますが、恐れ多くてうまく言葉に表わすことができません。敢えて訊ねることをお許しください。

世尊、じつは私の妻が懐妊しております。六人の外道の師は生まれてくる子は女子だと占いました。どうでしょうか」

私は次のように答えた。

「長者、君の妻が懐妊した子は恐らく男子であろう。その子は生まれてから、家に量り知れない福徳をもたらすことになろう」

これを聞いた長者は大いに喜び、帰宅した。

男子が誕生し、その子は量り知れない福徳をもたらすだろうと私が予言したことを聞いた六人の外道の思想家は嫉妬心を起こし、マンゴーの果汁を混ぜた毒薬を調合して、かの長者の家に持って行き、そして言った。

「よかったね。沙門ゴータマは嬉しい占いをしてくれたようだね。ところで君の妻はもう臨月のようだが、この薬を飲ませなさい。この薬を飲んだら、生まれてくる子は元気で、母親も患いがなくなるだろう」

長者はたいそう喜び、その毒薬を受け取り、妻に飲ませた。妻は果たして死んだ。これを知った六人の外道の思想家は喜び、町中を大声で次のように言って触れ回った。

「沙門ゴータマはこの長者の妻が男子を産み、その子が天下に比べる者がいないほどの福徳をもたらすと予言した。ところがその子は生まれるどころか、母親と一緒に死んでしまったということだ」

このようなことがあってから長者は私を信じられない様子であった。彼は妻の亡骸を納棺して町外れに運び、薪を積み、荼毘に付した。私は神通力でこれを見て取り、アーナンダ尊者に次のように命じた。

「私の衣を持ってきてくれたまえ。彼のところに行き、邪見を取り除いてやりたい」

これを察知した毘沙門天はマニバドラ夜叉に告げた。

「ブッダが今、かの長者が荼毘に付している墓場に向かおうとされている。すぐに行き、そこを掃除し、獅子座を設け、種々の花や香油を集めて、飾りなさい」

この時、六人の外道の思想家は私がそこに行く姿をはるか遠くから見て、

「沙門ゴータマはあの墓場に行くらしい。肉を食べようと思っているのかな」

と互いに言い合ったようだ。

また、教えを十分に理解していない信者が回りにいたが、彼らは臆面もなく私に向かって、

「彼の妻はすでに死んでしまったのです。そこに行くべきではないと考えます」

と告げた。

その時、アーナンダ尊者がこの信者に言った。

「みなさん、ちょっとの間待ってください。ブッダはまもなくお気持ちを開陳されます」

しばらくしてから設けてあった獅子座に着席した。するとかの長者は私に向かって不満の言葉で語りかけた。

「ブッダには二言なしと申されました。ところが妻は死にました。子が生まれるどころではなかったでしょう」

そこで私は長者に語った。

543c 「長者、君はあの時、妻の命が短いかどうかを訊ねなかった。ただ生まれてくる子は男か女かだけを訊ねた。私には二言はない。だからかならず男子を得るだろうといったのである」

このように語りかけた後、目の前の屍は火に焼かれ、腹が裂けた。するとその中から赤子がでてきて、火の中で端座した。その姿はオシドリが蓮華の台に坐っているようであった。この状況を見た六人の外道の思想家は口々に

「不思議なことだ、沙門ゴータマはついにうまく魔法を使ったな」

とつぶやいたのである。

これを見た長者は大喜びした。彼は六人の師の言葉を聞いて、

「もしこれが幻だというなら、君たちは一体どういうことができるというのだ。みせてもらいたい」

と言って叱り飛ばした。

その時、私はすぐにジーヴァカ医に

「あの火のなかの赤子を助けだしたまえ」

と命じた。ジーヴァカ医はすぐに助けに行こうとしたが、六人の外道の思想家が前に立ちはだかって、腕を引いて告げた。

「あれは沙門ゴータマが現わした幻だよ。それは永くは現われていないはずだ。ずっと続くことはできないはずだ。もし火の中に入って行ったら、君は一緒に焼け死んでしまうだろう。君はどうして彼の言葉を

信じるのか」

　ジーヴァカ医は答えた。

「ブッダは阿鼻地獄に私を入らせても、どんな火でも焼かせることはさせないのだ。ましてや世間の火などで焼かせることはない」

　このように言い放ってジーヴァカ医は火の中に入った。ちょうど清冷な川の流れに入っていくようであった。彼は火の中の子を抱き、私のところに戻り、托した。私はその子を受け取り、長者に告げた。

「すべての人々の寿命は決まっていないのだ。それは水の泡のようだ。真心を持った行ないをして得た報いは火も焼くことはできない。毒も害することはできない。この子が助かったのは善業の報いによるところであり、私のおかげによるのではない」

　これを聞いた長者は
「有難いことです。世尊、この子が天命を全うすることができるように、命名していただきたいのです」

「火はテージャという。長者、この子は猛火の中から生まれたのであるから、テージャと命名しよう」

　その場にいた人たちは私の神通力による行状を見てブッダの最高のさとりを得ようという気持ちを起こした。

クシナーラ都での出来事

六人の外道の思想家は六つの都市を遊行してきたが、どこにも長く止まることはできなかった。彼らは慚愧の気持ちでまたクシナーラ都へ戻ってきた。そして人々に言い触らした。

「みんな、沙門ゴータマは偉大な魔法使いだ。六つの都市の人々をたぶらかし、惑わしている。喩えれば魔法使いが戦車隊・騎馬隊・象隊・歩兵隊などの四つの軍隊の幻を見せたり、飾り立てられた町・宮殿・家、池や川、樹木などの幻を見せたりするようなことをゴータマもやっている。彼は王の姿の幻、説法するためにと言って沙門の姿やバラモンの姿、男の姿、女の姿、小人の姿、巨人の姿、畜生の姿、鬼神の姿などの幻を見せた。

ある時は世間は無常だと説き、ある時は常住だと説き、ある時は世間は苦だと説き、ある時は楽だと説く。ある時は世間のものには霊魂があると説き、ある時は霊魂はないと説く。ある時は世間のものは清浄であると説き、ある時は不浄だと説く。

ある時は世界の根源は有からはじまったと説き、ある時は無からはじまったと説く。すべての世間にお
544a いて行なわれているところのものは虚妄（こもう）であるから、幻であると説いている。

喩えるならば、種子に因って、種子に従って、結果があるように沙門ゴータマもマーヤーという母親から生まれた。マーヤーは幻という意味だが、この幻から生まれた子であるから幻でない訳はないことが解る。

沙門ゴータマには本当の知見がない。バラモンたちは年月をかけて年々積み重ねて苦行を習得し、守るべきことを堅持しているが、それでもまだ究極の知見を得るまでに至っていないという。学問も浅く、苦行も十分に修めていない年若いゴータマがほんものの知見を得ていると考えられようか。

七年間の苦行を完全に成就してもまだほんものの知見にはおぼつかないのに、六年にも満たない修行しかしていない者になにができるといえよう。愚か者は知識がないから彼の教えを信用するだろう。偉大な魔法使いが愚か者をたぶらかすのとゴータマも似たことをしている」と。

師子吼菩薩、これら六人の外道の思想家は町中でこんなことを言い触らして、人々にデマを振りまいた。このことを知った私は人々を不便に思い、神通力で十万の求道の人を呼び、クシナーラの樹林に集めた。この樹林を囲み集まった求道の人たちは、約六十四キロメートルにもなった。ここで彼らに、

「求道者たち、人里離れた樹林にいかに多く説法しても、それは師子吼ではない。このようなすぐれた知慧がある人たちのなかで説法することが師子吼である。その師子吼とはすべての作られたものはみな無常であり、苦であり、実体がなく、不浄であると説き、ブッダだけが常住であり、安楽であり、実在であり、清浄であると説くことをいう」

と私は告げた。

この説法を聞いた六人の外道の思想家は言った。

「もしゴータマに実在するものがあるなら、我々にもあるはずだ。彼がいうところの実在のものとは見えるもののことであろう。喩えていえば、ある人が窓から物を見るように、実在のものもそれと同じであろう。窓は眼に喩え、見えるものは実在のものに喩えられる」

これに対して私は反論した。

「もし見えるものが実在のものだというなら、それは正しくない。なぜなら、喩えで引いた窓によって見

るというのは一つの窓、つまり一つの眼で六つの感覚器官のはたらきを備えていることになろう。もしものに実体がかならずあり、眼によって見るなら、どうして一つの感覚器官がさまざまな感覚の対象物を感覚しないのだろうか。もし一つの感覚器官が一度に音声・色形・香り・味・触れるもの・思うものなどを感覚することができなければ、実体というべきものは存在しないのではないか。彼らが引くところの窓の喩えは百年を経過しても見る人はこれによって見ることがまったく異ならないことである。眼の感覚がもしそうであれば、年を経、感覚が成長しても感覚することが違わないことになろう。窓、つまり感覚器官が変わるから、内を見たり、外を見たりするというのか。もし眼の感覚器官がそうであれば、内外を一度に見ることになろう。もし見ないなら、実体があるといえるだろうか」

　これに対して六人の思想家は言った。

「沙門ゴータマ、もし実体なるものが存在しないのなら、だれが見るのか」

　私はこれに次のように答えた。

「肉体・光・心・眼などの四つが和合して、見るという行為が成り立つのだ。この見る行為には見るものと見られるものはないのに、人々は間違って見るもの及び見られるものがあると考えている。こういうことから、人々の見るところは誤っており、ブッダの見るところは正しいというのだ。

544b　もし肉体に実体があるなら、これは正しくない。肉体には本当は実体なるものはないからである。もしあれば醜い、卑しい様相を現わすことはないはずだからだ。

　実際に四つの生まれによる差別があることがその証拠である。人々はみなバラモンの生まれの者ばかりだろうか。そうではないだろう。どうして他の生まれの者に従事して自由がきかない人がいるのだろうか。五体満足に生まれつかない人たちがいるのだろうか。どうして神々の身体を持って生まれないで、地獄や畜生や餓鬼や、その他の種々の身体を持って生まれてきているのだろうか。もし自分の意志によって生まれることができなければ、それぞれに実体がないことが解ろう。実体がないから、すべてのものは無常だといわなければならない。無常だから自分の思うようにならないのだ。自分の思うようにならないから空なのだ。空であるから、ものは逆さまなのだ。逆さまであるから人々は世間に流転し輪廻するのだ。感覚作用もこれと同じである。

私は感覚作用に迷い、縛られることがなくなって久しい。だからこの境地を常住であり、安楽であり、実在であり、清浄であるという。

また、肉体は因縁によるものだ。因縁によるものであれば、実体とはいえない。実体がなければ、肉体は自分の思うようにならないものであり、空である。ところが私（ブッダ）の身体は因縁によるものではない。因縁によるものでないから実在といわなければならない。実在なるものは常住であり、安楽であり、実在であり、清浄である」

六人の思想家は反論した。

「ゴータマ、肉体は実体ではない。感覚作用も実体ではない。実体なるものはあらゆるところに虚空のように遍在しているのだ。それが実体なのだ」

私は逆に反論した。

「もし遍在しているなら、私ははじめから見ているはずである。もし見ていないのであれば、この見るという行為は前になかったことが今あることを見るのである。もし前になかったことが今あるのならば、これは無常という意味である。もし無常であれば、どうして遍在といえるだろうか。遍在することは地獄から天上界までの五つの輪廻世界に住むあらゆる生類の身体に不変に存在することである。そうであれば、各々はそれぞれの報いだけを受けるはずである。それぞれの報いだけを受けるならば、どうして転じて人に生まれるとか、神に生まれるとかがあるのだろうか。

遍在するというなら、それは一つのものとして遍在するのか、多数のものとして遍在するのか。もし一つのものとして遍在するのであれば、親とか子とか、恨みとか親しみとかで絡み合うことはないはずである。もし多数のものとして遍在するのであれば、あらゆる人々の感覚器官は違いがなく、同じであるはずだ。人々の業（ごう）も知慧も同じように考えられよう。

いずれにしてもこのように遍在していると考えるならば、どうして五体満足に生まれた人と障害を持って生まれた人がいるのだろうか。善業があり、悪業があり、愚者がおり、智者がいるという差別があるのだろうか」

「沙門ゴータマ、実体なるものには辺際がない。理法と理法でないものとは区別なのであって、人々が理法を習得すれば、好ましい身体を作り、理法でないものを習得したら、悪徳の身体を作るにすぎない。このことから人々の業の報いに違いが現われるのだ」

「君たち、理法と理法でないものとが君たちのいうとおりであれば、実体なるものは遍在しない。もし遍在すればどんなところにも存在するはずだ。もしどんなところにも存在すれば、善を実行している人も悪を実行していなければならない。反対に悪行の人にもすでに善がなければならないことになろう。もしこの理屈が成り立たなければ、遍在するといえない」

544c 「沙門ゴータマ、喩えを引こう。一室に十万個の明かりを点しても各々の明かりは互いに妨害することはない。これと同じように、善行と悪行とは互いに邪魔し合うことはない」

これに対して私は反論した。

「君たち、もし実体なるものが明かりのようであったら、それはおかしい。なぜなら、光は条件によって現われるものである。明かりが一層燃え盛れば、光はもっと輝くのだ。ところが実体はそうではない。光は明かりから現われ、他のところに放たれてしまう。ところが生類のなかにある実体は生類の身体からでて他に去って行くことはない。光は闇と共に存在することができる。なぜなら、暗室のなかに一つの明かりを点すと、かならずしも隈なく照らすとは限らないからである。多数の明かりを点すならば、すべてを照らしだすことはできよう。そのようなことと同じである。もし最初の明かりが暗闇をなくせば、後の明かりは必要でなくなる。もし後の明かりを必要とするなら、最初の明かりが暗闇と共存していることになるわけである」

「沙門ゴータマ、もし実体がなければ、だれが善行を、だれが悪行をするのか」

「君たち、もし善であろうと悪であろうと行なったならば、その実体は常住とはいえないだろう。もし常住であれば、ある時は善行をなし、ある時は悪行をなすことがあるだろうか。もしある時、善と悪とをなすというなら、実体は無限といえまい。もし実体が善と悪とをなすというなら、どうしてくり返し悪行をするのだろうか。もし実体が善悪の行為をなす者であれば、智者は、どうして生類に実体はないのでは？という疑いを持つのだろうか。持つわけはないはずだ。この意味から外道の教えには決して実体、あるいは実在なるものについての教えはありえない。もし実在なるものというなら、それはブッダである私にほかならない。なぜなら、ブッダの身体は限りがないからであり、一切の疑いがないからである。作る者も作られる者もないから常住といい、生ずるでもなく滅するでもないから安楽といい、煩悩がないから清浄といい、十種の形がないから空という。だから私は究極の常住であり、安楽であり、実在であり、清浄であり、空である。さまざまな様相を持たないのだ」

ここで六人は納得して言った。

「沙門ゴータマ、もしブッダ自身が常住・安楽・実在・清浄・空であるというなら、君の説く教えは虚無という意味でないことが解った。私たちはその教えを頂戴し、受け継ぎ伝えることにしたい」

このように述べた後、私の教えに帰依し、出家した。

師子吼菩薩、このような経緯があったので、私はシャーラ樹林のもとで説法することになったのである。この説法は大妙寂についての説法である。

第四十一章　シャーラ樹林、最後の情景

師子吼菩薩、樹林の東方の二本は無常の見解を打破して、常住を説くシャーラ樹である。及び北方の二本は不浄の見解を打破して清浄を説くシャーラ樹である。ここにいる人々はシャーラ樹のためにこのシャーラ樹を守護し、外部の人たちがシャーラ樹の枝を折ったり切ったりしないように守護しているのだ。私もそれと同じように、弟子たちに常住・安楽・実在・清浄の四つの教えを護るように教えている。これら四つの教えの樹木は四天王が掌握している。四天王が教えを守護している中で私は妙寂に入ろうとしている。

545a 師子吼菩薩、シャーラ樹にはつねに花が咲き乱れ、果実がたわわに実り、多くの人々に恩恵を与えている。そのようにいつも未熟な修行者に私は教えを与え続けている。ここでいう花とは私のことで、果実とは安楽のことである。このようにして私はシャーラ樹林において深奥な三昧に入る。深奥な三昧とは大妙寂のことである』

臨終はなぜ二月十五日か

師子吼菩薩が訊ねた。

『世尊、ブッダはどうして二月に妙寂に入られるのでしょうか』

『師子吼菩薩、二月は春に当たる。春は万物が芽吹き、生長し、種を植え、根が張り、花が咲き、果実が実り、河川に水が満ち、種々の動物に子が生まれる。このような季節を目の当たりにして人々はこのような状態が永久に続くものと考えるものだ。その人々の常住感を取り除くためにすべての作られたものは無常であると説き、ブッダだけが常住で不変であることを教えようとしたのだ。

師子吼菩薩、春・夏・冬の季節の中で寒々とした真冬を人々は好まないが、暖かな日差しで一杯の春はもっとも愛する季節だ。私は人々が世間の快楽におぼれている姿を打破するために本当の常住と安楽を説く。これは実在と清浄についても同じである。私は世間でいう霊魂の説や身体清浄の説を打破するために本当の実在と清浄を説く。

二月とはじつは私の二つの教えの身体のことである。冬を好まないとは私が形を変えて妙寂に入ることを賢者が好まないことをいい、二月が好まれるとは私が常住・安楽・実在・清浄の四つの境地にあることを好むことを賢者が喩えている。種子を植えるとは人々が説法を聞いて喜び、ブッダの最高のさとりを求めようという気持ちを起こし、善根を植えることを喩えている。河川は十方の求道の人が私のところにきて妙寂の教えを聞き、受けつぐことを喩えている。動物の子が生まれるとは弟子たちが種々の善根の芽を生じることを喩えている。花は七種のさとりへの修行を喩え、果実は四種の聖者のさとりを喩えている。このような意味をもって私は二月に妙寂に入る』

師子吼菩薩はさらに質問した。

『世尊、ブッダの誕生、出家、さとり、最初の説法などはみな八日に行なわれています。ところが妙寂の日だけがなぜ十五日になるのでしょうか』

『師子吼菩薩、いいことを聞いてくれた。月の十五日は満月で、満ちることも欠けることもない。これと同じで、私も妙寂に入る時に満ちることも欠けることもないのだ。だから十五日に妙寂に入るのである。

師子吼菩薩、満月になった時に十一の事象がある。それを教えよう。

一、よく暗闇が除かれる。
二、どれが道で、どれが道でないかを判らせてくれる。
三、どの道が正しい道であるか、間違った道であるかを見せてくれる。
四、うっとうしさを取り除き、さっぱりした気分にさせてくれる。
五、蛍火のような高慢な心を打ちくだく。
六、盗賊のもくろみをなくさせる。
七、出没する獣に対する恐怖心を除く。
八、紅蓮(ぐれん)を開花させる。
九、種々の蓮華の色を等しくする。

十、道行く人の歩き続ける気持ちを高揚させる。
十一、五欲を楽しみ、さらに楽しいことを得たいという気持ちにさせる。

これら十一の事象と同じことが私の満月にもある。それを説こう。

一、愚癡の暗闇を取り除く。
二、正道と邪道の違いを説く。
三、世俗の険しい道と妙寂の平静な道を教える。
四、むさぼり・怒り・おごりの三つの熱病から解放させる。
五、外道の無知を打破する。
六、煩悩の賊を追放する。
七、心を覆う五つの障害（五蓋）を取り除く。
八、人々に善根を植えようとする気持ちを起こさせる。
九、人々の五欲の心をなきものとする。
十、人々が進んで修行し、妙寂の境地に向かう気持ちを起こさせる。
十一、人々に解脱の境地を楽しませる。

以上を成就するために、十五日に私は妙寂に入るが、本当のところ妙寂に入るわけではない。ところが修行が未熟な弟子は私が妙寂に入ると思っている。喩えていえば、ちょうど多くの子持ちの母親が子供たちを置いて他国に行ったとしよう。しばらく帰ってこないと子供たちは、実際には死んでいないのに、母が死んでしまったと信じ込むだろう。これと同じようなことである』

だれが教化者としてふさわしいか

師子吼菩薩は次に新たな質問をした。

『世尊、どんな修行者がこのシャーラ樹林の人々を教化することができるのでしょうか』

『師子吼菩薩、私がかつて説法した十二種の説法集を受け継ぎ、記憶し、暗唱し、その文言を正しく理解し、深奥な意味に通達し、解説しようとする時に、最初から最後まで量り知れない数の人々の利益だけを考えて禁欲の修行を勧めるような修行者がいたら、この人はシャーラ樹林の人々を教化するであろう』

『世尊、ブッダの説法を聞いて理解する限りでは、アーナンダ尊者はその該当者ではないかと考えます。なぜなら、アーナンダ尊者は十二種の説法集を受け継ぎ、記憶し、暗唱し、人のために正しい言葉や言葉の意味を解説されているからです。ちょうど水を別の器に移し換えるように自然(じねん)になさるのです。ブッダから聞いたことを聞いたままに人々に解説されるからです』

『師子吼菩薩、修行者の中に清らかな超人的な眼を持っている人がいれば、その人は十万の三千大千世界のあらゆる物を見ることができるだろう。ちょうど掌にマンゴーの果実を持って見るようにはっきりと見ることができるのだ。そのようにこの修行者もシャーラ樹林の人々を教化することができる』

『世尊、そうであればアニルッダ尊者もその該当者ではないかと考えます。なぜなら、アニルッダ尊者も超人的な眼で三千大千世界のあらゆる物を見ることができる方です。及び死後、次の生を受けるまでの中間的存在にあるものも自在に見ることができるからです』

545c 『師子吼菩薩、修行者の中に少欲で足るを知って、静かな境地を願い、勤勉で努力を怠らず、正しい注意を心掛け、道理を正しく理解する生き方をしている人がいたら、この修行者はシャーラ樹林の人々を教化することができる』

『世尊、そうであれば、マハーカッサパ尊者はその該当者ではないかと考えます。なぜなら、マハーカッサパ尊者は少欲で足るを知るなどの種々の教えを習得している方だからです』

『師子吼菩薩、人々の利益を考えて、自分の名誉や利益のためにしないで、争わないという境地を修め、高潔な修行、執着のない行ないなどを習得しつくしている修行者がいたら、その人はシャーラ樹林の人々を教化することができる』

『世尊、そうであればスブーティ尊者はその該当者ではないかと考えます。なぜなら、スブーティ尊者は争わないという境地を修め、高潔な修行、執着のない行ないなどを習得しつくしている方だからです』

『師子吼菩薩、神通力を修め、一瞬心に思っただけでも種々の神通力による変化を作りだし、一度の三昧で水と火の二つの結果をあらわすことができる修行者がいたら、その人はシャーラ樹林の人々を教化することができる』

『世尊、そうであれば、目連尊者はその該当者ではないかと考えます。なぜなら、目連尊者は種々の神通力を持ってさまざまな変化を作りだすことができる方だからです』

『師子吼菩薩、大いなる知慧、すぐれた知慧、反応が速やかな知慧、解説の知慧、深奥な知慧、広大な知慧、無限の知慧、これに勝るものがない知慧、真実の知慧などの種々の知慧を習得し、知慧の根を完成して、憎い者にも親しい者にも差別なく対処し、ブッダとブッダの妙寂は無常であるという説を聞いても心に憂いを持たず、ブッダは常住で妙寂に入らないことを聞いても喜ばない修行者がいたら、その人はシャーラ樹林の人々を教化することができる』

『世尊、そうであれば、舎利子尊者はその該当者ではないかと考えます。なぜなら、舎利子尊者は今ブッダが述べられた大いなる知慧などを完全に習得している方だからです』

『師子吼菩薩、人々にはみなブッダになる可能性があると解説し、自らあらゆる煩悩を破り、堅固な身体を得て常住で、安楽で、実在で、清浄である身心を得て、八つの自在力を得ている修行者がいたら、その人はシャーラ樹林の人々を教化することができる』

『世尊、そうであれば、それはブッダだけです。なぜならブッダの身体は堅固で究極の常住・安楽・実在・清浄であり、身心は八つの自在力を得ておられるからです。その意味ではブッダだけがこのシャーラ樹林の人々を教化できる方だと考えます。これらのことを成就していない人は教化できないのではないかと考えます。どうか世尊、教化のためにこのシャーラ樹林に止まってくださるようお願い申しあげます』

546a
『師子吼菩薩、あらゆる世間の作られたものは止まらないという性質でありながら止まっているのだ。それなのに君たちはどうして私にここに止まってくれと頼むのだ。おおよそ止まるとは物質的なもの（感覚されるもの）をいう。これらはみな原因（因）と条件（縁）の和合によって生じるので、止まるといったのだ。原因と条件がなければものは生じないので止まらないという。

私は物質的なもの（肉体）による束縛から解放されているから、私が止まるということがあろうか。同じように感覚作用による束縛からも解放されているから、止まることがない。

止まるとはまた、おごりや侮りと言い換えることもできる。おごりや侮りがあるから解脱ができない。解脱ができないから止まるというわけである。考えてみるとおごりや侮りはどこからきたのだろうか。その意味で止まらない性質でありながら止まるのだ。

私はすでにすべてのおごりや侮りを断ち切っている。そんな私にどうしてここに止まってくれというのか。止まるとは作られたものである。私はこの作られたものとの関わりを断ち切っている。だから止まることがない。止まるとは空ということでもある。私はすでにこの空との関わりを断ち切っているので、常住・安楽・実在・清浄の境地にあるのだ。止まるとはまた、二十五種の迷いの生存でもある。私はすでにこの二十五種の迷いの生存を離れているので止まることがない。止まるとは俗人のことでもある。すべての聖者は去ることもなく、来ることもなく、止まることもない。私はこの去る、来る、止まるの三つの特徴を離れている。どうして止まることがあるだろうか。

では止まらないとはなにか。それは限界のない身体をいう。身体が限界を持たないのである。その身体を持つ私にどうしてシャーラ樹林に止まるようにと願うのだ。もしこの樹林に止まるならば、私の身体は限界があることになる。身体に限界があるなら、それは無常である。私は常住である。どうして私に止まるようにというのか。

止まらないとは虚空のことでもある。私の本性は虚空に同じである。

止まらないとは落雷のような三昧でもある。それはすべての止まるという事象を破壊するからである。

この三昧は私そのものでもある。

止まらないとは幻でもある。私はこの幻に同じである。

止まらないとは始めも終わりもないようなものでもある。私の本性は始めも終わりもないからである。

止まらないとは限界のない真理の世界でもある。この世界は私そのものである。

止まらないとはあらゆる煩悩を取り除く力を持つ三昧である。この三昧はあらゆる感覚されるものを知り尽くし、それにとらわれない修行である。だからこの三昧を一切を成就する三昧という。私はこの三昧を取得している。どうしてここに止まるように私に願うのだ。

止まらないとはなにが理であり、なにが理でないかを判別できる力でもある。私はこの力を成就している。

止まらないとは満足した施しでもある。この施しに止まるならば、後の正しい習慣、及び正しい理解に至る種々のさとりへの修行はできなくなる。この意味で満足した施しは止まることがないのだ。私はこの施しから正しい理解までのさとりへの完成すべき六つの修行項目に止まることがない。

546b 止まらないとは四つのつねに念頭に入れておくべき理（四念処）を修めることでもある。しかしこの四つの忘れてはならない理に私が止まるならば、ブッダの最高のさとりを得ることはできない。これが止まらないで止まることである。

止まらないとは限りのない生類の世界でもある。すべての生類の限りない領域のどこも私は訪れているが、そこに住んだことはない。

止まらないとは家がないことでもある。家がないとは住む者がいないことである。住む者がいないとは生まれる者がいないことである。生まれる者がいないとは死ぬ者がいないことである。死ぬ者がいないとは姿や形がないことである。姿や形がないとは繋ぐものがないことである。繋ぐものがないとは執着するものがないことである。執着がないとは汚れがないことである。汚れがないことは善である。善であるとは作られたものでないことである。作られたものでないとは大妙寂であり、大妙寂とは常住である。常住とは実在であり、実在とは清浄であり、清浄とは安楽である。この常住・安楽・実在・清浄の四つの特徴が私である。

師子吼菩薩、喩えで説明しよう。虚空は東方・南方・西方・北方・四隅・上下などの方角に存在するわけではない。それと同じように私も東方・南方・西方・北方・四隅・上下などの方角に存在するわけではない。

身体・言葉・心において悪行をして幸せな報いを受ける道理があるだろうか。反対に善行をして苦しみの報いを受けるという道理があるだろうか。

俗人がブッダになる可能性を見ることができたのに、十段階の修行中の求道の人がその可能性を見られないことがあるだろうか。

極悪人の一闡提、母や父を殺すなどの五つの重罪を犯した罪人、大乗の教えを誹謗する悪人、殺しなどの重罪を犯した罪人がブッダの最高のさとりを得る道理はない。高い段階の修行をしている求道の人が煩悩のために三悪道に堕ちるという道理もない。

女性の身体のままでブッダの最高のさとりを得る道理もない。

極悪人の一闡提は常住であり、ブッダなどの三つの柱が無常であるという道理もない。そして、私がクシナーラの町に止まるという道理もない。

三昧の洞窟に入る

私はここクシナーラ都において深奥な三昧の洞窟（大三昧禅定窟）に入る。大衆は真実をみないために、妙寂に入ると考えているようだが』

『世尊、ブッダはどうしてその三昧の洞窟にお入りになるのでしょうか』

『師子吼菩薩、人々を彼岸に渡してやりたいために、善行を十分に修めていない人がそれを完成するように導くために、すでに修めている人にブッダの最高のさとりへの気持ちを起こさせるために、善行を無視546cする人にそれを尊重させるために、怠ける人を精進させるために、文殊菩薩などのすぐれた求道者たちと生き方について論議させるために、楽しんで教えを暗唱する人を教化して正しい瞑想を好むようにさせるために、高潔な修行、禁欲の修行、超人的な修行などに人々を導くために、ブッダのみに備わる深奥な特徴を見せるために、怠けている弟子を呵責するために、私はつねに静寂で、三昧の境地に遊んでいる。

　君たち、煩悩がまだ尽きていないのに、怠けて八種の所有してはならない物を持ち、少欲でなく、足るを知らない弟子たちを呵責するために、そして重ねて聞いた所の瞑想の方法を実行するように導くために、私は三昧の洞窟に入るのである』

『世尊、世間には愛着すべきものはなにもないと観察する三昧を大妙寂といいます。したがって、大妙寂は特徴を持たないと説かれたが、どういう理由で特徴のないものなのでしょうか』

『師子吼菩薩、それは十種の特徴がないからだ。その十種とは次のようなことである。色形・音声・香り・味・触れるものなどの特徴、誕生・生存・破壊などの特徴、男・女などの特徴である。これらの特徴がないから特徴がないという。

　これらの特徴に愛着すると無知（無明）を生じることになる。無知が渇きに似た五欲を起こし、そのために束縛されて、次に再び生まれ変わることになる。新たな生を受けるから死がある。死ぬことは不変でないことである。

　これら十種のものに愛着しなければ、無知を生じない。無知を生じなければ、渇きに似た五欲を起こすことはなくなる。五欲が起きなければ、それに束縛されず、再生がなく、死ぬこともない。死ぬことがないから常住になる。妙寂が常住であるのはこの意味である』
『世尊、ではどうすればこれらの十種の特徴への愛着を離れることができるでしょうか』
『師子吼菩薩、繰り返し三つを修行すれば十種の特徴への愛着を離れることができよう。繰り返し正しい注意（定）を修学すること、繰り返し正しい理解（慧）を修学すること、繰り返し正しい平等（捨）を修学することの三つである』
『世尊、どうしてこれら注意と理解と平等だけを修学するのでしょうか。注意が三昧であればすべての人々に三昧があることになりましょう。彼らは三昧を修学しているとどうしていわないのでしょうか。心を一つの対象に注意することを三昧というならば、他の対象に注意することは三昧とはいえないのでしょうか。もしそれらが注意でなければ、すべてを観察して知り尽くすとはいえないことになります。すべてを知り尽くすことがなければどうして注意するといえるでしょうか。
もしある一つの行ないだけしか三昧ができないのなら、その他の行ないは三昧でなくなるのでしょうか。もし三昧でないなら、すべてを知り尽くすことはできないことになります。もしすべてを知り尽くせなければ、三昧とはいえません。これは正しい理解、正しい平等についてもいえることでしょう』
547a
『師子吼菩薩、君が述べた、「一つの対象に注意することを三昧というなら、それ以外の対象に注意することは三昧とはいえないのではないか」という意見は正しくない。なぜなら、その他の対象も一つの対象となるからである。行ないも同じく考えていい。

また、「注意が三昧であるなら、人々にもすでに注意の行ないがあるから、その意味で三昧を修学する必要はないのではないか」という意見も正しくない。なぜなら、三昧は善なる三昧のことである。人々にはじつにこの三昧がない。どうして修学する必要がないといえるのか。この善なる三昧の境地にありながらすべての事象を観察することが正しい理解の特徴である。善なる三昧と正しい理解とはまったく別のものでないと見ることが平等の特徴である。

師子吼菩薩、もし色形、たとえば肉体を取り上げて見て、肉体は常住でもあり、無常でもあるという観察をしないのが三昧の特徴である。この肉体は無常でもあり、常住でもあると観察することが正しい理解の特徴である。三昧と理解を通して等しくすべてのものを観察することが平等の特徴である。

喩えていえば、馬を上手に御する人が馬車を速く走らせたり、遅く走らせたりして、目的地に早く着いたり、遅く着いたりできるような境地を平静なる平等の特徴というが、これと同じで三昧を多く修める人は正しい理解を習得し、正しい理解を多く修める人は善なる三昧を習得する。三昧と理解を等しく習得するならば、それを平静なる平等というのだ。

十段階の修行中にある求道の人は理解力は多いが善なる三昧が少ない。だからブッダになる可能性を見ることができない。未熟な修行者は善なる三昧力が少なく、正しい理解力も少ない。だから彼らはブッダになる可能性を見ることができない。ブッダは善なる三昧も正しい理解も等しくあるので、はっきりとブッダになる可能性を見ることができる。掌中にマンゴーの果実を乗せて見るようにはっきりと見ることができる。このようにブッダになる可能性を見ることを平等の特徴という。

三昧の中で、心の静止（止）とはよく制御した境地をいう。あらゆる煩悩を滅ぼしているからである。心の静止とはよく調えられた境地をいう。あらゆる感覚器官によって生じる悪、不善を制御するからである。心の静止とは静寂の境地である。身体・言葉・心の三つの行為をすべて静寂にするからである。心の静止とは識別して離れた境地である。五欲が執着するものから人々を離すからである。心の静止とはよく清められた境地である。むさぼりや怒りやおごりという三つの悪を清めるからである。

このような心の静止が善なる注意の特徴である。

次に三昧の中の観察（観）とは正しく見ることであり、また、はっきりと見ることである。これはよく見ることであり、あまねく見ることである。次第に見ることであり、分析して見ることである。これを正しい理解という。

捨（かえり）みないとは平等をいい、争わないことである。また、見ないこと、行なわないことである。これを平等という。

三昧にはまた二種ある。一つは世間で行なわれる三昧、二つは世間を超えた三昧である。また、二種ある。一つは円満成就した三昧、二つは成就していない三昧である。就中（なかんずく）、円満成就した三昧とはブッダや求道の人のそれである。成就していない三昧とは未熟な修行者のそれである。

547b
また、上中下の三種がある。下の三昧は俗人のそれである。中の三昧は未熟な修行者たちのそれである。上の三昧はブッダや求道の人のそれである。

また、四種ある。一つは退転する三昧、二つは止まる三昧、三つは前進する三昧、四つは多大の利益をもたらす三昧である。

また、五種ある。それは五つのことを知る三昧である。一つは肉体を養うものがないと知る三昧、二つは誤りがまったくないと知る三昧、三つは身も心も清浄であると知る三昧、四つは因果のいずれも安楽であると知る三昧、五つはつねに記憶していると知る三昧である。

また、六種ある。一つはつねに白骨を見る三昧、二つは生類を慈しむ三昧、三つは存在を十二項目の因果関係で観察する三昧、四つは呼吸を数える三昧、五つは粗い心のはたらきと細かい心のはたらきを観察する三昧、六つはものの生滅と生存と変化を観察する三昧である。

また、七種ある。それはさとりへの七つの行ないである。一つは教えの中から本物を選びとる三昧、二つは心を励ます三昧、三つは真実の教えを実行することを喜ぶ三昧、四つは身心を軽やかにする三昧、五つは感覚の対象へのとらわれを捨てる三昧、六つは注意して乱れない三昧、七つは思いを平静にする三昧である。

また、七種ある。一つはブッダの教えの流れに入ったばかりの聖者の三昧、二つは一度くじけたが再度修行に挑戦している聖者の三昧、三つは再び後戻りがない固く決心して修行している聖者の三昧、四つは煩悩をなくしてしまった聖者の三昧、五つはさとりの境地をひとり楽しみ、生類への慈悲の心を持たないブッダの三昧、六つは自らの完成を抜きにしてひたすら生類の利益のみを生きがいとする求道の人の三昧、七つは自らも完成し、そして生類の利益も成就できるブッダの三昧である。

また、八種ある。それは八つの解脱に見られる三昧である。一つは身体に対するむさぼりが起こるが、これを除くために身体の表面がいかに不浄であるかを観察してむさぼりの心を起こさないようにする三昧である。二つは心に身体に対するむさぼりはないが、その心がもっと確固たるものになるように不浄な外観を観察し続ける三昧である。三つは右の三昧で身体は不浄であると観察してむさぼりを離れると清浄な身体を得るが、その身体は八種の光に包まれた宝石のような輝きに包まれることを観察する三昧、四つは身体は空であると観察する三昧、五つは意識は無限であると観察する三昧、六つは身体にはまったく私のものは一つもないと観察する三昧、七つはもはや身体には思うこと、思わないことのいずれもないと観察する三昧である。八つは六つの感覚器官のはたらきがまったくなくなり静寂な状態になったと観察する三昧である。

また、九種ある。それは四種の瞑想（四禅）と四種の空観（四無色）と一切の感覚のはたらきをなくした静寂の三昧（滅尽定）である。

また、十種ある。それはあらゆる場所について観察する三昧である。一つは大地のあらゆる場所を観察する三昧、二つは水のあらゆる場所を観察する三昧、三つは風のあらゆる場所を観察する三昧、四つは青色をしたあらゆる場所を観察する三昧、五つは黄色をしたあらゆる場所を観察する三昧、六つは赤色をしたあらゆる場所を観察する三昧、七つは白色をしたあらゆる場所を観察する三昧、八つは空（そら）のあらゆる場所を観察する三昧、九つは意識のあるあらゆる場所を観察する三昧、十はまったく所有すべきものがないあらゆる場所を観察する三昧である。

また、数えきれない数の種類の三昧がある。それはブッダや求道の人のそれである。

以上述べたものが三昧の特徴である。

師子吼菩薩、理解に二つある。世間に行なわれる理解と世俗を離れた理解である。

また、三つある。一つは理解、二つは観察、三つは記憶である。理解とはすべての生類のことで、観察とはすべての聖人のことで、記憶とはブッダと求道の人である。理解とは各々の姿をいい、観察とは全体の姿をいい、記憶とはそれらの姿を消し去ることをいう。また四つある。四つの真理（四諦）を観察することである。

547c

師子吼菩薩、私は三つのために心の静止を行なう。その三つとは怠けないために、大いなる知慧を身に付けるために、自在力を習得するためにである。

また、私は三つのために観察を行なう。その三つとは生死の苦とその報いを観察するために、さまざまな善根を増長させるために、あらゆる煩悩を取り除くためにである』

田上　太秀（たがみ・たいしゅう）

昭和10年（1935）生まれ。
最終学歴　東京大学大学院卒
職　　歴　駒澤大学教授、同副学長、駒澤大学禅研究所所長を歴任。
駒澤大学名誉教授・文学博士。

［主な著書］
『仏典のことば　さとりへの十二講』『ブッダのいいたかったこと』『道元の考えたこと』『ブッダ最後のことば』（以上、講談社学術文庫）、『ブッダの人生哲学』（講談社選書メチエ）、『仏教の真実』（講談社現代新書）、『ブッダが語る人間関係の智慧　六方礼経を読む』『仏教と女性』（以上、東京書籍）、『釈尊の譬喩と説話』『人間ブッダ』（以上、第三文明社レグルス文庫）、『迷いから悟りへの十二章』『ブッダの最期のことば　涅槃経を読む』（以上、ＮＨＫ出版）、『仏性とは何か』（大蔵出版）、『道元のこころ』（大法輪閣）ほか多数。

本書は、1996～97年に大蔵出版株式会社より刊行された
『ブッダ臨終の説法―完訳 大般涅槃経―』の新装版です。

ブッダ臨終の説法 ③ ―完訳 大般涅槃経―

2022年9月9日　初版第1刷発行

著　者　田　上　太　秀
発行人　石　原　俊　道
印　刷　亜細亜印刷株式会社
製　本　東京美術紙工協業組合
発行所　有限会社 大　法　輪　閣
〒150-0022 東京都渋谷区恵比寿南 2-16-6-202
TEL 03－5724－3375（代表）
振替 00160－9－487196 番
http://www.daihorin-kaku.com

　ISBN978-4-8046-1439-7 C0015